la France

S O M M A I R E

Les textes sont de **Pierre Pierrard** : Passé - **Paul-Marie de La Gorce** : Présent - **Jean Riverain** : Grandes Étapes - **Guy Verbier** : Vie quotidienne - **Gilette Ziegler** : Traditions - **Geneviève Bulli** : Art et Littérature - **André Gauthier** : Musique - **Alain Cancès** et **Guy Verbier** : Vacances.

COLLECTION DIRIGÉE PAR DANIEL MOREAU

Photographies de la couverture (de haut en bas) : palais de Versailles; « le Conventionnel », par Louis David; la cathédrale d'Autun; joute à Martigues. Pages de garde : 1. Vendanges dans le Beaujolais; 2. Rendez-vous de chasse dans le Centre. Page de titre (à droite) : Clemenceau.

la France

LIBRAIRIE LAROUSSE, PARIS-VIᵉ

LE RELIEF

Toute l'histoire géologique de l'Europe se retrouve sur le sol français. Les reliefs hercyniens — Bretagne, Massif central, Vosges, Ardennes — ne sont que des fragments d'un vaste ensemble. Les autres montagnes — Alpes, Pyrénées, Jura — ont été mises en place à une époque plus récente, à l'ère tertiaire surtout. Elles doivent à l'activité de l'érosion leurs contrastes vigoureux, leurs dénivellations énormes entre sommets et fonds de vallée, facilitant souvent la pénétration humaine.

Entre les massifs anciens et les montagnes récentes s'étalent les régions basses du sol français : plaines sédimentaires, se relevant vers l'extérieur, en bordure des massifs; plaines d'effondrement intramontagnardes; passages naturels ou petites plaines, enfin, jalonnant le littoral. Partout, leur relief est coupé de petits versants, de collines, de coteaux particulièrement accueillants. Les côtes, longues de 3 000 km, sont étalées au niveau des trois mers (Manche, Atlantique, Méditerranée) ou dressent devant elles leurs falaises ou leurs caps, se laissant pénétrer de havres sûrs ou de rades majestueuses.

LES FLEUVES

La Seine est le plus régulier des grands fleuves français. Seule, parmi ses affluents, l'Yonne est un élément perturbateur : son origine montagnarde et l'imperméabilité des sols qu'elle traverse lui assurent un débit plus abondant que la Seine à leur confluent. A sa sortie du Massif central, la Loire, longue de 1 012 km, coule entre des bancs de sable, et l'extrême faiblesse des basses eaux d'été la rend peu utilisable. La Garonne est, jusqu'à Toulouse, un torrent pyrénéen. Ses affluents, comme le Tarn ou la Dordogne, lui assurent de hautes eaux de printemps, et ses crues très rapides, à cause de la raideur des pentes, la rendent également peu navigable. La France ne possède qu'une partie du Rhône. Aujourd'hui, son cours ainsi que celui de certains de ses affluents (la Durance, notamment) sont en voie de réglementation, grâce à la création de nombreux barrages.

LA VÉGÉTATION

Les paysages végétaux sont comme une synthèse de la flore de l'Europe. Aux régions méridionales appartiennent les arbres méditerranéens : l'olivier, qui s'y est répandu, le chêne-liège — principale formation végétale —, le cèdre aux bras puissants et le noir cyprès, qui protège maisons et cultures délicates. Le Sud-Ouest et l'Ouest sont le domaine du chêne, la lande (ajoncs, genêts, fougères, bruyères) ne résultant souvent que de la transformation naturelle par l'homme. Plus au nord, les influences méridionales s'épuisent vite : le maïs-grain disparaît, la vigne devient l'exception, les feuillus (chênes et hêtres) se développent dans les bois. Dans l'Est, un climat plus sévère convient mieux encore à la forêt. A l'approche des Vosges, c'est le pin sylvestre qui vient s'ajouter au hêtre et au sapin.

LE CLIMAT

Située entre 51°5 et 41°20 de latitude Nord, la France ne connaît ni les très grands froids de l'Europe du Nord ou de l'Europe de l'Est, ni les chaleurs excessives des péninsules méditerranéennes. Les contacts avec les mers qui la bordent et les pays continentaux qui la limitent lui confèrent des climats variés, mais modérés. Dans les régions océaniques, les saisons sont peu marquées, les hivers doux, les étés frais. Le domaine méditerranéen est plus nettement délimité et se caractérise par la chaleur et la sécheresse de l'été, la tiédeur de l'hiver, le faible nombre des jours de pluie ou de gelée. L'influence continentale apparaît dans le climat lorrain : hiver sec et froid, été chaud. Les précipitations tombent en un nombre de jours relativement réduit (140 à Nancy, au lieu de 180 à Brest). Le climat parisien est intermédiaire entre le climat lorrain et le climat océanique (température moyenne de janvier, 2,5 °C; de juillet, 18,5 °C). En montagne, enfin, le climat est caractérisé par le fort volume des précipitations et l'abaissement des températures en altitude.

LA POPULATION

La France a plus de 52 millions d'habitants, mais la densité moyenne de la population (96 hab. au km²) est la plus faible des pays de l'Europe occidentale, à l'exception de l'Espagne. La population, cependant, s'accroît régulièrement de 300 000 à 350 000 unités par an, et, parce que le taux de natalité s'est beaucoup relevé depuis la guerre, les moins de vingt ans représentent le tiers de la population totale. La migration des campagnes vers les villes, commencée vers 1850, dure encore; elle a progressivement vidé des régions entières (Massif central, Bretagne, Alpes du Sud). L'émigration est devenue insignifiante depuis la perte de l'Afrique du Nord, et l'immigration a beaucoup diminué par le jeu des naturalisations. Les grandes densités de population se retrouvent dans les régions urbanisées (région parisienne, Nord, Nord-Est, région lyonnaise) et dans quelques points du littoral (côtes bretonnes, côte d'Azur).

```
GRANDES VILLES :

Paris . . . . . .    2 370 000 hab.
    (agglomération :
     8 500 000 hab.)
Marseille . . .      914 356  —
Lyon . . . . . .     462 841  —
Toulouse . . .       383 176  —
Nice . . . . . .     346 620  —
Nantes . . . . .     263 689  —
Strasbourg . . .     257 303  —
Bordeaux . . .       226 689  —
Saint-Étienne . .    221 775  —
Le Havre . . . .     219 583  —
Rennes . . . . .     205 733  —
Lille . . . . . .    199 916  —
```

Les paysages

AURAY (Morbihan)

« Je vous salue ma France
            où les vents se calmèrent
Ma France de toujours
            que la géographie
Ouvre comme une paume
            aux souffles de la mer
Pour que l'oiseau du large
            y vienne et se confie. »

Aragon

HONFLEUR (Calvados)

« Allons, allons...
vous êtes solide comme
l' clocher d' l'église. »

G. de Maupassant

PAYS DE CAUX
(Seine-Maritime)

« La reprise mono-
tone du roulement
de la douce houle
use et polit indéfini-
ment... »

P. Valéry

**ENVIRONS
DE CHÂTEAU-
GAILLARD
(Eure)**

« L'instant où tout
se mêle et s'entre-
lace, où le poirier
luit encore entre
le pommier qui
s'ouvre... »

La Varende

NEMOURS
(Seine-et-Marne)

« Qu'il bat, mon cœur,
aux noms de Nemours,
de Senlis... »

Paul Fort

MANOIR DE LICHÈRES
(Yonne)

« ... Je m'enfuis
par les champs
A humer l'air... »

Ronsard

ARBOIS (Jura)

« La douceur de vivre
entre par la fenêtre. »

C. Guérin

LA LOIRE À GIEN
(Loiret)

« Elle répand son cristal
avec magnificence. »

La Fontaine

BOULOGNE
(Pas-de-Calais)

« Un port est un
séjour charmant pour
une âme fatiguée des
luttes de la vie. »

Baudelaire

SEMUR
(Côte-d'Or)

« Toute ville,
altesse,
est prisonnière
de la peur...
Vois,
on se garde... »

V. Hugo

FERME DE SAINTONGE
(ancienne abbaye)

« Je fus rappelé tout à coup vers les aspects les plus austères et les plus calmants de ma vie champêtre. »

E. Fromentin

LA ROCHELLE (Charente-Maritime)

« Là, sur une tour, recongnust Pantagruel, la lanterne de La Rochelle, laquelle fist bonne clarté. »

Rabelais

CHÂTEAU D'ANGERS
(Maine-et-Loire)

« Les héros peuplent ces décombres;
Si ce ne sont plus que des ombres,
Ce sont des ombres de géants. »

V. Hugo

NANCY
(Meurthe-et-Moselle)

« Les vieilles choses
de Lorraine, en huit
jours, avaient ré-
veillé des belles-
aux-bois qui som-
meillent en mon
âme. »

M. Barrès

**CHAÎNE
DES PUYS**
(Puy-de-Dôme)

« Au loin le paysage
s'aggravait
d'inconnu. »

P. Éluard

13

ERMITAGE DE SAINT-FERRÉOL (Pyrénées-Orientales)

« Nous voulons que trop verts les panaches des arbres tranchent sur l'horizon — trop bleu comme il se doit. »

H. Murchart

ÈZE
(Alpes-Maritimes)

« J'étouffais de soleil,
j'étais noyé d'air pur. »

P. Éluard

AIGUES-MORTES
(Gard)

« Aigues-Mortes, le vieux guerrier qu'ils assaillaient sans trêve est toujours à son poste. »

M. Barrès

CHÂTEAU DE BIRO
(Dordogn

« Jamais demeure ne f
mieux plantée au cent
d'une vaste plaine qu'e
domine de manière vr
ment seigneuriale. »

A. Maur

LES LANDES

« ... Immense forêt odorante et chaude. »

F. Mauriac

SAINT-CIRQ-LAPOPIE
(Lot)

« Il laboure le champ
que labourait son père. »

Racan

**VIGNOBLES DES
CÔTES DU RHÔNE**

« Tous les grains ont mûri
pour cette soif terrible. »

G. Apollinaire

ANNECY
(Haute-Savoie)

« A peine, en entrant à Annecy, avions-nous mis le pied dans la ville, qu'il me dit : « Te voilà chez toi... »

J.-J. Rousseau

GRENOBLE (Isère)

« Ce que j'aime de Grenoble, c'est qu'elle a la physionomie d'une ville et non d'un grand village... »

Stendhal

COL DE LA CROIX-DE-FER (Savoie)

« Et les Alpes au loin s'élevant dans la nue... »

Voltaire

ROUTE
DE MEYRARGUES
(Bouches-du-Rhône)

« Nous voici tout à fait dans le Midi. Je n'ai jamais pu résister à cette impression de joie. »

Stendhal

CAMARGUE

« L'île des noirs taureaux et des chevaux indomptés. »

J. Michelet

SAINT-FLORENT
(Corse)

« Ce parfum du maquis, dont la brise est souvent chargée... »

J. Bainville

MAS PROVENÇAL

« Ces métairies que tourmentent les vents d'hiver et que l'été accable... »

H. Bosco

19

Le passé

La France possède un visage qui frappe d'abord par sa régularité et qu'on ne se lasse pas de contempler. L'hexagone français, à l'extrémité du lourd continent eurasien, repose l'œil par sa grâce naturelle. Cette régularité, cette harmonie, on les retrouve — malgré les malheurs et les soubresauts inhérents à toute vie — à travers la longue histoire de la France.

Issue de l'Empire romain, la France a été unifiée bien avant et plus complètement que toutes les vieilles nations. Une fois dégagée de la nuit féodale — où tout était morcellement et décomposition —, elle a bénéficié du travail conjugué et quasiment ininterrompu d'une trentaine de rois, qui, se succédant presque sans discontinuité durant huit siècles, furent les plus extraordinaires « rassembleurs de terres » de l'Histoire, tissant autour de Paris, avec la patience de paysans, une toile aux fibres serrées, et concentrant autour de leur personne les forces d'un pays qui, lorsque éclata la Révolution française, apparut naturellement au monde comme la *Grande Nation*.
Depuis, la France, à travers des épreuves sans nombre, s'est efforcée de rester fidèle à l'image qu'elle avait donnée d'elle-même à l'Europe et au monde.

PRÉHISTOIRE

La France a très tôt attiré les hommes ; ses vallées amples et abritées ont vu s'installer les premiers humains, il y a environ un million d'années. Il est curieux de constater que la plupart des divisions de la préhistoire occidentale ont emprunté leur nom à des stations françaises. Ainsi l'*abbevillien* (Abbeville), le *chelléen* (Chelles), le *levalloisien* (Levallois) ... pour la période la plus ancienne, quand les vallées de la Somme et de la Seine voyaient les hommes partir en quête de fruits ou de petit gibier. Plus tard, entre 40000 et 25000 av. J.-C., alors que dominait le type simiesque de Neandertal, les vallées plus chaudes et mieux abritées du Sud-Est (Corrèze, Dordogne, Charente...) attirèrent une

La « Marseillaise » de Rude.

population encore diffuse (10 000 à 20 000 individus pour l'ensemble du territoire) et livrée surtout à la chasse.
Quand, vers l'an 8000 av. J.-C., les hommes quittent les grottes, les villages de cabanes, attirés par le poisson, se groupent auprès des lacs et des côtes. Peu à peu, l'homme apprend à se tailler des clairières dans l'épaisse forêt qui couvre le pays et à s'installer sur le rebord des riches plateaux calcaires. Au milieu du premier millénaire, le paysage rural français a pris en de nombreux endroits son visage définitif. La « France » est alors dominée par les Celtes, ses premiers habitants historique-

ment connus, venus probablement d'Europe centrale : les Celtes s'imposent plus facilement dans la région rhénane que dans l'Ouest et le Midi, où subsistent des races plus anciennes. Les Romains ayant appelé *Galli* les peuples de race celtique qui habitèrent entre Rhin et Pyrénées, le mot *Gaulois* a fini par désigner les habitants de notre pays.

LES GAULOIS

Ces instables Gaulois, qui poussaient devant eux leurs troupeaux, finirent par découvrir les richesses naturelles — le

Les arènes d'Arles.

Détail du vase de Vix (Côte-d'Or).

fer surtout — et les faciles voies d'échange du pays qui leur était dévolu et dont Strabon avait écrit qu'il était « béni des dieux ». Mais « la Gaule chevelue » serait restée longtemps encore dans un état d'infériorité par rapport aux grands Empires méditerranéens si la fondation de Massalia (Marseille) par des Grecs de Phocée, au VIᵉ s. av. J.-C., et la multiplication, le long de « la Côte d'Azur », de colonies massaliotes — Hyères, Cavalaire, Saint-Tropez, Antibes, Nice — ne l'avaient mise en contact avec une civilisation raffinée qui, bien avant la conquête de la Gaule par César, marqua profondément la Provence. Par ailleurs, les influences helléniques atteignirent la Champagne, la Bourgogne et le Bassin parisien par les cols alpestres et les vallées de la Seine, de la Saône et de leurs affluents. Dès le IIIᵉ s. av. J.-C., les monnaies gauloises imitaient le statère d'or de Philippe II de Macédoine ; et les rares inscriptions qui nous viennent de la Gaule indépendante sont rédigées en caractères grecs.

La Gaule n'en gardait pas moins son originalité. Sans être ces géants blonds ou roux, à la chair blanche et molle, nés de l'imagination de Diodore, les Gaulois n'en possédaient pas moins des traits particuliers. Ils portaient des braies et, par-dessus, une tunique courte ; vaniteux, ils recherchaient les bijoux, bracelets et colliers. Impulsifs et belliqueux, ils couraient volontiers au combat. Et déjà — comme nous — nos ancêtres étaient divisés.

Les « pays » ou *pagus*, dont le territoire correspondait à une unité géographique, étaient groupés en *cités* ou *peuples* (il y en avait 90 environ),

dominés par une aristocratie dont les castes — opposées en factions — recherchaient l'appui de l'étranger. L'unité morale de la Gaule était assurée par la classe sacerdotale des druides, héritiers et gardiens des traditions celtiques, intermédiaires entre le monde surnaturel et les hommes. Mais ces liens religieux, garants d'un certain nationalisme celte, ne suffirent pas à fortifier la Gaule face à la menace germanique et romaine.

L'APPORT DE ROME

Les Romains, après les Grecs, furent très tôt attirés par le Languedoc et le couloir rhodanien, porte ouverte vers un monde qu'ils pressentaient riche et varié. Dès 125 av. J.-C., ils s'y installèrent, sous prétexte de dégager Massalia, gênée par les tribus voisines ; ce fut la *Gaule en braies,* dite *Province* ou *Narbonnaise* (la future Provence). Pour la *Gaule chevelue* ou *Gaule indépendante,* le répit fut court : car bientôt la convoita le chef le plus génial et le plus ambitieux de l'histoire de Rome : César, qui, en 58, et déjà couvert de lauriers, se fit donner le proconsulat de la Narbonnaise. César — qui savait que la conquête de la Gaule auréolerait décidément sa carrière — eut l'habileté de n'intervenir qu'à l'appel des Gaulois divisés. Il débarrasse les Eduens de la présence des Helvètes et des Suèves. Mais, une fois au cœur du pays, il ne le quitte plus : Belges, Armoricains, Vénètes, Aquitains... sont soumis. L'Arverne Vercingétorix, au printemps de 52, organise bien le soulèvement général, mais il tombe dans le piège que lui tend César, qui feint de

se replier vers la Province. Et c'est la capitulation d'Alésia...

Peu à peu, la Gaule se romanise au contact des colonies romaines : Arles, Nîmes, Toulouse, Lyon, Trèves... Le joug romain est souple ; la paix romaine, les routes romaines favorisent commerce et défrichements. Les révoltes sont peu nombreuses, à telle enseigne qu'au Iᵉʳ siècle apr. J.-C. les légions stationnées en Gaule sont portées sur le Rhin et qu'une seule cohorte, cantonnée à Lyon, suffit à maintenir l'ordre.

L'APPORT CHRÉTIEN

La civilisation gallo-romaine fut le véhicule du christianisme, qui reste d'abord, et tout naturellement, une religion de villes : Lyon — où l'évêque Pothin et la frêle esclave Blandine seront livrés aux bêtes en 177 — fut le premier foyer du christianisme en Gaule. Puis Langres, Dijon, Besançon, Toulouse, Vienne, Trèves, Reims eurent des évêques vers le milieu du IIIᵉ siècle ; Rouen, Bordeaux, Paris, Bourges, Sens enfin devinrent villes épiscopales avant l'année 300.

Les campagnes furent plus difficilement gagnées au christianisme, à tel point que le mot *paysan (pagus)* a donné le mot *paganisme.* Malgré le zèle des missionnaires — le plus célèbre est Martin de Tours — le christianisme se heurte, en effet, à un paganisme enraciné où se mêlaient le culte des forces de la nature, des sources et des bois et celui des divinités domestiques. Et quand, officiellement, les campagnes deviennent chrétiennes, que de saints sont confondus dans le culte populaire avec les dieux qu'ils détrônaient ! Beaucoup de ruraux passèrent à l'Evangile avec tout

Le passé

leur bagage de croyances et de pratiques superstitieuses. C'est ce qui explique en partie la christianisation superficielle et la déchristianisation hâtive de certaines provinces.

La prospérité générale; des villes actives, fières de leurs amphithéâtres, de leurs basiliques, de leurs temples; des grandes *villae* au milieu des campagnes paisibles : tout cela fut menacé, puis bouleversé par les Barbares venus d'au-delà du Rhin et du Danube. Déjà par deux fois, au IIIe siècle, Alamans et Francs traversent la Gaule, qu'ils couvrent de ruines. Et les villes s'entourent de murs d'enceinte rébarbatifs. Soudain, au début du Ve siècle, la Gaule voit passer la horde des Vandales, des Suèves, des Alains et des Huns qui épargnent Paris, dit-on, grâce à l'intervention de sainte Geneviève. Francs, Burgondes, Alamans s'engagent dans la brèche, en profitent pour s'installer sur la rive gauche du Rhin, tandis que les Wisigoths, qui occupent la Narbonnaise, sont, à la fin du Ve siècle, les maîtres de la moitié du pays.

Mais l'avenir appartient aux Francs, pillards intrépides dont Rome a d'abord fait des « fédérés »; puis, Rome s'affaiblissant, ils recherchent des terres plus riches. Au milieu du Ve siècle le chef salien Clodion fonde le royaume de Cambrai, au cœur de la province romaine de Belgique. Après la destruction de l'Empire d'Occident (476), Clovis, fils du Mérovingien Childéric, roi des Francs Saliens de Tournai, s'empare des territoires s'étendant sur la Picardie et la Beauce.

Clovis, au seuil de l'histoire de France, apparaît comme un personnage primordial. En se faisant baptiser, le jour de Noël 496, par saint Remi, évêque de Reims, il devient le seul souverain barbare catholique, alors que les autres sont ariens. Quand, par la victoire de Vouillé (507), il s'empare de tout le sud-ouest wisigothique, la Gaule entière salue en lui un « nouveau Constantin ». Les soldats francs — peu nombreux — se mêlèrent à la population gallo-romaine; mais ils donnèrent un nom au pays : la France.

L'ANARCHIE SANGLANTE

Les deux siècles qui suivirent la mort de Clovis (511) vont marquer un recul très net de la civilisation gallo-romaine, et cela malgré le caractère officiellement chrétien du régime et les efforts des évêques et des moines pour assainir les mœurs et les institutions. Car les Francs,

ou Mérovingiens, en s'installant dans leur conquête, ont apporté leurs coutumes barbares. L'idée d'unité, chère aux Romains, leur est étrangère : chez eux, pas d'Etat, le roi considérant le royaume comme son patrimoine; l'administration est très embryonnaire : elle est dominée par un « maire du palais », qui, s'il est ambitieux, pourra facilement se substituer à un pouvoir royal défaillant. La coutume franque du partage encourage les princes mérovingiens à se débarrasser de leurs compétiteurs, fussent-ils leurs frères ou leurs neveux. Que de cruautés et de débauches attachées aux noms des descendants de Clovis — d'un Clotaire Ier par exemple ou d'une Frédégonde!

Dès 511 se forment trois royaumes francs qui se combattent : l'Austrasie, la Neustrie et la Bourgogne; le royaume franc ne retrouve un semblant d'unité que trois fois : sous Clotaire Ier (558-561), sous Clotaire II (613-629) et sous ce bon roi Dagobert Ier (629-639), dont les distractions légendaires et son amitié avec l'orfèvre saint Eloi ne doivent pas faire oublier qu'il fut le seul à arrêter momentanément la décomposition de l'Etat mérovingien.

Période noire qui voit se vider les villes, faute de commerce et de numéraire, et où les campagnes elles-mêmes — l'agriculture étant la seule richesse — vivent dans l'insécurité. Et cependant l'art mérovingien, où se mêlent curieusement les traditions romaines et les influences byzantines, s'épanouit dans les ateliers monastiques : tels manuscrits enluminés comme l'*Evangile de Frédégaire*, tel calice orné de pierres comme celui de Gourdon, tel tissu précieux comme le suaire de saint Victor, et aussi le baptistère de Fréjus et les adorables cryptes de l'abbaye de Jouarre prouvent que tout n'était pas barbarie en Gaule aux VIe et VIIe siècles.

CHARLES LE GRAND

Heureusement pour la France, à l'inertie des derniers Mérovingiens — « les rois fainéants » — s'opposa, dès le début du VIIIe siècle, l'ambitieux réalisme des maires du palais et notamment de Charles Martel, chef réel des trois royaumes francs, dont l'autorité se manifeste notamment lorsqu'en 732 il arrête à Poitiers les Sarrasins vainqueurs de l'Espagne wisigothique. Si bien que son fils Pépin le Bref est couronné roi des Francs par saint Boniface (571), puis par le pape Etienne II. Ainsi naquit la dynastie carolingienne. qui allait s'imposer au monde occidental par le fils de Pépin le Bref, Charles, que l'his-

Empereur carolingien.

toire connaît sous le nom de Charlemagne (Charles le Grand).

Ce rude barbare fut une manière de génie qui, se considérant comme le représentant de Dieu sur terre, voulut instaurer la cité de Dieu rêvée par saint Augustin dans le cadre de l'Empire d'Occident restauré. De fait, après s'être rendu maître de l'Aquitaine, de la Bavière, de la Saxe, après avoir vassalisé Avars et Slaves, après avoir coiffé à Milan la couronne de fer des Lombards, Charlemagne fut tout naturellement désigné comme le successeur des Augustes. Dans la nuit de Noël de l'an 800, à Rome, Charlemagne était couronné empereur par le pape Léon III. Comme les Romains, Charlemagne s'efforça d'enraciner un gouvernement direct : mais l'autorité de ses enquêteurs (*missi dominici*) ne put entamer profondément l'autonomie des comtes. Charlemagne présida cependant à un réveil général des pays francs : réveil du commerce et des villes; renaissance des échanges entre Orient et Occident; vie intellectuelle intense au sein des monastères et dans les écoles fondées par l'empereur; essor de l'orfèvrerie, de l'art de l'enluminure, des ivoires; diffusion du chant grégorien depuis les monastères de Corbie, de Metz et de Saint-Gall.

La faiblesse de Louis le Pieux, fils de Charlemagne (814-840) favorisa l'anar-

Prise de Tours par Philippe Auguste.

Couronnement de Saint Louis.

Entrée d'Isabeau de Bavière à Paris.

Funérailles de Jean le Bon.

chie et la décomposition de l'Etat carolingien. Mais, du partage de Verdun (843), naquit la France *(Francia occidentalis),* dont le premier roi titulaire fut Charles le Chauve (840-877). Son autorité — comme celle de ses successeurs — était cependant trop faible pour s'opposer à la formation de grandes principautés territoriales et aux raids dévastateurs des Sarrasins et des Normands.

LES SIÈCLES NOIRS

Pour la France comme pour tout l'Occident, le Xe et le XIe siècle furent vraiment des siècles de repliement. Le régime féodal prend son véritable relief. L'autorité de type carolingien s'effondre; le service vassalique cesse de monter jusqu'au souverain; des hommes forts — ducs, barons, comtes, marquis... — attirent tout naturellement

les hommes menacés par les Normands ou par les Sarrasins, et que le souverain est hors d'état de protéger. A l'Etat de type romain succède un aggloméra hiérarchisé de propriétaires fonciers. Le guerrier est à la fois seigneur et propriétaire. La terre devient la seule richesse; les villes se vident. Les routes ne sont pas sûres : ramener d'Orient épices, bijoux et vêtements précieux est une performance que les marchands —

Le passé

que flanquent jongleurs et ménestrels — font payer cher aux seigneurs, dont les châteaux forts sont au centre des populations rurales, vivant en autarcie et promptes à se mettre à l'abri des murailles seigneuriales.

Période de violence, où la guerre et la chasse dévastent les terres, où les haines ravagent les cœurs. Le clergé séculier lui-même est touché : l'investiture laïque, la simonie, le concubinage des prêtres sont des plaies dont souffre l'Eglise. Mais il y a les monastères bénédictins, havres de paix, de culture, de charité. C'est même un monastère français, niché dans un vallon bourguignon : Cluny, qui, à partir de 909, devient le plus chaud foyer de spiritualité dans la noire Europe féodale. Grâce aux moines, l'Eglise allait faire des jeunes féodaux des êtres sacrés : des chevaliers voués à la défense des faibles.

LES DUCS DE FRANCE

Les Carolingiens se révélaient incapables de lutter contre les féodaux, l'anarchie et les Normands. Par son courage en face des Vikings qui assiégeaient sa capitale (885-886), le comte de Paris, Eudes, fils du duc de France Robert le Fort (on appelait plus spécialement *France* la marche de Neustrie, entre Loire, Escaut et Meuse), mérite le titre de roi en 888. Durant un siècle, les Carolingiens disputèrent la couronne aux Robertiens, jusqu'au jour de 987 où l'arrière-petit-fils de Robert le Fort, Hugues Capet, remplaça le dernier Carolingien, Louis V, sur le trône royal. L'année même de son avènement, Hugues Capet eut d'ailleurs la précaution de faire sacrer son propre fils, Robert (II). Ainsi était amorcée une longue lignée qui, sous le nom de Capétiens directs, de Valois et de Bourbons, allait assurer, jusqu'en 1792, la plus extraordinaire continuité de l'histoire.

Ce n'est pas que les premiers Capétiens — Hugues Capet, Robert II le Pieux, Henri Ier et Philippe Ier — se soient imposés sans mal. Face aux grands fiefs comme l'Anjou, la Bourgogne ou la Champagne, leur domaine propre semble bien exigu. Suzerains, ils sont mal obéis par leurs grands vassaux, et notamment par les ducs de Normandie, qui depuis 1066 sont aussi rois d'Angleterre. A l'intérieur de leur domaine, les seigneurs jouent volontiers les brigands. La supériorité éminente des rois tient au fait qu'eux seuls sont sacrés, qu'ils sont les lieutenants de Dieu pour toute la France.

Charles VII.

Louis VI le Gros (1108-1137) et, à un degré moindre, Louis VII le Jeune (1137-1180) — qui dut subir la loi de l'Anglais — donnèrent une impulsion à la royauté, tandis que l'économie domaniale se mourait avec la féodalité et que la sécurité revenue assurait le renouveau commercial. Les rois favorisèrent le réveil des villes, accordant à leurs bourgeois des chartes d'affranchissement qui en firent des alliés contre les féodaux. Il est symptomatique de constater que, jusqu'à la Révolution, le maître de Paris fut le *prévôt des marchands.*

ROIS DU XIIIe SIÈCLE

Quand Philippe II, dit *Auguste,* monta sur le trône de France (1180), l'admirable floraison de l'art roman se poursuivait en se diversifiant ; déjà l'art gothique s'épanouissait avec les blanches murailles de Notre-Dame de Paris et de Laon. L'Université de Paris, corps autonome, attirait des étudiants de toute l'Europe ; marais et forêts reculaient devant les champs cultivés ; le visage de la France se modelait sous la main, habile et innombrable, de paysans, de bûcherons, de maçons, de vignerons. L'unité morale de la nation s'organisait autour de la royauté capétienne et de l'Eglise romaine. Bien sûr, il y eut — au nom de l'unité — l'horrible écrasement des cathares, mais il y eut aussi les Croisades, expéditions périlleuses dans lesquelles rois et seigneurs, et parfois pauvres gens, jetèrent toutes leurs forces matérielles et spirituelles.

La force de la royauté, Philippe Auguste l'exprima clairement, d'une part en réduisant Jean sans Terre d'Angleterre au rang de vassal, d'autre part en faisant reculer, à Bouvines (1214), avec l'aide des milices communales, la forte armée de l'Empereur. Philippe réunit à la Couronne l'Artois, le Languedoc et tout l'Empire angevin.

Il fut donné au petit-fils de Philippe Auguste, Louis IX ou Saint Louis (1226-1270), de porter jusqu'à la perfection l'idéal des Capétiens. « Fontaine de justice », arbitre en Europe des puissants et des pauvres, le dernier croisé intégral, Saint Louis fit ratifier par l'Angleterre les conquêtes de son aïeul. Il donna une moelle épinière à la royauté française en faisant de la « cour » un organe de gouvernement et en contrôlant de près sénéchaux et baillis institués par Philippe Auguste.

Avec plus de machiavélisme (c'est sans scrupules qu'il se débarrassa des riches Templiers), mais avec une efficacité certaine, Philippe IV le Bel (1285-1314) fit, lui aussi, œuvre centralisatrice. Sous son règne prit corps le Conseil du roi, le parlement fut organisé, l'administration des impôts créée. Par ailleurs, son épouse apportait en dot à Philippe la Champagne et la Navarre. L'attitude intransigeante du roi à l'égard de la papauté — il obtint de Clément V qu'il vienne s'implanter à Avignon en 1309 — s'explique par la volonté de donner à la nation une existence autonome et spécifique. Pour Philippe le Bel, l'unité de la France comptait davantage que l'unité de la chrétienté.

L'ABÎME

Mais au moment où la France devenait la grande puissance de l'Occident, l'abîme se creusa soudainement sous ses pas.

Philippe le Bel mort (1314), ses trois fils lui succèdent sans laisser d'héritiers mâles, seuls habilités à régner selon la loi salique. Si bien que le dernier Capétien, Charles IV, a comme successeur son cousin germain, Philippe de Valois, qui devient Philippe VI. Mais le roi d'Angleterre, Edouard III, petit-fils, par sa mère, de Philippe le Bel, réclame la couronne de France. En 1337, il renie l'hommage prêté à Philippe VI pour son fief de Guyenne (Bordeaux), et là-dessus vient se greffer l'hostilité à l'égard de la France, leur suzeraine, des Flamands, tributaires des laines anglaises.

La guerre de Cent Ans commençait, que couperont d'assez longues périodes de paix, mais qui, en se déroulant sur le sol français, en se conjuguant avec l'anarchie, le pillage, la famine et la peste (de 1346 à 1353 la *peste noire* fit 25 millions de victimes en Europe),

Jeanne d'Arc devant Paris.

Louis XI.

Charles le Téméraire.

réduisit d'un tiers, en un siècle, la population française. Sur le plan militaire, les valeureux, mais indisciplinés, chevaliers français allaient subir devant l'infanterie anglaise, aux arcs redoutables, des désastres humiliants : Crécy (1346), Poitiers (1356), Azincourt (1415).

Deux fois, la France envahie toucha le fond de l'abîme. Au lendemain de Poitiers — où le roi Jean le Bon avait été fait prisonnier —, le dauphin Charles (le futur Charles V) fut un instant submergé par l'insurrection parisienne menée par Etienne Marcel et dut signer à Brétigny (1360) un traité qui abandonnait au roi d'Angleterre Guyenne, Périgord, Limousin, Saintonge et Poitou. Mais le vaillant connétable breton Bertrand du Guesclin réussit à reconquérir la plupart des territoires perdus.

Le règne de Charles VI (1380-1422) s'annonçait donc sous d'heureux auspices, mais la folie du roi, l'inconduite de la reine Isabeau de Bavière, la guerre civile atroce qui opposa les partisans de la famille d'Orléans (Armagnacs) à ceux de Bourgogne (Bourguignons) précipitèrent de nouveau le pays dans l'anarchie. En 1420, le traité de Troyes éliminait le dauphin Charles, considéré comme illégitime, et faisait d'Henri V d'Angleterre le régent de France. L'année suivante lui naissait un fils, Henri VI, qui fut donc proclamé roi de France et d'Angleterre en 1422. Charles VI mourait la même année, abandonné de tous; son fils, un jeune homme de dix-neuf ans, n'était, aux yeux de beaucoup, qu'un roi fantoche inconsistant, « le petit roi de Bourges ».

MIRACLE DE JEANNE D'ARC

C'est alors que, du plus profond terroir français, surgit l'être le plus équilibré et le plus surhumain de l'histoire de France : Jeanne d'Arc. Même sans accepter le caractère surnaturel des voix qui l'arrachèrent à ses troupeaux

Lit de justice de Vendôme, tenu par Charles VII.

de Domrémy pour la jeter, à dix-sept ans, sur les routes qui menaient au roi de Bourges, il faut reconnaître le caractère extraordinaire de la mission qui lui fut confiée. Pour elle, le but n'était pas la guerre, qui répugnait sans doute à sa nature féminine, mais il s'agissait de rendre à la France son roi et d'amener les Anglais à reconnaître que leur seule place légitime était au-delà du « Channel » et non sur « la douce terre de France ».

Le 23 février 1429, avec une petite escorte, Jeanne arriva à Chinon, où, dit-on, elle reconnut immédiatement Charles VII parmi les hôtes de la cour. Après avoir probablement rassuré le roi sur la légitimité de sa naissance, elle reçut une maison militaire, un équipe-

ment et une épée. Puis, à la tête d'une armée, elle entra dans Orléans, dont, le 8 mai, les Anglais levèrent le siège. Alors commença la surprenante chevauchée de la « Pucelle d'Orléans » : se frayant un passage au milieu des Anglo-Bourguignons, bousculés et ahuris, elle conduisit Charles VII à Reims, où il était sacré le 17 juillet. La mission de Jeanne était, en fait, terminée. Le reste n'est plus que souffrance et humiliations : échec devant Paris — la capitale naturelle du royaume — (sept. 1429); capture devant Compiègne (23 mai 1430) par les Bourguignons, qui la vendirent aux Anglais; captivité à Rouen, dans d'horribles conditions. Puis ce fut le procès, sans avocat, devant des juges ecclésiastiques instruits et retors, d'une

Le passé

jeune paysanne analphabète. Mais ses réponses furent admirables : « Etes-vous en état de grâce ? — Si je n'y suis, Dieu m'y mette, et si j'y suis, Dieu m'y garde. » « Aimez-vous mieux votre étendard ou votre épée ? — J'aimais beaucoup plus, voire quarante fois, mon étendard que mon épée... Je portais moi-même l'étendard quand on chargeait les ennemis pour éviter de tuer personne. Je n'ai jamais tué personne. »

LOUIS XI

Le sacrifice de Jeanne d'Arc, même dans l'immédiat, ne fut pas inutile. Charles VII (1422-1461) s'imposa peu à peu et ses lieutenants atteignirent le but que s'était fixé Jeanne : « bouter » les Anglais hors de France. En 1453, ceux-ci ne possédaient plus en France que Calais. Il est vrai que le roi, au traité d'Arras (1435), avait dû reconnaître le formidable empire bourguignon qui, de Mâcon au Zuiderzee, pesait sur le flanc occidental du royaume comme une lourde chape.
Charles VII renforça les institutions royales dans une France moderne et centralisée ; il établit des impôts réguliers — dont l'impopulaire gabelle —, secouant décidément l'emprise féodale ; il se donna une armée permanente, où l'arme à feu — l'artillerie — jouait un rôle important. Il signa, par ailleurs, la *pragmatique sanction de Bourges*, qui faisait du roi le maître du clergé de France.
Plus machiavélique, plus souple, mais tout aussi autoritaire que son père, Louis XI (1461-1483) poussa plus avant les résultats obtenus. Il n'eut de cesse d'avoir abattu l'Etat bourguignon ; et sa plus grande joie, il dut l'éprouver sans doute en 1477, quand on trouva, sous les murs de Nancy, le cadavre du dernier grand-duc d'Occident, Charles le Téméraire. En 1482, à la suite d'un accord avec Maximilien de Habsbourg, Louis XI devenait maître de la Bourgogne ; déjà, par héritage, il avait acquis les comtés d'Anjou et de Provence. A la mort de ce grand « rassembleur de terres », seules la Bretagne et la Flandre échappaient encore à l'influence royale.

LA DOUCE ITALIE

Les Valois aimaient le faste et le luxe. Tout naturellement, les successeurs de Louis XI : Charles VIII (1483-1498), Louis XII (1498-1515) et François Ier (1515-1547), furent attirés par l'Italie, où, dans un climat enchanteur, s'épa-

François Ier à cheval.

Charles IX.

nouissait, depuis le XVe siècle, l'un des plus extraordinaires mouvements artistiques et culturels de l'histoire : la Renaissance.
Le prétexte à l'intervention militaire des Français en Italie fut d'abord tout féodal. Il s'agissait, pour Charles VIII, héritier de la maison d'Anjou, de faire valoir ses droits sur le royaume de Naples. Louis XII y ajouta les prétentions de la maison d'Orléans (il était le fils de Charles d'Orléans) sur le Milanais. Si elles permirent à des hommes comme Bayard de manifester les plus belles vertus de la chevalerie, si une bataille comme Marignan, gagnée par François Ier (1515), témoigne de l'efficacité des premières armées permanentes, les guerres d'Italie se soldèrent pour la France par un échec militaire. Elles coûtèrent cher en hommes, car, à partir de 1515 et jusqu'en 1559, elles mirent aux prises la maison de France et la formidable puissance des Habsbourg. En 1525, à Pavie, on vit encore un roi de France, François Ier, capturé sur le champ de bataille. Après quarante ans de luttes, sous Henri II, les traités du Cateau-Cambrésis (1559) ratifieront la renonciation de la France en Italie, mais lui rendront Calais. Et depuis 1532 la Bretagne est française.
Mais la civilisation française — encore marquée par la féodalité — tira bénéfice des guerres d'Italie, d'où un Louis XII, un François Ier surtout sortirent éblouis. Il est incontestable que la Renaissance en France est tributaire de la Renaissance en Italie, en architecture notamment. L'Ile-de-France et plus encore le Val de Loire virent surgir châteaux et palais qui alliaient la tradition médiévale, économe et austère, à la somptuosité décorative de l'Italie. Peu à peu, la France trouva l'équilibre — fait de sobriété et de splendeur — qui, au XVIIe siècle, avec l'art classique, s'imposera au monde occidental.

Le bal du duc de Joyeuse, à la cour d'Henri III.

LES TROIS DERNIERS VALOIS

Cependant, la Renaissance — née d'une exigence intellectuelle — se doublait d'un mouvement plus profond qui sollicitait l'âme et, au-delà d'une Eglise visible et nécessairement pécheresse, voulait mettre l'homme en contact direct avec Dieu, par la Bible. Le protestantisme, surtout sous sa forme calviniste, dépouillée et fervente, attira nombre d'esprits dans ce pays de France où le libre examen est un élément essentiel du génie de la race.

L'humanisme chrétien, né de l'influence d'Erasme, avait trouvé un foyer ardent avec le « groupe de Meaux » animé par Lefèvre d'Etaples, dont Marguerite d'Angoulême, sœur de François Ier, fut la protectrice éclairée. Le roi lui-même, qui avait fondé l'Imprimerie nationale et le Collège de France, centre de libre enseignement et de recherches, ne mit tout d'abord aucun obstacle au mouvement évangélique, jusqu'au jour de 1534 où il trouva des placards injurieux, d'origine protestante, sur la porte de son appartement.

Ce fut alors pour les protestants français — les *huguenots* — le début des persécutions. Commencées sous François Ier, elles furent systématisées par Henri II, dont les tribunaux d'exception, dits « chambres ardentes », n'empêchèrent pas la Réforme de gagner la plus haute noblesse. Si bien que, Henri II étant mort à quarante ans, sa veuve, Catherine de Médicis, et ses trois fils, François II (1559-1560), Charles IX (1560-1574) et Henri III (1574-1589), se

trouvèrent jetés dans une effroyable tempête : les guerres de Religion. Les atrocités, dont ni catholiques ni protestants ne furent exempts (mais le pire reste le massacre des calvinistes à Paris dans la nuit de la *Saint-Barthélemy*, 24 août 1572), couvrirent la France de ruines irréparables et marquèrent profondément le pays.

Les plus terribles années furent sans doute les dernières, quand l'extrémisme catholique se matérialisa dans la *Sainte Ligue*, fourrière de l'ambition d'Henri de Guise. Chassé de Paris par ce dernier, Henri III le fit assassiner à Blois, en 1588, et s'allia à l'héritier du trône, le protestant Henri de Navarre, avant d'être lui-même assassiné à Saint-Cloud, en 1589.

HENRI IV ET SON SOURIRE

La guerre civile allait submerger la France, car Henri de Navarre, qui était Henri IV de par le choix d'Henri III et qui avait écrasé les Ligueurs à Arques (1589) et à Ivry (1590), n'avait pas emporté le cœur des Français. Aussi, en 1593, se décida-t-il à abjurer la foi protestante, en l'église de Saint-Denis. Le 22 mars 1594, le fondateur de la dynastie des Bourbons faisait solennellement son entrée dans Paris. Henri IV était un Béarnais, bon vivant et sensuel, mais brave, souriant et pétri de bon sens. Son regard malicieux avait vite saisi les qualités et les défauts des hommes et le côté vulnérable et humain des événements. C'est peut-être cela que certains — et notamment les Ligueurs, fidèles à

un catholicisme fanatique — lui pardonnèrent difficilement : c'est probablement là que gît le secret de son assassinat, à cinquante-sept ans, en plein cœur de Paris.

Car, l'un des premiers actes d'Henri IV — dont le souci était de reconstruire et de pacifier le royaume de France — fut de signer, à Nantes, en 1598, un édit qui rendait aux protestants la liberté du culte et tous leurs droits civiques.

Par ailleurs, à une France unifiée, qui possédait, enfin, depuis 1539, une

Henri IV.

langue officielle, le *français* de Paris, Henri IV donna un gouvernement fort, fondé sur l'obéissance au roi des grands et des parlements. A une France ruinée, mais où une bourgeoisie agissante et riche était prête à prendre le relais d'une noblesse exsangue, il donna un ministre exceptionnel, Sully, « surintendant des Finances ». Cet homme multiple appliqua sa sagacité et son bon sens de l'épargne au budget national — par la mise en place d'impôts rationnels —, aux moyens de communication (organisation de la « poste », creusement de canaux...), à l'agriculture (méthodes nouvelles d'assolement, création de fermes modèles), à l'industrie (fondation de manufactures de soie [Lyon] et de tapisserie [Gobelins]), au commerce (création de compagnies de commerce, installation de postes au Canada).

Bien sûr, les foyers de France n'eurent pas tous « la poule au pot », comme le souhaitait, dit-on, le bon roi Henri. Mais

Le passé

aux horreurs de la guerre civile, à la famine, avaient été substitués la confiance et le sourire, ce sourire qu'en 1793 les individus chargés, à Saint-Denis, de jeter au feu ce qui restait des rois de France retrouvèrent, stupéfaits, sur le visage intact d'Henri IV.

RICHELIEU

Pour le bel et lourd édifice du royaume de France, au lendemain de la disparition prématurée d'Henri IV (1610), le jeune Louis XIII (1610-1643), neuf ans, et sa mère, l'impopulaire régente Marie de Médicis, étaient de bien fragiles soutiens. Un moment, les camarillas menacèrent l'équilibre rétabli par Henri IV.

Le cardinal de Richelieu.

empire colonial français) ou culturelle (fondation, en 1635, de l'Académie française), Richelieu fut le type même de l'homme d'Etat pour lequel seul compte le bien public. Il instaura le régime du « ministériat », qui fait reposer le salut de l'Etat sur le roi, assisté d'un collaborateur partageant ses responsabilités et investi de sa confiance sans réserve. Nobles révoltés, intendants récalcitrants, protestants qui formaient un « Etat dans l'Etat », Espagnols et Impériaux en firent tour à tour ou simultanément les frais.

Mais l'effort fourni durant la guerre de Trente Ans coûta cher aux finances françaises, qui ne gardèrent pas l'assiette souhaitée ; des révoltes de « croquants » et de « va-nu-pieds » vinrent prouver que la politique de grandeur a souvent un envers moins brillant.

La Fronde : combat de la porte Saint-Antoine.

Mais un jour d'avril 1624 entra au Conseil du roi un fier prélat de quarante-deux ans, Armand Jean du Plessis, évêque de Luçon, futur cardinal de Richelieu. Durant vingt ans, la collaboration de Louis XIII et de Richelieu résista aux accès de pusillanimité du premier, à l'intransigeante hauteur de vues du second, aux intrigues et aux pressions des nombreux ennemis du cardinal. Mais le roi disparaît dans l'ombre immense de « l'homme rouge » dont le célèbre portrait en pied de Philippe de Champaigne, au Louvre, nous restitue l'inimaginable majesté.

Apte à saisir les événements dans leur signification profonde, refusant de s'enfermer dans le cadre étroit d'un programme établi à l'avance, toujours prêt à intervenir dans tous les secteurs de l'activité politique (création des intendants), économique (création des compagnies à monopole et du premier

Louis XIV.

LE MÉTIER DE ROI

Richelieu et Louis XIII morts, la misère allait atteindre, et en certains endroits dépasser, celle que la France rurale avait connue durant les guerres de Religion. Car, d'une part, la guerre franco-espagnole se prolongea onze ans après les traités de Westphalie (1648), couvrant de ruines la France du Nord et de l'Est, d'autre part, la minorité de Louis XIV — il avait cinq ans à la mort de son père — fut marquée par une formidable révolte parlementaire et nobiliaire, la *Fronde* (1648-1653), dirigée surtout contre le souple, mais impopulaire Mazarin, cardinal d'origine italienne, « condottiere d'Etat », ministre de la reine mère Anne d'Autriche, avec laquelle il avait peut-être contracté un mariage secret.

Qu'on médite les *Misères de la guerre* de Callot, qu'on relise la vie de saint Vincent de Paul — la Providence des pauvres de ce temps — et l'on se rendra compte à quelle misère matérielle et morale fut réduite la France au milieu du XVIIe siècle. On comprendra aussi pourquoi les grands yeux et le tendre cerveau de Louis XIV ne perdront jamais le souvenir d'une reine et d'un petit roi en fuite pendant la Fronde.

Peu à peu, Mazarin redevint maître des événements; avec des moyens plus feutrés, il compléta l'œuvre centralisatrice de Richelieu. Déjà, en 1648, les traités de Westphalie avaient valu à la France l'acquisition des Trois-Evêchés (lorrains) et d'une partie de l'Alsace. La paix des Pyrénées (1659) lui donna le Roussillon, l'Artois, plusieurs places en Flandre et au Luxembourg. L'année suivante, Louis XIV épousait l'infante Marie-Thérèse, ce qui lui ménageait la succession d'Espagne. Mais, un an plus tard, Mazarin mourait et Louis XIV aussitôt supprima le poste de Premier ministre. On chuchota parmi les fonctionnaires du Louvre que le jeune roi entendait être le seul maître du royaume.

Il n'est pas fortuit le fait que, en 1668, Claude Perrault, sur l'ordre du roi, éleva la colonnade du Louvre et qu'à Versailles la façade sur les jardins fut ajoutée par Le Vau au château de Louis XIII. Ici et là triomphaient la grandeur et l'équilibre solennel, symbole de la volonté du Roi-Soleil, dont les soixante années de règne marquent le zénith de la monarchie absolue de droit divin.

LE CENTRE DU MONDE

Jamais la France ne fut aussi puissante que durant le quart de siècle qui suivit l'avènement personnel de Louis XIV (1661). Une sorte d'équilibre rare fit d'elle le centre du monde civilisé. Racine, Molière, La Fontaine, Bossuet, Pascal... disent dans une langue parfaite — et qui devient en Europe le véhicule de la pensée la plus déliée — les choses les plus belles qu'on ait dites depuis les Anciens. L' « honnête homme » impose un type d'humanisme où se mêlent les vertus chrétiennes et les exigences du cartésianisme. Le monde entier a les yeux tournés vers les galeries de l'immense palais de Versailles et ses jardins, où, autour de Sa Majesté, évolue l'aristocratie la plus élégante qu'on puisse trouver. En Flandre et en Franche-Comté, les places fortes se rendent, et les clés de villes comme Lille, Besançon, Cambrai passent des mains des Espagnols dans celles du Roi-Soleil, qui, grâce à Louvois, à Vauban et à Turenne, dispose de la meilleure armée du monde. Après la paix de Nimègue (1678), Louis XIV devient l'arbitre de l'Europe. En même temps grandit et s'enrichit, grâce à Colbert, cette bourgeoisie qui constitue déjà la base solide de la société française et où la royauté recrute ses meilleurs serviteurs.

Mais le soleil ne reste pas au zénith. L'orgueil semble aveugler Louis XIV : quand il prive les protestants — par la révocation de l'édit de Nantes (1685) — des droits que leur avait octroyés son grand-père; quand, par la violence, il réunit à la France certains territoires de l'Est; quand le Palatinat est mis à feu et à sang par les troupes françaises; quand la succession d'Espagne, en jetant une fois de plus la France dans la guerre, la ruine au point que des gens meurent de faim. Le Roi-Soleil se survécut mal; il mourut, en 1715, comme il avait vécu, dans la grandeur et la dignité; mais son peuple ne le pleura guère; et les grands de ce monde furent heureux de rejeter le voile de tristesse qu'ils avaient dû, à l'imitation du roi vieillissant, jeter sur leurs convoitises.

LE BIEN-AIMÉ

Rarement un souverain autant que Louis XV aura vu son berceau et son enfance environnés de plus d'amour. La France était lasse de la gérontocratie coûteuse et ennuyeuse qui avait marqué les premières années du XVIIIe siècle; la régence du duc d'Orléans (1715-1723), sans réduire la misère des pauvres gens, avait impudemment manifesté la corruption et l'avidité des riches et des puissants. Louis XV fut réellement, au début de son règne, « le bien-aimé », titre qui adoucissait encore son noble visage de Bourbon racé. Hélas! la vie de cour et l'ennui qu'elle distille portèrent le roi vers les intrigues galantes; des favorites, comme la Pompadour ou la Du Barry, furent les reines de la France bien plus réellement que la pauvre Marie Leczinska. Le gaspillage financier, dû notamment aux dépenses de cour, provoqua une longue crise, qui allait déboucher sur la Révolution. Une nation riche, un Etat pauvre : tel allait être désormais le paradoxe de la France. Les projets d'assainissement des ministres réformateurs, tel Machault d'Arnouville, échouèrent devant l'opposition des privilégiés et des parlementaires.

Entrée de Louis XV à Paris (1715).

Le passé

Par ailleurs, les succès militaires de la première moitié du règne — l'admirable victoire de Fontenoy (1745), par exemple — furent effacés par les humiliations de la guerre de Sept Ans et du traité de Paris (1763) qui la clôtura : au profit de l'Angleterre, la France perdait le Canada, la vallée de l'Ohio et la rive gauche du Mississippi ; elle

Mort de Montcalm à la bataille des plaines d'Abraham, au Canada (1759).

Scène d'intérieur au XVIIIe s. « Le Déjeuner », par F. Boucher.

renonçait aux Indes et aux comptoirs du Sénégal. Une grande joie cependant : l'entrée de la Lorraine et de sa capitale Nancy — la ville de Stanislas — dans le giron de la France.

Ces tristesses, la menace qui parfois pesait sur la royauté (Louis XV ne fut-il pas blessé, en 1757, par un exalté, Damiens ?) ne peuvent faire oublier la lumière qui rayonne de ce XVIIIe siècle français, siècle élégant et suprêmement intelligent, siècle de Voltaire et de Diderot, de Rameau et de Beaumarchais, de Watteau et de Chardin... Alors toute l'Europe — du prince de Ligne au grand Frédéric et aux Rostopchine — parlait et pensait français.

UN MONDE EN GESTATION

Quand monta sur le trône, en 1774, le pacifique Louis XVI — qui avait épousé une belle Autrichienne, Marie-Antoinette, mal adoptée par la France —, les esprits étaient en effervescence. La bourgeoisie, consciente d'être la classe la plus active de la nation, aspirait à prendre la place que lui disputaient les privilèges du clergé et de la noblesse. D'autant plus que s'amorçait en France la révolution industrielle qui allait bouleverser les conditions de vie.

Turgot, puis Necker, Calonne et Brienne déployèrent une certaine énergie — d'ailleurs trop dispersée — pour opérer une révolution pacifique : soit en essayant une politique de libéralisme économique favorable au négoce français ; soit en créant des assemblées provinciales en vue de faire participer la nation à l'administration du royaume ; soit en obtenant l'égalité fiscale par l'établissement d'un impôt général, appelé « subvention territoriale ». Ils se heurtèrent presque constamment au corps des notables et aux parlements. Et le roi était trop faible pour jeter dans la balance le poids énorme de son autorité.

Si bien que, dès 1787, la France était en état de « pré-révolution » ; à la crise politique s'ajoutait une grave crise économique : le chômage, le marasme industriel, la misère marquèrent douloureusement les hivers 1787-1788 et 1788-1789. Les ouvriers furent très touchés, mais aussi et surtout la masse paysanne, sur qui pesaient toutes les charges.

Ce qui ne veut pas dire que la France apparut à l'époque comme une nation décadente. Au contraire, pays jeune et

Marie-Antoinette à l'âge de quatorze ans.

peuplé (de 18 millions en 1714, la population était passée à 26 millions en 1789), la France était sortie auréolée de la guerre d'Indépendance américaine, qui fut un peu son œuvre : le traité de Versailles (1783) apparut comme la revanche du traité de Paris. La puissante Angleterre, pour une fois, touchait terre ; l'Ecole militaire de Paris était la première du monde, où un jeune Corse encore inconnu, Napoléon Bonaparte, allait apprendre l'art de la guerre.

L'EXPLOSION

1789 est, dans l'histoire du monde, une date capitale. Pour la première fois, une assemblée populaire, élue sous le nom d'Etats généraux, passant outre à l'inertie du souverain, se déclara nationale et constituante, substituant son autorité à celle d'un monarque absolu. Cette assemblée, noyautée par une bourgeoisie (tiers état) qui avait obligé les classes privilégiées à se joindre à elle, fut elle-même soumise à l'influence de Paris — ce Paris qui, le 14 juillet 1789, en s'emparant de la Bastille, avait manifesté sa volonté de briser le despotisme. En octobre 1789, la « grand-ville » redevint la capitale effective du royaume, et Louis XVI dut définitivement abandonner Versailles.

La bourgeoisie française prit d'emblée la direction du pays. La Déclaration des droits de l'homme (26 août 1789) définit le caractère sacré de l'égalité et de la liberté; les droits féodaux furent abolis, ce qui réduisait la noblesse au rang commun. Le clergé, dont les immenses biens servirent à combler le déficit chronique et à enrichir bourgeois et laboureurs, fut fonctionnarisé et dut prêter serment de fidélité à la Constitution civile du clergé, obligation qui provoqua un schisme dans l'Eglise de France.

Une France nouvelle, mais bourgeoise, naquit, qui se donna des cadres administratifs uniformes : départements, districts, cantons, communes. L'administration judiciaire et l'administration financière furent bouleversées dans le sens de l'égalité et de la tolérance. Les réformes économiques étaient inspirées par les intérêts de la bourgeoisie, les corporations furent supprimées, mais l'ouvrier, isolé, allait vite se trouver happé par la civilisation industrielle.

L'Assemblée nationale constituante donna à la France une Constitution, votée le 3 septembre 1791, fondée sur la séparation des pouvoirs. Le « roi des Français » (et non de France) ne possédait plus qu'une partie du pouvoir exécutif, le pouvoir législatif appartenant à une Assemblée législative souveraine, élue, selon un système bourgeois, à deux degrés, qui privait des droits électoraux 3 millions de « citoyens passifs », les plus pauvres.

TRIOMPHE DE LA RÉPUBLIQUE

La monarchie constitutionnelle sortie de la Constitution de 1791 ne pouvait pas vivre. L'Assemblée législative était dominée par un groupe de bourgeois capitalistes et anticléricaux, les Girondins, qui, par haine de Louis XVI, prirent des mesures contre les émigrés et les prêtres non jureurs, et poussèrent le gouvernement à la guerre contre l'Autriche, avec laquelle le roi des Français, beau-frère de l'Empereur, était secrètement en relations.

Le 20 avril 1792 éclatait la guerre, prélude à vingt-trois années de luttes

Exécution de Louis XVI, place de la Révolution.

presque continues et qui allaient coûter à la France près d'un million d'hommes. Le veto constitutionnel du roi appliqué aux mesures anticléricales provoqua les réactions violentes de la population parisienne, poussée par les clubs des Jacobins et des Cordeliers : le 20 juin 1792, le roi, littéralement assiégé aux Tuileries, résista; le 10 août, alors que Prussiens et Autrichiens franchissaient les frontières et que *la Marseillaise* retentissait dans les rues de Paris, le château fut emporté par l'émeute. L'Assemblée, débordée, vota la déchéance du roi, qui, avec sa famille et en attendant son jugement, fut enfermé au Temple.

Une période confuse suivit, qui fut marquée par la peur des Prussiens et des aristocrates : la peur, mauvaise conseillère, qui provoqua en septembre 1792, au moment où Verdun se rendait aux Prussiens, le massacre inorganisé d'un millier de personnes dans les prisons parisiennes bourrées de suspects. Peu après, le 20 septembre, la Législative cédait la place à la Convention, dont l'un des premiers actes fut la proclamation de la République : cet avènement ouvrait une ère nouvelle, l'ère républicaine, dont le calendrier rompit avec les usages chrétiens.

Dans le même temps, la victoire de Valmy sur les Prussiens auréolait la jeune armée révolutionnaire face aux armées de métier, plus statiques, et

incitait la Convention à passer à l'offensive, à entamer une guerre de conquête qui assurerait à la fois la propagande en Europe des idées nouvelles et permettrait à la France d'atteindre le Rhin. La victoire de Jemappes — en territoire belge — sur les Autrichiens (6 nov. 1792) passa pour être un gage favorable.

« LA GRANDE NATION »

Mais, dès le début de l'année 1793, la tempête faillit emporter le jeune navire de la République. La lutte, au sein de la Convention, entre la gauche jacobine, souhaitant la dictature de Paris, et la droite girondine, fédéraliste, s'exaspéra lors du procès du roi, qui devait se terminer par l'exécution de Louis XVI sur la place de la Révolution (la Concorde), le 21 janvier 1793.

La mort tragique du « roi très chrétien » provoqua ou favorisa, en France, le soulèvement de l'Ouest (guerre des Vendéens et des Chouans) et, à l'extérieur, la formation d'une formidable coalition (la première), dont l'Angleterre, maîtresse des mers et du commerce mondial, prit la tête. Comme l'hiver de 1792-1793 avait été marqué par une flambée de misère et les premiers contacts avec l'ennemi s'étant soldés par des échecs, les Jacobins, après s'être débarrassés des Girondins, décidèrent d'établir un gouvernement

Un comité de sûreté générale.

révolutionnaire, de salut public, appuyé sur la Commune de Paris ; ses organes essentiels furent, outre la Convention, moteur du gouvernement : le Comité de salut public, le Comité de sûreté générale et le Tribunal révolutionnaire.

Par des mesures draconiennes prises dans tous les domaines de l'activité nationale, et dont l'ensemble constitue la *Terreur*, la Convention, au prix de proscriptions et d'exécutions nombreuses, redressa le navire ; si bien qu'à l'été de 1794, quand Robespierre — depuis trois mois maître de la France — poussa la Terreur jusqu'au paroxysme, les victoires des soldats de l'an II — Fleurus notamment — se retournèrent contre lui et le jetèrent à bas. Et ce fut l'immense soupir de soulagement de Thermidor.

Mais la longue année qu'on a coutume d'appeler « la Convention thermidorienne » (juillet 1794 - octobre 1795), au cours de laquelle la Prusse, l'Espagne et les Pays-Bas déposèrent les armes, fut plus favorable aux « nantis » — la bourgeoisie parvenue — qu'au peuple des villes, réduit aux « queues » humiliantes devant les boucheries et les boulangeries. A Paris, une révolte populaire n'aboutit à rien. Mais déjà l'on murmurait qu'à cette république corrompue il fallait un chef « à poigne ».

L'APPEL AU SOLDAT

La Constitution de l'an III que la Convention thermidorienne donna au pays fut inspirée par des préoccupations éminemment conservatrices. Si son préambule insistait sur le caractère sacré du droit de propriété, il ne disait rien du droit au travail et à l'assis-

tance qu'une masse de pauvres gens réclamaient en vain. Pas de suffrage universel, mais un suffrage censitaire à deux degrés fondé sur le revenu personnel. Le pouvoir législatif était confié au Conseil des Anciens et au Conseil des Cinq-Cents, et l'exécutif à un Directoire de cinq membres renouvelable par cinquième chaque année. Le principal souci de ce gouvernement — où dominaient les conventionnels — fut de se maintenir au pouvoir, quitte à recourir aux coups de force. C'est ainsi que, tour à tour, les royalistes et les Jacobins, qui avaient menacé, par le jeu des élections, le fragile équilibre gouvernemental, furent éliminés ou proscrits. Le Directoire s'acharna particulièrement contre les amis de Gracchus Babeuf, tenant de la révolution sociale.

Car le mécontentement des classes populaires était sans bornes. Face aux spéculateurs, aux fournisseurs de guerre, à la prévarication et à la corruption des mœurs — qu'illustraient une mode féminine indécente et une mode masculine ridicule —, le petit peuple souffrait du chômage et de la misère. La « banqueroute des deux tiers », en septembre 1797, témoigne de l'anarchie politique et sociale. Un seul élément relativement sain et vers lequel, d'instinct, se tournait l'espérance des Français : l'armée, une armée prestigieuse, qui avait trouvé son Alexandre et son César dans la personne d'un jeune général corse : Napoléon Bonaparte... La campagne menée en Italie en 1796-1797 par Bonaparte et qui aboutit au traité de Campoformio, à l'humiliation de la maison d'Autriche et à l'installation de la France en Italie du Nord, reste une des plus extraordinaires de l'histoire militaire : la rapidité du coup d'œil et de l'exécution faisant naître

cent victoires (Rivoli, Lodi...) sous les pas de Bonaparte, qui se révéla, par ailleurs, bon diplomate et administrateur génial. On crut bien pourtant — et le gouvernement du Directoire le souhaitait secrètement — que l'Egypte, où il était parti en 1798 et où Nelson, après Aboukir, l'avait enfermé, allait garder pour jamais l'Alexandre moderne.

Mais, en octobre 1799, Paris le vit revenir avec surprise et joie et, un mois plus tard, le directeur Sieyès, poussé par la bourgeoisie d'affaires, se servait de Bonaparte pour renverser le Directoire (18 brumaire an VIII). Cependant, ce ne fut pas en passif exécutant que le général fit le coup d'Etat ; dès le soir du 19 brumaire, il se faisait désigner comme Premier consul de la République.

« LES MASSES DE GRANIT »

L'opinion resta indifférente, ou plutôt, au sortir d'une si longue période d'anarchie, d'inflation, de corruption, de misère, elle mit d'instinct sa confiance en Bonaparte, qui, auréolé de ses victoires, avait les mains libres. La Constitution de l'an VIII, que ratifia massivement un plébiscite, fut son œuvre. Derrière une façade démocratique, il établit le pouvoir personnel, car, au fond, toute la responsabilité était rassemblée entre ses mains, les deux autres consuls n'étant que « les bras de son fauteuil ».

Le prestige du Premier consul fut d'ailleurs fortifié par la signature, avec l'Eglise romaine, d'un concordat, par la pacification de la Vendée, par la paix avec l'Autriche, après une seconde campagne en Italie, et surtout par la paix avec l'Angleterre (traité d'Amiens, mars 1802).

Bonaparte à Brienne.

Arrestation de Cadoudal.

En récompense de tels services, le Sénat faisait de Bonaparte un consul à vie; deux ans plus tard, considérant que le « complot anglo-royaliste » menaçait l'œuvre consulaire, un sénatus-consulte décrétait Napoléon empereur héréditaire. Deux nouveaux plébiscites, puis le sacre de Napoléon par Pie VII à Notre-Dame (2 décembre 1804) entérinèrent et auréolèrent ces décisions. Maître absolu de la France — la France qui atteignait le Rhin, vassalisait l'Italie (Napoléon était roi d'Italie), la Suisse, la Hollande, et avait détruit le Saint Empire —, Napoléon put consolider l'œuvre révolutionnaire en l'institutionnalisant. Des « masses de granit », fondement de la France moderne, furent posées par lui : administration centralisée avec un puissant fonctionnaire, le préfet, à la tête du département; création d'une Direction des contributions directes et de percepteurs; établissement des cadastres communaux; définition d'un franc germinal « stable »; fondation de la Banque de France; institution de lycées secondaires d'Etat, puis d'une université impériale à monopole, et surtout mise en place d'un lumineux Code civil — œuvre du Conseil d'Etat —, charte d'une France rurale et possédante.

L'ÉPOPÉE NAPOLÉONIENNE

Aux yeux de l'Europe contre-révolutionnaire, Napoléon était le fils de la Révolution. Lui-même ne considérait pas autrement son rôle. A la fois pour sauvegarder l'héritage de 1789, pour en faire bénéficier d'autres nations, et aussi par ambition personnelle, Napoléon fut entraîné dans la plus extraordinaire équipée militaire des temps modernes, épopée qui ne faisait que prolonger celle de la Révolution.

Il songea d'abord à écraser l'Angleterre, mais alors qu'il organisait autour de Boulogne une forte armée de débarquement, l'Autriche et la Russie formaient la 3e coalition. Par une volte-face prodigieuse, Napoléon, renonçant à débarquer en Angleterre, se porta sur le Rhin; mais la belle victoire qu'il remporta sur les Austro-Russes à Austerlitz (2 déc. 1805) ne put lui faire oublier que, le 21 octobre, en écrasant la flotte franco-espagnole à Trafalgar, l'Angleterre avait pris une forte option sur l'avenir.

Il n'empêche qu'après le traité de Presbourg (1805) « Napoléon le Grand » — ainsi le désignait l'opinion mondiale — était le maître de l'Europe. Bientôt, la plupart des membres de sa famille occupèrent un trône. Cependant, la Prusse, qui se croyait encore

Napoléon à Wagram, par Gros.

Un jour de revue sous l'Empire.

Le passé

au temps de Frédéric II, crut être assez forte pour s'opposer au conquérant; une fulgurante campagne (Iéna, 1806) la mit à sa merci. Et quand le traité de Tilsit, après Friedland (1807), fit du tsar son allié, rien ne semblait devoir contrarier, sur le continent, la prédominance française. Restait l'Anglais; pour l'étouffer dans son île, Napoléon prit le risque d'instituer le Blocus continental. Cette mesure gêna, certes, l'Angleterre. Mais elle amena l'Empereur à occuper la Hollande, les ports allemands, les Etats du pape; elle le poussa surtout à devenir le maître de deux pays pauvres, mais fiers : le Portugal et l'Espagne (1808). Si Napoléon se débarrassa, assez difficilement d'ailleurs, à Wagram, des Autrichiens, qui avaient fomenté la 5ᵉ coalition (1809), l'atroce guerre d'Espagne rongea comme un cancer la puissance impériale.

Car après les années glorieuses (1810-1811) marquées par le mariage avec Marie-Louise d'Autriche, puis la naissance du « roi de Rome », l'Empereur dut reculer devant le monstre russe (1812), puis devant l'Europe soulevée et coalisée (1813); les prodiges de la campagne de France purent à peine reculer l'échéance fatale. Ayant abdiqué en avril 1814, Napoléon fut réduit à la souveraineté de l'île d'Elbe. Il revint en France en mars 1815, alors qu'au Congrès de Vienne l'Europe contre-révolutionnaire disposait de ses dépouilles. Mais Waterloo, le 18 juin 1815, stoppa son bref élan.

L'exil, puis la mort solitaire (1821), à Sainte-Hélène, du « Petit Caporal » contribuèrent largement à composer cette légende napoléonienne qui, estompant les traits du despote, illumina, aux regards de l'Europe, le souvenir du « fils de la Révolution », héraut de la liberté.

LES BOURBONS RESTAURÉS

Napoléon tombé, la France envahie et occupée, la monarchie des Bourbons fut restaurée en France. Les deux frères de Louis XVI, vieillards dont la vie s'était écoulée en grande partie à l'étranger, se succédèrent sur le trône : Louis XVIII mourut, sans enfants, en 1824; Charles X fut renversé par la révolution de juillet 1830. Pleins de bonne volonté, ils échouèrent parce que leur entourage considérait comme nuls et non avenus les bouleversements politiques et sociaux provoqués par la révolution de 1789. Si les Bourbons ne

Départ de Louis XVIII pour Gand, le 20 mars 1815.

Combat de la rue de Rohan, le 28 juillet 1830.

purent rétablir la monarchie absolue, la Charte qu'ils octroyèrent au pays, et qui s'établit sur la base de la séparation des pouvoirs, ne respecta pas le suffrage universel : la vie politique devenait le fait d'une minorité, aristocrates et propriétaires fonciers surtout. Aux ultra-royalistes s'opposèrent les libéraux de toute espèce, dont les pamphlets de Paul-Louis Courier et les chansons de Béranger ont traduit les aspirations et les haines. A la Terreur blanche, qui, en 1815, traqua jacobins et bonapartistes, nombre de libéraux répliquèrent par l'organisation de sociétés secrètes prêtes au coup de main, telle la Charbonnerie. Quand, en 1821, mourut à Sainte-Hélène le « Petit Caporal », beaucoup de Français tournèrent leurs regards vers Vienne, où, dans l'ombre hostile de Metternich, végétait l' « Aiglon », le roi de Rome, que la phtisie emportera en 1832. Dans les chaumières, aux veillées, dans les

chambres d'ouvriers, la légende napoléonienne s'amplifiait. D'autant que l'assassinat, en 1820, du duc de Berry, héritier du trône des Bourbons, avait amené Louis XVIII, puis Charles X — lequel se fit sacrer à Reims à l'ancienne mode — à réagir violemment. Le long gouvernement de Villèle (1822-1828) marque, par rapport à la législation révolutionnaire, une régression sensible; en témoignent la loi punissant le sacrilège et celle qui donnait un milliard aux émigrés. Quand le prince de Polignac, en 1829, devint Premier ministre — lui qui représentait la chouannerie rétrograde aux yeux de l'opinion libérale —, le mécontentement fut à son comble. Et quand, en juillet 1830, Charles X signa cinq ordonnances limitant le droit de vote et la liberté de presse, le régime fut balayé en trois jours par une révolution populaire, confisquée par la bourgeoisie d'affaires.

TRIOMPHE
DE LA BOURGEOISIE

Car la bourgeoisie — que la Révolution française avait portée au premier rang et que la Restauration avait brutalement écartée — prétendait jouer de nouveau le premier rôle. Au seuil de la révolution industrielle qui allait bouleverser le XIXᵉ siècle, elle avait conscience d'être l'élite pensante et possédante de la nation. C'est pourquoi,

l'artisan à son logis pour le jeter dans la « manufacture », que la loi de la libre concurrence transformait trop souvent en un enfer où l'on travaillait quinze heures par jour pour un salaire médiocre. Thiers et Guizot éveillèrent le pays en rendant légale l'expropriation pour cause d'utilité publique, en multipliant les chemins vicinaux et surtout en créant **sept grandes lignes ferroviaires**, concédées à des sociétés. Le télégraphe Morse relia, en 1845, Paris

gouvernement provisoire, puis l'Assemblée constituante, élue en avril 1848, furent incapables de la conjurer; ou plutôt les bourgeois, qui formaient la majorité, eurent peur de la masse ouvrière grossissante et impatiente. Pour la calmer, le gouvernement recourut à un pis-aller : l'ouverture d'ateliers nationaux, dont la suppression inéluctable provoqua, du 23 au 26 juin 1848, une formidable émeute populaire, à Paris notamment. Celle-ci fut cruellement

Louis-Philippe reçu par la reine Victoria dans son wagon-salon.

Campagne d'Algérie : un poste d'observation.

en août 1830, elle porta au pouvoir le duc d'Orléans, de la branche cadette des Bourbons, qui devint roi des Français (et non roi de France), sous le nom de Louis-Philippe Iᵉʳ. Le drapeau tricolore remplaça le drapeau blanc.

Sans tenir compte de l'opposition bonapartiste, légitimiste et républicaine, et de l'agitation sociale (en particulier la révolte des canuts de Lyon en 1831), Louis-Philippe s'appuya durant dix-huit ans sur la bourgeoisie d'affaires, dont Guizot, véritable vice-roi à partir de 1840, fut le principal protecteur.

La charte de 1814 ne fut que superficiellement modifiée; le nombre des électeurs, très réduit, constituait la barrière qui séparait le « pays légal » — 200 000 personnes riches — du « pays réel », que le gouvernement laissait à l'écart du pouvoir et qui « s'ennuyait », furieux de voir Louis-Philippe — résolument pacifique — s'humilier devant la puissante Angleterre.

Or, la France subissait alors une mutation lente, mais essentielle. Peu à peu, cette nation de paysans se tournait vers les zones industrielles comme le Nord, où la machine à vapeur bouleversait les conditions de travail, arrachant

à Rouen; le timbre-poste apparut en 1849. Les années 40 virent entre autres : la machine à coudre, qui bouleversa la confection, le marteau-pilon, la machine-outil. Le gaz d'éclairage remplaça peu à peu l'huile. Ainsi s'ouvrait l'ère du capitalisme industriel, dont l'envers était le paupérisme.

L'ESPOIR DU MONDE

Or, le printemps de 1848 fut pour les humbles et les pauvres un temps d'espoir. En février, sous la pression d'une opposition républicaine dont il avait mésestimé l'importance et l'influence, Louis-Philippe et son régime s'étaient écroulés. Un souffle de jeunesse passa sur le pays, que subjuguait l'éloquence poétique du beau Lamartine brandissant le drapeau tricolore : la liberté de réunion et de la presse fut proclamée en même temps que la République; 171 journaux naquirent à Paris en six semaines; pour la première fois en France fut instauré le suffrage universel pour les hommes.

Mais le contexte économique était mauvais; deux ans auparavant une crise grave s'était abattue sur le pays, provoquant le chômage et la misère. Le

écrasée; 11 000 arrestations et 4 300 déportations privèrent les ouvriers de chefs, tandis que la République, se jetant à « droite », se montrait résolument conservatrice. L'Assemblée législative, élue en mai 1849, en application de la Constitution de novembre 1848, fut dominée par les monarchistes catholiques : ceux-ci firent voter la loi Falloux, qui instituait l'enseignement secondaire libre, et restreignirent le suffrage universel au détriment des ouvriers; par ailleurs, ils entrèrent en conflit avec le président de la République, qui, en décembre 1848, avait été élu au suffrage universel direct, avec une énorme majorité, et qui n'était autre que Louis-Napoléon Bonaparte, le neveu de l'« Empereur »; avec lui la légende napoléonienne prenait corps.

Quand, le 2 décembre 1851, par un coup d'Etat soigneusement préparé, Louis-Napoléon se débarrassa de l'Assemblée, afin de mettre sur pied une Constitution autoritaire, il y eut une certaine résistance — vite balayée : le plébiscite du 20 décembre témoigna de l'adhésion massive du pays. Un an plus tard — jour pour jour —, Louis-Napoléon se faisait proclamer empereur sous le nom de Napoléon III.

Le passé

« LE TEMPS
DE L'EMPEREUR »

Pour nos aïeules, le règne de Napoléon III (1852-1870) est resté auréolé d'un nimbe de prospérité et de facilité. C'est la première « belle époque », marquée par la stabilité monétaire, l'essor de l'industrie et du crédit, la création des grands réseaux ferroviaires, des grandes compagnies maritimes, des grandes banques, des grands magasins, des grands travaux, tels ceux d'Haussmann qui bouleversèrent et modernisèrent Paris. C'est l'époque dont Zola a bien rendu la soif de spéculation et de conquêtes et dont Offenbach a fait revivre — dans la Vie parisienne, par exemple — l'atmosphère de plaisir.

Il est certain que les Expositions universelles de Paris en 1855 et 1867 ont donné au monde le spectacle d'une nation en pleine mutation, tournée délibérément vers l'avenir, avide de s'aligner sur la puissante Angleterre, qui l'avait précédée sur la voie du développement industriel et commercial. Il est certain que la France, en 1870, était tellement riche que lorsque Thiers, après le désastre de 1871, sollicitera les Français en vue de couvrir, par un emprunt, l'énorme indemnité de guerre (5 milliards) due aux Allemands, cet emprunt sera couvert — aux regards étonnés de l'Europe — plus de quinze fois !

Cette prospérité avait un envers. D'une part, la vie politique, jusqu'en 1860, fut extrêmement réduite, le pouvoir appartenant, en fait, totalement à l'empereur et à son administration; durant les dix dernières années de l'Empire, elle se libéralisa progressivement, mais c'est en janvier 1870 seulement que fut instauré un régime vraiment parlementaire. D'autre part, le formidable essor industriel qui marqua cette période n'eut pas une contrepartie suffisante sur le plan social. En 1870, la vie des ouvriers français n'avait pas été substantiellement transformée par rapport à 1848. Mais, plus conscients de leur misère et de leur rôle social, ceux-ci se tournèrent massivement vers un socialisme auquel Karl Marx apportait une doctrine structurée et fondée sur la foi en la prise du pouvoir par le prolétariat.

L'Empire — qu'un plébiscite favorable, en mai 1870, semblait avoir affermi — s'écroula brusquement à Sedan, en septembre, au cours d'une guerre franco-allemande dans laquelle le gouvernement impérial avait inconsidérément jeté la France.

L'occasion de la guerre avait été la candidature d'un Hohenzollern, cousin du roi de Prusse, au trône d'Espagne : la France, craignant de voir se reconstituer l'Empire de Charles Quint, exigea le retrait de cette candidature. La Prusse accepta. Mais l'ambassadeur de France demanda des garanties : Bismarck, alors aux eaux d'Ems, publia une dépêche qui semblait indiquer qu'à une demande insolente de la France le roi de Prusse avait répondu par un refus de recevoir le représentant de Napoléon III. Sans préparation, la France déclara la guerre à la Prusse; en six semaines, celle-ci l'acculait au désastre (batailles de Sedan et de Metz); le second Empire n'y résista pas.

Napoléon III.

« La Victoria », par Constantin Guys.

LA IIIᵉ RÉPUBLIQUE

L'Empire tombé, la France — malgré l'héroïsme des armées de la Défense nationale et celui de Paris investi — dut s'incliner devant son vainqueur. Le traité de Francfort (10 mai 1871) arracha à la France l'Alsace et une partie de la Lorraine, soit un million et demi d'habitants; la plaie faite ne se refermera jamais et jusqu'en 1914 alimentera une rancœur et une méfiance qui empoisonneront durant quarante-trois ans les relations franco-allemandes, entretenant un désir de « revanche ».

Le pays meurtri se donna d'abord pour maîtres des représentants conservateurs, monarchistes et catholiques, qui, se débarrassant de Thiers, le « libérateur du territoire », poussèrent en avant le vieux maréchal de Mac-Mahon, désigné comme fourrier de la royauté. Mais le comte de Chambord, petit-fils de Charles X, ayant écarté le drapeau tricolore, la restauration monarchique échoua. En 1875, une Constitution donnait à la IIIᵉ République ses assises. La démission de Mac-Mahon (1879) et l'élection à la présidence du républicain Jules Grévy firent triompher une gauche républicaine anticléricale, dont les chefs s'appelaient Gambetta et Jules Ferry. Entre 1880 et 1885, une série de lois instaura définitivement en France les libertés fondamentales (presse, réunion, association), l'enseignement primaire obligatoire, gratuit et neutre, le divorce, le service militaire sans privilèges... La démocratisation — que doublait un anticléricalisme militant — gagna les couches les plus profondes du pays.

Une attitude de Gambetta.

Ferry développa l'empire colonial en installant la France en Indochine, en Tunisie, à Madagascar.

Plusieurs fois, dans les vingt dernières années du XIX° siècle, la jeune République fut gravement menacée : par l'ambitieux, mais médiocre général Boulanger ; à la suite du scandale de Panama, et surtout au cours de l'affaire Dreyfus, qui passionna l'opinion. Un officier israélite, le capitaine Alfred Dreyfus, accusé d'avoir communiqué à l'Allemagne des secrets de la Défense nationale, est condamné en 1894 et déporté à l'île du Diable. Après de multiples rebondissements de l'affaire, il sera finalement gracié, puis réhabilité en 1906. Mais, entre-temps, le pays aura vécu dans une atmosphère de guerre de religion qui divisait les partis, les familles, les plus vieilles amitiés.

Le « bloc des gauches » se ressaisit en 1899. Grâce à Waldeck-Rousseau et à Combes, les congrégations religieuses furent pratiquement éliminées ; Briand consacra la séparation de l'Eglise et de l'Etat en 1905.

Mais, entre 1906 et 1914, la République, dont Poincaré et Clemenceau apparaissaient comme les plus hautes figures, eut à faire face à une grave agitation ouvrière — déterminée par une législation sociale insuffisante —, tandis que le spectre de la guerre montait à l'horizon.

CHANGEMENT DE VIE

Une seule génération (1880-1914) a vu naître plus de merveilles que toutes celles qui l'ont précédée. Pour mesurer l'extraordinaire bond en avant de l'humanité sur le chemin du progrès à la fin du XIX° siècle et au début du XX°, il suffit de comparer la vie des combattants de la Première Guerre mondiale à celle des soldats de 1870.

En 1914, les soldats sont convoyés par camions automobiles ; les agents cyclistes sont nombreux ; les chefs communiquent avec leurs hommes par téléphone ; déjà la T. S. F. transmet les nouvelles. Le ciel est le domaine des avions ; les navires sont menacés par les sous-marins. Les mitrailleuses tirent autant de balles que cent anciens fusils ; les chars d'assaut boulversent la stratégie. Les soldats sont-ils blessés ? Beaucoup sont sauvés par l'asepsie ; l'anesthésie leur épargne de trop fortes douleurs. Quarante ans auparavant, rien de tout cela n'existait. Enfin, après la machine à vapeur, le moteur à explosion (1883) et la « fée électricité » boulversent les relations humaines.

La France, en 1900, offrait à l'admiration du monde, dans le cadre d'une somptueuse Exposition universelle, le spectacle d'une nation éclairée, riche, repue, contente de soi. Paris était devenu la capitale mondiale des arts, de la peinture notamment. La langue française s'épanouissait en une production littéraire d'une richesse et d'une diversité inouïes. La France était aussi au centre d'un magnifique empire, dont le Maroc de Lyautey constituait la couronne.

Mais le pays portait une plaie secrète et ancienne : la dénatalité, conséquence d'un égoïsme essentiel, facteur de faiblesse et d'infériorité face aux puissances montantes comme l'Allemagne et les Etats-Unis. La bonne bourgeoisie française, cette classe moyenne qui formait les assises du pays, n'en gardait pas moins un solide optimisme, une foi totale dans le progrès de l'humanité animée par la science triomphante. La guerre de 1914-1918 allait opposer à cette euphorie le plus monstrueux démenti.

Lecture au capitaine Dreyfus de l'arrêt du conseil de guerre (1894).

La Belle Époque : le « Cercle de Puteaux ».

Le passé

« L'UNION SACRÉE »

Durant quatre longues années, plusieurs millions de Français, terrés dans les tranchées qui formaient un « front » ininterrompu de l'Yser aux Vosges, ont défendu mètre par mètre le sol de leur patrie face aux envahisseurs allemands. Un million et demi d'entre eux ont péri au cours du gigantesque et interminable duel.

Quand, après l'assassinat de l'héritier

front de Verdun, attaqué violemment par le Kronprinz en février 1916. A Verdun, 160 000 obus furent tirés quotidiennement; 362 000 Français et 336 000 Allemands tombèrent ou furent pulvérisés. C'est dire l'acharnement des combats dans un pays vite transformé en terre lunaire, apocalyptique, où cinquante ans plus tard les arbres se refusent à pousser.

A l'ultime offensive allemande (mars-juillet 1918), Foch, devenu généralissime des armées alliées, répondit par une contre-offensive victorieuse. Le 11 novembre 1918, à Rethondes, près

versement de la mode féminine, la course aux plaisirs, le développement du cinéma, de la radio, de l'automobile.

Pendant que la reconstruction s'organise, la paix internationale se révèle difficile et précaire, les Alliés se désunissent, les Etats-Unis se dérobent et la France s'exacerbe sur le problème des réparations allemandes, véritable toile de Pénélope que Hitler finira par déchirer. Les relations franco-allemandes, déjà tendues, s'aigrissent, notamment avec l'occupation de la Ruhr par les troupes françaises (1923). Les efforts

Verdun : attaque française vue des tranchées allemandes.

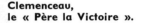

Clemenceau,
le « Père la Victoire ».

Joffre et Foch
au début de la guerre.

d'Autriche à Sarajevo (28 juin 1914), les Habsbourg déclarèrent la guerre à la Serbie, patronnée par la Russie, une « réaction en chaîne », liée au jeu des alliances militaires, jeta dans la bataille les cinq plus grands empires du monde : Autriche-Hongrie, Allemagne, Russie, France, Grande-Bretagne.

Surpris par l'invasion de la Belgique et du Luxembourg par les Allemands (août 1914), les Français reculèrent jusqu'à 40 km de Paris. En septembre, Joffre, général en chef des armées françaises, stoppant soudain l'avance ennemie, gagna avec des troupes exténuées, mais résolues, la « miraculeuse » bataille de la Marne. Les Allemands reculèrent et s'établirent sur une ligne fortifiée. La guerre de position ou de tranchées commençait, atroce, marquée par des milliers de petits combats sporadiques et sanglants, coupée par de grandes offensives meurtrières et sans résultats décisifs : Artois (1915 et 1917), Champagne (1915), Somme (1916), Chemin des Dames (1917)...

L'effort le plus pénible et le plus héroïque, les Français le fourniront sur le

de Compiègne, il recevait les plénipotentiaires allemands, qui signèrent l'armistice. Les préliminaires de paix furent ratifiés par le traité de Versailles (28 juin 1919). La France, dans la joie, rentrait en possession de l'Alsace-Lorraine.

VICTOIRE FRAGILE

Auréolée par sa victoire, la France sort très affaiblie du premier conflit mondial : 16 p. 100 de la population masculine a péri; ont été détruits : 300 000 maisons, 52 000 kilomètres de routes, 6 000 kilomètres de voies ferrées, 3 millions d'hectares de terre. Les dépenses de guerre représentent 30 p. 100 de la fortune nationale; la moitié de la réserve d'or a fondu. Et la dénatalité sévit toujours.

Les problèmes financiers prennent dès lors le pas sur les autres; pour la première fois depuis Napoléon, l'inflation menace. La majorité des Français pensent que « l'Allemagne paiera » et l'après-guerre est caractérisé par l'invasion des mœurs américaines, le boule-

d'Aristide Briand n'aboutiront pas à rapprocher réellement les deux peuples, et l'homme d'Etat ne verra pas se réaliser le généreux projet d'*Etats-Unis d'Europe* qu'il présenta un jour devant les délégués de la Société des Nations. Les milieux financiers, après avoir d'abord soutenu les gouvernements conservateurs du *Bloc national* (Poincaré notamment), firent confiance au *Cartel des gauches* qui triompha aux élections de 1924. Mais son président, Herriot, se heurtait à de telles difficultés qu'on dut recourir, en 1926, à la constitution d'un cabinet d'*Union nationale*, présidé par Poincaré. Ce dernier réussissait à stabiliser le franc (1928), qui se trouva dévalué par rapport au franc germinal de près des quatre cinquièmes. La confiance renaissait, les affaires reprenaient, quand la grande crise mondiale vint tout remettre en question.

CRISE GRAVE

L'effroyable crise économique qui s'abattit sur les Etats-Unis en 1929 atteignit la France en 1931-1932. Elle fut marquée par la mévente du blé et du vin, l'effondrement industriel, la paralysie du commerce, l'accroissement du

Le ministère
Poincaré en 1926.

Défilé des anciens combattants
le 6 février 1934.

Conférence de Munich en 1938. De gauche
à droite : Chamberlain, Daladier, Hitler,
Mussolini et Ciano.

chômage ; dès 1933, le déficit financier était de 10 milliards. Cette crise était d'autant plus grave qu'elle atteignait une nation vieillie, peu peuplée, envahie par les étrangers (3 millions), et dont l'équipement économique était peu adapté à la « deuxième révolution industrielle » de l'après-guerre.

L'instabilité ministérielle (25 gouvernements se succédèrent en dix ans), l'agitation sociale, les scandales financiers et politiques (Stavisky, 1934) provoquèrent une double opposition : à gauche, celle des communistes ; à droite, celle de mouvements comme les *Croix-de-Feu* du colonel de La Rocque. L'émeute du 6 février 1934 marqua le point culminant du mécontentement. Après l'expérience autoritaire de Pierre Laval (1935-1936) se constituait sous la direction de Léon Blum, un gouvernement de « Front populaire » qui, sur le plan social, obtint des améliorations importantes : augmentation des salaires, semaine de 40 heures, congés payés. Par ailleurs, les conventions collectives devenaient obligatoires ; on créa l'Office du blé, et la Banque de France fut placée sous le contrôle direct de l'Etat.

Mais, en 1938, le ministre Daladier devait donner la priorité aux problèmes extérieurs. Car la crise de 1929 avait eu aussi pour conséquence la rupture de la solidarité des nations, l'abandon de la sécurité collective et surtout la naissance de dictatures militaires.

En Allemagne, Adolf Hitler, fondateur du national-socialisme, déclarait très haut que son but était d'annihiler le « diktat de Versailles ». La réoccupation par la Wehrmacht de la Rhénanie démilitarisée (1936) fut la première étape d'une série de « coups de main » allemands qui, en passant par la fallacieuse paix de Munich, aboutirent, en septembre 1939, à l'invasion de la Pologne et à la déclaration de guerre de la France à l'Allemagne.

L'HUMILIATION ET L'ESPOIR

Mal préparée, manquant notamment de chars d'assaut et d'avions, la France, après plusieurs mois de calme illusoire qu'on a appelés « la drôle de guerre », ne put soutenir, en mai 1940, le choc formidable de l'armée allemande précédée de dix divisions blindées. En quelques semaines, la France fut à la merci des envahisseurs, qui, le 14 juin, entraient à Paris ; le 10, l'Italie était entrée en campagne aux côtés de l'Allemagne.

Le 16 juin, le gouvernement Reynaud démissionnait et le maréchal Pétain, qui allait assumer les pouvoirs constituants, demandait alors l'armistice, qui était signé le 22 juin avec l'Allemagne — à Rethondes, sur les lieux mêmes où fut signé l'armistice de 1918 — et le 24 avec l'Italie. Dans le tumulte des armes et d'une retraite où civils et militaires mêlaient leur misère, peu de Français entendirent l'appel à l'espoir que, de Londres, le 18 juin, un officier inconnu, Charles de Gaulle, lançait à la patrie humiliée. Cet appel fut cependant à l'origine d'une « France libre » qui, appuyée sur une Résistance intérieure sans cesse amplifiée, devait, après quatre années héroïques et difficiles, se confondre avec la France elle-même.

L'armistice de 1940 avait coupé la France en deux zones, séparées par une ligne de démarcation allant de Genève à Bayonne. Au nord : la *zone occupée*, où les souffrances matérielles et morales furent très dures ; au sud : la *zone libre*, où s'organisa, autour de Vichy, un Etat français qui subit progressivement l'ingérence et l'influence allemandes, surtout après le 11 novembre 1942, quand Hitler fit occuper toute la France.

La victoire des Alliés fut aussi celle de la France, dont les troupes, commandées par de Lattre de Tassigny, Juin, Leclerc et d'autres chefs prestigieux, et épaulées efficacement par la Résistance intérieure, jouèrent un rôle important dans la libération du pays. Si bien que la France fut présente aux côtés des Alliés (Grande-Bretagne, Etats-Unis, U. R. S. S.) lorsque, le IIIe Reich s'étant effondré, il s'agit d'affronter les grands problèmes posés par l'après-guerre.

Le général de Gaulle passe en revue une
unité de la Ve armée d'Italie.

1944 : attaque de l'hôtel Continental, à
Paris, par des soldats de la 2e D. B. et
des F. F. I.

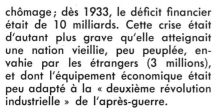

Le présent

La France a connu quatre régimes depuis le début du siècle. Déjà, elle en avait connu neuf au siècle précédent, sans compter divers changements de Constitution. Mais, à travers toutes ces péripéties, elle était restée longtemps la même. Aujourd'hui, peut-être, c'est un pays nouveau qui apparaît à la pointe occidentale de l'Europe...

La tour Eiffel vue de la maison de l'O. R. T. F.

Les hommes de quarante ans qui ont appris la géographie dans les manuels d'avant guerre ont pu se faire alors une certaine idée de la France. C'était un pays où l'agriculture représentait près de la moitié du revenu national et qui, faute d'abondantes ressources en charbon, n'avait pas connu l'expansion industrielle de l'Angleterre ou de l'Allemagne.

SEPT MOIS ET DEMI

Sous Louis XIV, elle fut le pays le plus peuplé d'Europe, mais, dès le dernier tiers du XIXe siècle, la natalité se mit à décroître : elle devint le pays où la densité de population était la plus faible; chaque année, il naissait moins de Français qu'il n'en mourait, de sorte que seule l'immigration des travailleurs italiens et polonais permit au pays d'avoir, en 1939, une population à peu près égale, compte tenu du retour à la France de l'Alsace-Lorraine, à celle du début du siècle. La crise économique qui commença en 1929 avait été moins aiguë qu'en Allemagne et aux Etats-Unis, mais elle dura plus longtemps et, à la veille de la guerre de 1939, la production était à peine équivalente à celle de 1913.

Et, cependant, la France avait conscience d'être restée l'un des plus grands pays du monde et savait que le sort des grandes affaires internationales se décidait souvent à Paris. D'ailleurs, sa puissance ne se limitait pas à l'Europe, mais s'étendait à l'Afrique, où elle possédait un tiers de la superficie totale du continent, à l'Asie, où elle était présente au Proche-Orient avec les mandats sur la Syrie et le Liban, et en Extrême-Orient, avec la partie la plus riche et la plus peuplée de la péninsule indochinoise, à l'Océanie également, dont la moitié des archipels lui appartenaient, à l'Amérique enfin, où elle possédait ses plus vieilles dépendances coloniales.
Pour protéger cet « Empire », la France disposait d'une prestigieuse armée, l'une des plus vieilles et des meilleures du monde, disait-on, encore auréolée par la victoire de 1918, ainsi que d'une administration extraordinairement solide et stable, enviée par la plupart des autres pays, mais au service d'une république qui fonctionnait mal : la durée moyenne des gouvernements ne dépassait pas sept mois et demi !

PAYS JEUNE

Qu'y a-t-il de commun entre la France d'avant guerre et la France que nous avons aujourd'hui sous les yeux ? Sur la mappemonde, il n'y a plus cette immense tache de même couleur que l'on y voyait autrefois. Il n'y a plus d'Empire. Une vingtaine d'Etats indépendants lui ont succédé, du Cambodge au Maroc, du Congo à la Syrie ; hors d'Europe, la France ne se prolonge plus que par les îles d'Océanie — trop peu peuplées

Récolte de lavande en haute Provence.

Étudiants de l'École des hautes études commerciales (Jouy-en-Josas).

pour êtres indépendantes —, par Djibouti — provisoirement peut-être —, et les très vieilles possessions qu'elle avait déjà au XVIIᵉ siècle : Réunion, Guyane, Antilles, Saint-Pierre-et-Miquelon. La France elle-même est devenue le pays le plus jeune d'Europe et son taux de natalité, bien que se ralentissant, reste

encore plus élevé que celui de la plupart des pays avoisinants. En une vingtaine d'années sa population s'est accrue de 10 millions d'habitants, soit à peu près autant que durant les cent cinquante années précédentes. L'agriculture ne représente plus guère qu'un cinquième de la production nationale, bien que, en valeur absolue, elle ait connu une remarquable progression. Quant à la production industrielle, elle a doublé entre 1949 et 1960 et s'accroît régulièrement : son augmentation est, en

moyenne, d'un peu moins de 5 p. 100 par an. Rajeunie dans ses cadres, restructurée par des fusions d'entreprises, vivifiée par la concertation avec les syndicats, l'économie française a mis un peu plus d'un an à résorber la crise de mai 1968. Et, si elle connaît un coup de frein assez brutal en 1974, lié à la

soudaine hausse du prix du pétrole (les immatriculations d'automobiles tombent de 37 p. 100 en un an), elle semble moins touchée que celle de ses partenaires occidentaux. Où se situe la France par rapport au reste du monde dans cette course effrénée vers l'expansion ? Si l'on s'en tient à la production industrielle, soumise à moins d'à-coups que les récoltes de l'agriculture, et si la comparaison se fait sur une longue période de temps, on constate que le Japon détient toujours la première place, suivi par le Canada et les Pays-Bas. Puis vient la France, que serrent de près l'Italie et l'Allemagne. Tous les autres pays industriels — en dehors du camp communiste — ont un taux d'accroissement de leur production plus faible.

CONFORT DES FRANÇAIS

Mais, comme on l'a vu, la France compte 10 millions d'habitants de plus qu'en 1945. De ce fait, la production nationale brute par tête a progressé plus lentement, mais d'environ 5 p. 100 tout de même. A ce rythme, le pouvoir d'achat des Français peut doubler, ou même davantage, en vingt ans. Et déjà, cette espérance a pénétré l'esprit public au point que l'expansion est devenue une sorte de dogme et que tout retard dans un essor désormais prévu apparaît aujourd'hui comme une sorte de scandale, tant il est vrai que les exigences déjà satisfaites entraînent aussitôt une exigence plus grande encore. Vingt ans d'expansion n'ont pas seulement effacé les traces de la Seconde Guerre mondiale et fait oublier le visage d'une France vieillie, repliée sur elle-même, frileusement abritée derrière ses barrières douanières et s'imaginant qu'elle pourrait garder sa puissance sans la confronter avec un monde qui changeait : ils ont déjà marqué la vie quotidienne des Français.

Encore une fois, sacrifions aux chiffres, qui sont les dieux de l'époque industrielle, et parlons du confort de chaque Français. En 1957, 21 p. 100 des ménages étaient équipés en réfrigérateurs, 22 p. 100 en aspirateurs, 12 p. 100 en machines à laver, 26 p. 100 en automobiles. Au mois de janvier 1973, ces proportions sont de 85 p. 100 pour les réfrigérateurs, 65 p. 100 pour les machines à laver, 61 p. 100 pour les automobiles, 78 p. 100 pour les téléviseurs, 7,7 p. 100 pour les congélateurs.

Près de 1 Français sur 2 est propriétaire de son logement. Dans le monde, la France venait au sixième rang pour le nombre — par habitant — des réfrigé-

Le présent

rateurs, des téléphones, des machines à laver et des téléviseurs, et aussi pour le chauffage central, et au cinquième rang pour l'automobile. On découvrait ainsi que les Français avaient plus d'installations de chauffage central, plus de réfrigérateurs, plus d'automobiles que les Anglais, plus de téléphones et d'automobiles que les Allemands, plus de machines à laver que les Suédois, plus de téléviseurs que les Suisses.

CHANGEMENT DE RÉGIME

En un mot, la France, depuis la Seconde Guerre mondiale, est entrée réellement dans l'ère industrielle. Il était inévitable que de profonds changements en résultent dans l'ordre politique et social, et il n'est pas interdit de penser que la nécessité de plans à long terme pour le développement des grands secteurs de l'industrie ou pour la transformation des structures agricoles aurait rendu nécessaire, de toute façon, l'établissement de gouvernements plus stables, capables de garantir la permanence des grandes options économiques. L'expansion de la région parisienne, par exemple, supposait une réforme de ses cadres administratifs et économiques; le déséquilibre entre les régions en progrès et les régions en stagnation impliquait une action de longue durée en vue d'aménager plus rationnellement le territoire français; cet équilibre supposait lui-même que les principales villes de province soient considérées comme des métropoles régionales et qu'elles puissent se muer en communautés urbaines. Pour présider à de tels changements, il fallait donc des gouvernements assurés d'une certaine durée et dégagés des pressions et des servitudes qui ne manquaient pas d'entraver l'action de ministres menacés sans cesse d'être renversés et remplacés. Avec le recul du temps, l'instabilité gouvernementale de la IIIe République apparaît non seulement comme un vice politique, mais comme un anachronisme inacceptable en un temps où l'État intervient en de multiples domaines, où il prétend planifier l'expansion dans son ensemble. Pourtant, le changement de régime vint des crises de la décolonisation. La chute de la IVe République fut provoquée par ceux qui, en Algérie, s'opposaient à toute évolution vers l'indépendance du territoire, et elle fut acceptée, en fin de compte, par tous les partis politiques qui se refusaient à engager sur-le-champ une épreuve de force à son

Traitement du gaz naturel à Lacq (Basses-Pyrénées).

Cité « les Courtillères », à Bobigny.

sujet. Le retour du général de Gaulle au pouvoir allait entraîner l'adoption d'une Constitution qui permettrait de mener presque jusqu'à son terme la décolonisation de l'ancien Empire. Elle autorisait, en effet, tous les territoires d'outre-mer à accéder à l'indépendance, soit immédiatement, en rejetant le projet constitutionnel — ce que fit la Guinée —, soit ultérieurement, après avoir choisi quelque temps le statut d'« État de la Communauté » — ce que firent tous les autres territoires. Quatorze anciennes colonies ou anciens territoires sous mandat devinrent ainsi, en vingt-deux mois, des nations indépendantes, sans qu'un seul coup de fusil fût tiré.

Dix-huit mois plus tard s'achevait la guerre d'Algérie. Après six ans de guerre mondiale, sept ans de guerre d'Indochine et sept ans d'opérations militaires en Algérie, la France en finissait avec les épreuves de force et les drames de la décolonisation.

Elle amorçait en même temps une œuvre de coopération avec la plupart de ses anciennes dépendances africaines, qu'elle devait étendre ensuite au Cambodge, au Proche-Orient et même en Amérique latine. Elle envoyait hors de ses frontières 45 000 personnes, consacrées à l'« assistance technique », et attribuait à cette vaste entreprise de lutte contre le sous-développement environ 1,5 p. 100 de son revenu national. Modeste effort si l'on tient compte de l'immensité des besoins, et dont les résultats sont nécessairement controversables, si l'on pense à la diversité et à la complexité de la tâche entreprise, mais effort comparativement supérieur à celui consenti par n'importe quel autre pays du monde.

L'EXÉCUTIF

Tandis que s'achevait la décolonisation, les institutions créées par la Constitution de 1958 pénétraient dans les habitudes et, peu à peu, se consolidaient. Elles comportaient, tout comme sous la IVe République : un Conseil économique et social, composé d'une majorité de représentants désignés par les organisations professionnelles et d'une minorité de personnalités désignées par le gouvernement, et dont les avis ont d'autant plus de poids que s'est améliorée la qualité de ses débats et de ses recommandations ; un Sénat, dont l'autorité est très limitée puisqu'il ne peut pas, de lui-même, faire obstacle à l'adoption des lois et dont le mode d'élection — par les représentants des municipalités et des conseils généraux — assure la prédominance des milieux ruraux ; une Assemblée nationale, enfin, qui vote le budget et les lois, et peut, en adoptant à la majorité ses motions de censure, renverser le gouvernement.

Il apparut très vite que le fonctionnement réel du nouveau régime dépendrait d'une seule question : qui gouvernerait effectivement, le président de la République ou le Premier ministre? La simple lecture de la Constitution montrait que les pouvoirs du président de la République étaient très étendus. Treize articles y sont consacrés ; quatre seulement concernent le Premier ministre, mais l'un d'entre eux, l'article 20, précise que celui-ci « détermine et conduit la politique du gouvernement ». En pratique comme en théorie, cependant,

Aéroport Charles-de-Gaulle, à Roissy.

l'exécutif ne se partage pas : il fallait inévitablement que l'un l'emportât sur l'autre. La personnalité du général de Gaulle, les responsabilités qu'il prit pour la décolonisation et en particulier pour le règlement de l'affaire algérienne firent que la direction réelle de la politique française lui appartenait d'emblée. La majorité de l'Assemblée nationale élue en 1958, ainsi que la plupart des partis politiques y consentirent.

Mais un problème devait nécessairement se poser, dès lors que la majorité parlementaire s'opposait, sur quelque point, aux orientations décidées par le chef de l'Etat. Cette majorité pouvait, en effet, renverser le gouvernement par une motion de censure et exiger la nomination d'un Premier ministre résolu à mener une autre politique : dans de telles conditions, celui-ci aurait désormais la direction réelle du gouverne-

ment et le président de la République cesserait de jouer un rôle actif. On en serait donc revenu à un système assez voisin de celui qui fonctionnait sous les IIIe et IVe Républiques. On allait donc, presque inévitablement, vers une crise, dès la fin de la guerre d'Algérie, d'autant que tous les partis politiques, à part l'Union pour la Nouvelle République soutenant la politique du général de Gaulle, s'opposaient à la constitution d'une force nationale de dissuasion atomique qui, aux yeux du chef de l'Etat, était la contrepartie, sur le plan de la Défense, de la politique étrangère indépendante qu'il voulait mener.

ÉLECTIONS

Le général de Gaulle prit les devants, en décidant de faire voter par référendum une réforme de la Constitution qui ferait élire le président de la République

Proclamation de la Constitution de la Vᵉ République par le général de Gaulle (4 septembre 1958).

au suffrage universel, alors que, selon la Constitution de 1958, il n'était élu que par 75 000 électeurs, issus du Parlement et des collectivités départementales et communales. Au fond, ce changement s'imposait si l'on voulait que le président de la République fût le chef réel du gouvernement et le véritable responsable de la politique nationale : élu par un collège très restreint, il n'aurait pas eu, à la longue, une autorité comparable à celle de l'Assemblée nationale, élue au suffrage universel, et celle-ci aurait probablement obtenu un jour que la direction de l'exécutif revienne au Premier ministre, responsable devant elle. La réforme fut votée au mois d'octobre 1962 et la nouvelle Assemblée nationale composée d'une majorité de députés favorables aux institutions nouvelles et à la politique menée par le général de Gaulle.

En 1965, l'élection présidentielle, à laquelle participèrent 85 p. 100 des électeurs inscrits et qui passionna l'opinion publique, sembla montrer que le régime était entré dans les mœurs et les candidats se comportèrent comme s'ils étaient réellement appelés à diriger les affaires du pays. Il n'est pas possible d'ignorer cependant que le fonctionnement des institutions pourrait être remis en question si une Assemblée nationale décidait, dans sa majorité, de s'opposer à la politique du président de la République. Celui-ci aurait alors le droit de la dissoudre et l'ensemble des citoyens trancherait. Mais si la nouvelle Assemblée était également hostile au président, il faudrait ou bien que le chef de l'Etat nomme un Premier ministre décidé à mener une politique correspondant à la nouvelle majorité parlementaire, ou bien qu'il démissionne.

En mai-juin 1968 éclate une crise sans précédent depuis la Libération. Parti de la contestation que les étudiants, notamment ceux de Nanterre, menaient à l'égard du système social et universitaire, le mouvement gagne les travailleurs des entreprises publiques et privées, qui déclenchent, sans l'avis des syndicats, toute une série de grèves avec occupation d'usines. Les accords conclus le 27 mai entre les organisations ouvrières et patronales vont marquer une étape, tandis que trois jours plus tard, sur les Champs-Elysées, une immense foule manifeste son attachement au général de Gaulle.

APRÈS-GAULLISME

En fait, les événements qui ont si fortement ébranlé la France n'ont pas changé le fonctionnement même du régime, et le général de Gaulle n'a eu recours à la dissolution de l'Assemblée que pour procéder à de nouvelles élections législatives. Celles-ci donnèrent, d'ailleurs, à sa majorité (U. D. Vᵉ) 360 sièges sur 485. Ainsi, à la traditionnelle instabilité gouvernementale, dont on s'amusait ou s'indignait selon l'humeur, a succédé la plus rigoureuse stabilité. Un seul homme a dirigé les affaires françaises : le président de la République, et, en dix ans, celui-ci ne changea que deux fois son Premier ministre. Du reste, cette stabilité correspond à l'existence d'une majorité parlementaire assez homogène que ni la IIIᵉ ni la IVᵉ République n'avaient connue. Cela fut certainement pour beaucoup dans la consolidation de la Vᵉ. Paradoxalement, la crise de mai 1968, qui aurait pu l'abattre, a tourné à la victoire du régime et lui a donné la majorité absolue au Palais-Bourbon.

Un an après le triomphe électoral du gaullisme le 30 juin 1968, le visage de la Vᵉ République a davantage changé qu'au cours des onze années précédentes. Le général de Gaulle s'est retiré. Son ancien Premier ministre, Georges Pompidou, est installé à l'Elysée. Le ton et l'esprit ont été, eux aussi, largement renouvelés : au lieu de promettre « l'ordre et les réformes », comme son prédécesseur, le nouveau président de la République parle de « continuité et changement ». La rupture est encore plus nette lorsque, après la mort tragique de Georges Pompidou, Valéry Giscard d'Estaing est élu à l'Elysée en mai 1974. La France découvre une campagne présidentielle comme elle n'en a jamais connu. Les candidats se pressent en peloton serré, dont les positions sont données par les sondages. Plus qu'une simple péripétie, l'échec de Chaban-Delmas marque la fin d'un certain gaullisme. Au second tour, une bataille ardente oppose le leader de la Gauche unie, François Mitterrand, au candidat de la majorité, Giscard d'Estaing : deux visages de la France, deux options qui s'affrontent, mais proposent avec un même optimisme des lendemains prospères. Valéry Giscard d'Estaing sort vainqueur avec seulement quelques milliers de voix d'avance, mais la France a découvert une majorité de rechange. Le ton et l'esprit ont été, eux aussi, largement renouvelés : au lieu de promettre « l'ordre et les réformes », comme son prédécesseur, le nouveau président de la République parle de « continuité et changement ».

PROBLÈMES NOUVEAUX

Une page vient d'être tournée. A coup de petites mesures et de grandes réformes, la société se transforme, dans un cadre institutionnel qui, lui, ne change plus guère. Les femmes sont dotées d'un secrétariat d'Etat à la Condition féminine, et quelques-unes d'entre elles entrent au gouvernement. Mᵐᵉ Simone Veil reçoit le portefeuille de la Santé, devenant ainsi la première femme ministre à part entière depuis 1948. Après sept ans de tergiversations, l'Assemblée nationale vote la libre utilisation des contraceptifs et leur remboursement par la Sécurité sociale, et, à l'automne 1974, elle adopte la loi libéralisant l'avortement. Enfin, l'âge de la majorité est abaissé à dix-huit ans.

Qualité de la vie, environnement, lutte

Le président Georges Pompidou.

Campagne électorale
pour Valéry Giscard d'Estaing.

contre la pollution, écologie, justice et dignité de l'homme sont les mots clefs de ces années d'abondance. Sous le slogan « écologie-économie », le président de la République condamne les immeubles-tours et les villes mégalomanes, et réhabilite la marche à pied en remontant d'un pas sportif les Champs-Elysées ou en interdisant la circulation automobile dans certains quartiers de Paris : gestes symboliques, qui traduisent le désir des Français d'aménager humainement le cadre où ils vivent.

Les formidables changements économiques depuis quinze ans ont produit de vastes transformations dans les habitudes et les mœurs des Français. Il faut en chercher en partie l'origine dans le rajeunissement de la population. Le budget de l'Education nationale a doublé en dix ans; en 1973, il vient en tête dans le budget national, avec 36 milliards de francs, suivi de près par la Défense nationale, avec 34 milliards. On compte près de 800 000 étudiants en 1975, et ce chiffre doit augmenter d'environ 3 p. 100 à chaque rentrée universitaire. De plus, depuis la loi du 16 juillet 1971 organisant la formation permanente, les salariés reçoivent la possibilité de poursuivre leurs études à tout âge, aux frais de l'entreprise, et près de 1 million de salariés ont bénéficié de ces mesures en 1972.

En même temps, des problèmes nouveaux, naguère laissés aux spécialistes, puis aux amateurs d'anticipation, sont passés au rang des préoccupations quotidiennes du pays. Les loisirs, par exemple, sont maintenant l'objet d'une véritable activité nationale : des régions entières s'efforcent de s'équiper pour attirer le tourisme ; le désir de plusieurs millions de familles d'avoir une seconde résidence à la campagne ou au bord de la mer provoque même la renaissance de régions naguère déclinantes ; la diffusion massive de l'automobile a imposé d'énormes travaux dans les grandes villes ou aux alentours et obligé les pouvoirs publics à combler une partie du retard pris par le pays dans la construction des autoroutes.

LA PROSPÉRITÉ EN QUESTION

L'expansion générale a pourtant laissé de côté une partie trop importante de la population. Les ressources des personnes âgées sont, en moyenne, plus faibles que dans les autres pays d'Europe occidentale. Les besoins de l'industrie en main-d'œuvre ont provoqué l'arrivée en France de 2 millions d'étrangers, dont beaucoup, du fait surtout de la pénurie de logements, vivent dans une pauvreté voisine de la misère. L'énorme effort nécessité par la transformation des structures de l'agriculture traditionnelle ne pouvait être assumé par les paysans les plus pauvres ou les plus âgés : de là le déclin et parfois la réelle détresse de régions entières, par exemple sur le versant sud du Massif central ou aux abords des Pyrénées.

Dans les industries les moins modernisées et les moins dynamiques, un grand nombre de travailleurs ne touchent encore que des salaires modestes. Ainsi, la pauvreté d'une minorité, malgré tout importante, atténue-t-elle parfois l'impression justifiée d'enrichissement et d'essor que donne le spectacle d'une France en pleine expansion. Plus schématiquement, on pourrait croire qu'une frontière invisible sépare le pays, du Nord-Ouest au Sud-Est, de la Normandie à la Provence : à l'est de cette ligne de démarcation économique, le pays est certainement à l'avant-garde des transformations du monde moderne, à l'ouest il stagne ou prend du retard. Redistribuer les zones d'expansion et mieux éauilibrer l'essor général, telle sera, de toute manière, l'une des grandes tâches nationales dans les années à venir.

Ces efforts de modernisation seront-ils compromis par la crise de l'énergie qui touche l'économie occidentale. La hausse du prix du pétrole a détruit bien des rêves. De plus, la compétition internationale entre grandes puissances met dans une situation critique certains groupes industriels, comme les chantiers navals ou la sidérurgie. Si 2 ou 3 millions de Français vivent encore au-dessous du S.M.I.C., la grande majorité des travailleurs voient leur pouvoir d'achat plafonner, ou même diminuer, sous l'effet de l'inflation et de la hausse des prix, qu'il semble difficile de maintenir au-dessous de 10 p. 100. Le chômage s'amplifie : c'est, au XXe siècle, la crainte majeure des salariés, dès qu'un léger déséquilibre s'introduit dans l'économie. Aujourd'hui, plus de 1 million de chômeurs battent le pavé, et le gouvernement leur a accordé un an de revenu garanti. Faillites en chaîne, dépôts de bilan, grèves et défilés syndicaux — un Français sur cinq est syndiqué — témoignent de la détérioration du climat économique et social.

Car, de toute évidence, l'opinion publique s'inquiète de l'avenir. Les statistiques de natalité en fournissent la preuve : elles révèlent que la fécondité a baissé de 12 p. 100 en un an et que le taux de natalité, en 1974, est descendu au-dessous de 1, seuil fatidique qui correspond au simple remplacement des générations. La France suit un mouvement amorcé dans d'autres pays d'Europe, mais sa « pyramide des âges » reste plutôt dynamique.

Accident de parcours ou effondrement d'une société ? Il n'est pas impossible que les années 70 aient été les dernières de l'économie d'abondance de l'aprèsguerre, et qu'après une croissance rapide la France passe à une phase d'expansion ralentie, où elle devra lutter contre le gaspillage et apprendre à faire des économies. Sa physionomie reste néanmoins celle d'un pays jeune, à la pointe du progrès. En 1985, le Français sera peut-être « le plus riche des Européens ».

Mode de Paris : turban, jupe parapluie et nœud papillon.

Grandes étapes

« En tout le monde, disait Philippe de Commynes, n'y a région mieux située que celle de la France. » Et en aucun autre pays peut-être il n'existe autant de hauts lieux ou de villes qui soient aussi variés, aussi riches de souvenirs et de trésors du passé. Les grandes étapes sont légion : en voici quelques-unes parmi les plus célèbres.

Paris

Bouquiniste sur les quais.

Gardiens de la paix.

Les Champs-Élysées et l'Arc de triomphe au coucher du soleil. *Phot. cl. Ducher.*

« Il entrait dans mes rêves, disait Napoléon à Sainte-Hélène, de faire de Paris la véritable capitale de l'Europe. Parfois, je voulais qu'il devînt une ville de deux, trois, quatre millions d'habitants, quelque chose de fabuleux, de colossal, d'inconnu jusqu'à nos jours... »

En l'an 360, un autre empereur, le Romain Julien l'Apostat, parlait plus simplement de *sa chère Lutèce* : « Elle est entourée par les eaux de la rivière et située dans une île où l'on aborde des deux côtés par des ponts de bois. »

ROBERT DE SORBON

Au XIIᵉ siècle, il y avait deux églises dans l'île de la Cité et l'évêque Maurice de Sully décida de les remplacer par une basilique, dont le pape Alexandre III vint lui-même poser la première pierre. Le jour de la Pentecôte, on prit l'habitude d'y jeter des oiseaux, des fleurs, des étoupes enflammées par des ouvertures pratiquées sur les côtés, figurant ainsi les lames de feu qui étaient descendues sur les Apôtres. Mais le jour de Pâques de l'année 1728, des voleurs se glissèrent dans la charpente de Notre-Dame, firent pleuvoir sur les fidèles des moellons, des outils et des planches, alors que des complices, disséminés dans le chœur, se mettaient à crier que la voûte s'effondrait. On se rua vers les portes et, profitant de l'indescriptible cohue, les hommes du célèbre Cartouche vidèrent les poches des gens et pillèrent l'église. Sous Jean le Bon, ou plutôt lors de sa captivité en Angleterre, les bourgeois de Paris avaient fait vœu d'offrir, tous les ans, à Notre-Dame une bougie aussi longue que les murs d'enceinte de la capitale.

Paris

Le Sacré-Cœur.

Mais Paris s'agrandissait trop vite et le vœu fut de plus en plus difficile à remplir.

Sur la rive gauche, non loin de l'opulente abbaye de Saint-Germain-des-Prés, se trouvait l'hôtel du prince de Piney-Luxembourg, que la reine Marie de Médicis acheta en 1612 pour en faire un palais. Salomon de Brosse en exécuta les plans, comme il dessina le merveilleux jardin alentour ainsi que la charmante fontaine de Médicis, pour laquelle il fallut construire un aqueduc à Arcueil, afin d'amener jusqu'au Luxembourg les eaux de la fontaine de Rungis. A deux pas, toujours vivant, toujours remuant, toujours jeune, s'étendait le plus ancien quartier de Paris après la Cité, le Quar-

tier latin, où, selon un chroniqueur du siècle dernier, « les cheveux sont trop longs, les habits trop courts ». Un acte royal, en date du 21 octobre 1250, cédait à « maître Robert de Sorbon, pour la demeure des pauvres écoliers, une maison qui avait appartenu à un nommé Jacques d'Orléans, et les écuries de Pierre Pique L'Ane, situées dans la rue Coupe-Gueule, devant le palais des Thermes ». Un an plus tard, le collège ouvrit ses portes et il acquit très vite une grande renommée. Le titre de docteur en Sorbonne imposait le respect, en France et ailleurs. Pour l'obtenir, il fallait avoir soutenu et discuté divers actes publics ou thèses, qu'on distinguait en mineure, majeure, sabbatine, tentative et en petite et grande sorbonnique. « C'est dans cette dernière, écrit l'abbé Duvernet, que le prétendant au doctorat devait, sans boire, sans manger, sans quitter la place, soutenir et repousser les attaques de vingt assaillants ou ergoteurs qui, se relayant de demi-heure en demi-heure, le harcelaient depuis six heures du matin jusqu'à six heures du soir. »

RÉVEILLEUR NOCTURNE

La place des Vosges, commencée en 1605 sur l'ordre d'Henri IV, s'appelait autrefois place Royale. On s'y donnait rendez-vous, on s'y battait aussi en duel, malgré l'édit du cardinal de Richelieu. Le duc de Guise y rencontra Coligny. Le premier était petit-fils du Balafré, le second petit-fils de l'amiral. « Monsieur, dit Guise en tirant son épée, c'est aujourd'hui que nous allons régler les vieilles querelles de nos deux maisons. » Il se fendit et tua son adversaire. Quartier à la mode, tout Paris voulait habiter place Royale : Corneille, Condé, saint Vincent de Paul, Molière, Turenne, Cinq-Mars y logèrent, ainsi que Victor Hugo, plus tard, qui occupait, au 21, l'appartement de Marion Delorme.

Le 22 avril 1369, Hugues Aubriot, prévôt des marchands, posait la première pierre d'un édifice qui se composait alors de deux grosses tours rondes, mais en comptait huit en 1553, étant devenu l'une des plus puissantes citadelles du monde. « Pendant les sept ans que j'ai passés à la Bastille, raconte Pelissery, je n'y avais point d'air durant la belle saison ; en hiver on ne me donnait, pour réchauffer ma chambre glaciale, que du bois sortant de l'eau. Mon grabat était insupportable et les couvertures en étaient sales, percées de vers. » Dans les cachots de la prison passèrent tour à tour Hugues Aubriot, le fondateur, pour hérésie, Biron, Fou-

quet, les protestants après la révocation de l'édit de Nantes, les jansénistes, les convulsionnaires de Saint-Médard et la pauvre épileptique Jeanne Lelièvre, accusée de convulsions, ainsi que le Masque de Fer, Voltaire, La Bourdonnais, tant d'autres. Au soir du 14 juillet 1789, quatre-vingts Parisiens étaient morts en participant à l'assaut de la vieille forteresse, mais le roi, à Versailles, se coucha comme d'habitude. Inquiet, le duc de Liancourt essaya de le tirer de son lit, pour lui expliquer la situation. « Mais c'est donc une révolte, demanda Louis XVI, encore tout endormi. — Non, Sire, répondit Liancourt, c'est une révolution. »

Les Halles s'en vont, et avec elles mille ans de souvenirs. Si l'on y pratiqua tous les métiers, le plus bizarre d'entre eux fut peut-être celui de réveilleur nocturne. Moyennant un sou, le veilleur se chargeait de venir au domicile de ses clients et poussait un long cri, semblable à celui de la chouette, au désespoir de ceux qui n'avaient pas envie d'être réveillés. « Ah ! monsieur, soupirait l'un d'eux, c'est autrefois qu'il eût fallu les voir... Fallait entendre nos poissonnières. Quel bagou et quelle poigne ! Si quelque bourgeoise s'avisait de marchander une raie trop longtemps, la marchande l'empoignait par les ouïes — la raie, pas la bourgeoise, — et d'un tour de bras la lui collait sur la figure. »

UN MIRACLE

Propriétaire du Palais-Royal, Philippe d'Orléans, qui sera Philippe Egalité, dépense sans compter. Mais ses finances s'épuisent et, pour combler le déficit, il songe à construire d'immenses galeries qu'on louerait à des commerçants. C'est un succès inespéré et le Palais-Royal devient le lieu de prédilection des Parisiens.

Dans ce jardin tout se rencontre
Excepté l'ombrage et les fleurs...

Il y a des boutiques de modistes, des boutiques de lingères, des endroits malfamés, des restaurants et aussi un théâtre dans lequel ira s'installer, en pleine Révolution, la Comédie-Française. Hélas ! en 1792, on veut obliger les acteurs à remplacer les mots de « monsieur » ou « madame » par « citoyen » ou « citoyenne » et cela même dans les pièces en vers. La Comédie-Française résiste héroïquement. La salle est fermée, les comédiens sont arrêtés. « La tête de la Comédie-Française sera guillotinée, déclare Collot d'Herbois, le reste déporté. » Mais un employé du Comité de salut public est parvenu à

l'avance est due à Pascal, qui la communiqua au marquis de Roanne, et dès 1672 des carrosses à 5 sols parcouraient les rues de la capitale. Cependant, la première ligne d'omnibus à 5 sous — qu'on porta rapidement à 6 sous à cause de l'augmentation du prix du fourrage —, c'est le célèbre Madeleine-Bastille des Grands Boulevards, dont l'impériale fut à l'origine de tant de rhumes de cerveau. Pendant seize ans, sous Napoléon III, Paris connut un vice-empereur : le baron Haussmann, qui, par crainte de l'émeute, fit abattre quantité de vieilles maisons et percer quantité de grandes avenues. A la Chambre, Picard et ses collègues de la gauche demandaient pourtant qu'on mette un terme aux folles dépenses de l'« Attila de l'expropriation » et, en 1868, Jules Ferry publia *les Comptes fantastiques d'Haussmann*, attirant l'attention sur le gaspillage des finances de la ville. Imperturbable, le baron Haussmann continuait son œuvre : « A quelque moment que nous sortions de l'hôtel de ville, disait-il, nous en sortirons la tête haute et le cœur ferme. »

L'Opéra.   **Saint-Germain-des-Prés.**

soustraire les pièces d'accusation. Les comédiens sont sauvés.

L'origine du Louvre est enveloppée de mystère. Childebert? Louis le Gros? En tout cas, Philippe Auguste en a fait un château fort, un moyen de commander le fleuve, en face de la Cité. François Iᵉʳ, qui préfère Fontainebleau et les bords de la Loire, décide un jour de s'y installer pour gagner le cœur des Parisiens. Mais le donjon obscurcit la cour. Il faut le raser et l'on s'adresse à Pierre Lescot, le premier de cette longue lignée d'architectes qui mettront trois cent trente-cinq ans pour terminer le Louvre. Une reine ne l'a jamais aimé : Catherine de Médicis, et le Pont-Royal fut simplement destiné à livrer passage aux attelages qui transportaient les pierres de sa future résidence, les Tuileries. Cependant, terrorisée par l'avertissement d'un astrologue, Catherine fuit sa nouvelle demeure. Funeste fuite, qui déclenche une série de départs tragiques, de la Grande Mademoiselle, chassée par Louis XIV, à l'impératrice Eugénie, chassée par la défaite. Et le 26 mars 1871 s'achève la carrière des Tuileries. Les communards s'en emparent, incendient les bâtiments et, ce faisant,

opèrent un miracle. Par-dessus les ruines encore fumantes se dégage la plus belle perspective du monde qui, de la cour Carrée du Louvre, remonte les Champs-Elysées jusqu'à l'Arc de triomphe.

LE BARON HAUSSMANN

Les travaux d'aménagement de la Concorde n'étaient pas encore achevés quand eut lieu l'épouvantable catastrophe de la nuit du 30 au 31 mai 1770. A l'occasion du mariage du futur Louis XVI avec l'archiduchesse Marie-Antoinette, Paris avait organisé une fête splendide, couronnée par un gigantesque feu d'artifice, chef-d'œuvre de Ruggieri. Mais le vent soufflant avec violence fit voler sur la foule des flammèches et des bouts de fusée encore en feu. La panique s'empara des spectateurs. 200 000 personnes s'engouffrèrent rue Royale, alors qu'un flot de curieux débouchait des Boulevards. On vit des hommes, à demi fous, tirer l'épée et frapper au hasard pour échapper à la mort. Il y eut 1 200 victimes.

L'idée de voitures publiques circulant dans Paris suivant un itinéraire tracé à

Paris

Depuis quelque temps, on ne détruit plus les maisons, on les blanchit, et si l'on a supprimé certaines statues, comme celles de Gambetta ou d'Alfred de Musset, on en a remis d'autres, sur les pelouses des Tuileries par exemple, où sourient désormais les femmes de Maillol et de Despiau. Il y a neuf cents statues dans la capitale, y compris le Napoléon de la colonne Vendôme, toujours debout malgré les efforts de Gustave Courbet et de ses amis, qui l'avaient pourtant fait tomber sur un lit de fumier. Mais le lion de Saint-Marc, que l'Empereur rapporta de Venise, ne domine plus l'esplanade des Invalides depuis 1815. Quand on voulut le descendre de son piédestal, à la demande des Autrichiens, qui le revendiquaient, un gros cordage se rompit et le lion se brisa dans sa chute. On accusa tout de suite un vieil invalide d'avoir scié la corde, encore fallait-il le prouver...

CINQ MILLE HECTARES

Le 8 mars 1590, Henri IV saluait les Parisiens du feu de six pièces d'artillerie. Deux d'entre elles étaient placées sur la butte Montmartre, où le bouillant roi de Navarre avait établi son quartier général. En 886, lors d'un autre siège — par les Normands celui-là —, le comte Eudes était monté lui aussi sur la butte, mais pour ranimer le courage de la population. Après plusieurs engagements, les Parisiens croyaient bien avoir repoussé l'envahisseur et c'est dans la plaine du Champ-de-Mars qu'ils décidèrent de fêter leur triomphe.

La fête avait à peine commencé qu'on vit une armée de capucins s'approcher lentement. Ils portaient un corps enveloppé dans un linceul et les gens s'écartèrent sans méfiance. Mais tout à coup s'élève une clameur : les moines jettent le froc, le mort se dresse sur son brancard et les Normands, qui jouent leur va-tout, tombent avec furie sur une foule désarmée. C'en est fait de Paris, quand Eudes avec une poignée d'hommes renverse la situation, met en déroute les faux moines.

Depuis 1889, la tour Eiffel domine le Champ-de-Mars et la ville tout entière de ses 300 m de haut, et le regard du visiteur émerveillé embrasse avec Jean Giraudoux « les cinq mille hectares du monde où il a été le plus pensé, le plus parlé, le plus écrit ». Tandis que sous les lustres d'un vieil hôtel de la rue Barbey-de-Jouy, des hommes, oubliant le passé, mettent Paris au futur.

L'Institut de France.

Pont-Neuf et la Cité.

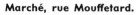

Marché, rue Mouffetard.

ntaine, place de la Concorde.

Versailles

De bon matin, l'impression est forte, après avoir longé la pièce d'eau des Suisses, de gravir les majestueux escaliers qui, en quelque cent marches, vous porteront sur la terrasse du château, à l'extrémité de son aile sud. Vous voilà sur la scène, en plein décor : d'un côté, le palais le plus célèbre, le plus parfait du monde; de l'autre, un parc dont on peut dire qu'« il n'en finit pas », tant ses perspectives se prolongent jusqu'à la ligne d'horizon.

Bassin de Neptune.

Le Grand Trianon.

Lorsque Louis XIV manifeste son dessein de s'établir à Versailles, il ne trouve là qu'un petit pavillon de chasse construit par son père et situé, selon Saint-Simon, dans « le plus triste et le plus ingrat de tous les lieux, sans vue, sans bois, sans eau, sans terre, parce que tout y est sable mouvant ou marécageux, sans air et par conséquent malsain ». Dans le passé, pourtant, ce lieu a connu des hôtes de marque et au XVIᵉ siècle la « terre de Versailles » a même tenté un favori de la reine Catherine de Médicis, Albert de Gondi, ancêtre du cardinal de Retz, qui fera étrangler le seigneur de l'endroit pour plus sûrement entrer en sa possession.

L'EAU MANQUAIT

Le roi est-il jaloux de Nicolas Fouquet, surintendant des finances et propriétaire du fameux château de Vaux-le-Vicomte, ou tout simplement amoureux de Mᶫᶫᵉ de La Vallière, qui se cache à Versailles? Dès 1661, il abandonne Saint-Germain, charge Le Brun de décorer le château primitif, flanqué de quatre pavillons de pierre et de brique, puis il le fait agrandir de deux ailes par Le Vau, tandis que Le Nôtre trace les plans des jardins. Trois ans plus tard, Louis XIV peut donner à Versailles sa première grande fête. Mais la butte est étroite, le terrain marécageux, l'eau insuffisante pour alimenter les futurs jets d'eau prévus par Le Nôtre. En 1681, le roi décide l'exécution de la machine de Marly, dont les roues, actionnées par le courant de la Seine, élèvent l'eau à plus de 100 mètres au-dessus du niveau de la rivière, avant de la conduire aux réservoirs de Montbauron. Cependant, « l'eau manquait, écrit Saint-Simon, quoi qu'on pût faire, et ces merveilles de l'art en fontaines tarissaient, comme elles le

Le château sous la neige.

Lorsque, le 6 mai 1682, Louis XIV s'installe définitivement à Versailles, le palais n'est pas encore terminé. Les dames pataugent dans la boue, et il manque toujours des bâtiments pour abriter les milliers de courtisans, de soldats, de serviteurs qui composent la suite du roi.

Une ville entière pourtant se développe à l'ombre du château : des avenues sont percées en étoile, les Grandes et les Petites Ecuries sont érigées de l'autre côté de la place d'Armes, une salle est même construite pour le Jeu de paume. Mais la grande affaire de Versailles, ce sont les jardins. Tout l'Olympe est rassemblé là, autour du symbolique Apollon, dieu du Soleil, qui désormais fera partie des armes royales. 1 400 jets d'eau, 2 000 statues sont disposés au fond des bosquets. En 1689, enfin, Versailles est achevé : rien ne manque, ni la ménagerie, ni l'orangerie, ni les fêtes vénitiennes, et le grand Trianon est prêt pour abriter les goûters du Roi-Soleil et de sa nouvelle favorite, Mme de Montespan...

Dans cet immense palais, le supplice du froid commençait dès octobre, pour durer jusqu'en avril, et cela en dépit des rares feux, bien incapables de chauffer les salons d'apparat aux portes toujours battantes. « Il fait si froid ici, écrit la princesse Palatine, qu'à la table du Roi le vin gèle dans les verres. » Pour lutter contre les basses températures, Mme de Maintenon s'est fait faire un fauteuil spécial, à toit et parois latérales, sorte de guérite capitonnée où elle s'emmitoufle et se couvre de chaufferettes, tandis que la maréchale de Luxembourg, elle, ne quitte pas sa chaise à porteurs. L'été apportait, hélas ! d'autres inconvénients, et plus tard, lors de l'inauguration du musée de Versailles, Louis-Philippe demanda à une vieille duchesse qui avait connu le château avant la Révolution : « Eh bien, le retrouvez-vous, votre Versailles, Madame ? — Sire, répondit-elle, oui, tout y est, j'y retrouve tout, sauf pourtant les odeurs... »

De nos jours encore, aux environs du parc, du château, de la cathédrale, Versailles est une ville d'Ancien Régime. Elle l'est par l'architecture, par l'esprit de ceux qui l'habitent aussi. Et dans son appartement de la rue des Réservoirs, orné de portraits d'aïeux à perruques, une dame de quatre-vingts ans pouvait dire, il n'y a pas si longtemps : « Mon grand-père a été page de Louis XVI et il s'est fait bêtement tuer par les républicains à Valmy. »

font encore à tout moment, malgré la prévoyance de ces mers de réservoirs qui avaient coûté tant de millions à établir [...] M. de Louvois [...] imagina de détourner la rivière d'Eure entre Chartres et Maintenon, et de la faire venir tout entière à Versailles. Qui pourra dire l'or et les hommes que la tentative obstinée en coûta pendant plusieurs années jusqu'à ce qu'il fut défendu... d'y parler des malades et surtout des morts que le rude travail et plus encore l'exhalaison de tant de terres remuées tuaient ? ».

Entre-temps, on a rasé le village de Trianon pour agrandir le parc ; le nouveau maître d'œuvre, Jules Hardouin-Mansart, qui dispose maintenant de 22 000 ouvriers et de 6 000 chevaux, ajoute les ailes du midi et du nord, cintre les fenêtres de l'étage noble, place la galerie des Glaces au centre du bâtiment de Le Vau et sépare l'avant-cour des communs par une grille.

La partie la plus proche des bâtiments est pavée de marbre, tandis que sont dorés les ornements des toits.

Versailles

Parterre du Midi.

Le hameau de la Reine.

La galerie des Glaces.

Chartres

« On voit le clocher de Chartres, à 17 kilomètres sur la plaine... Dès que je l'ai vu, ç'a été une extase [...]. Je ne sentais plus rien. J'ai prié, mon vieux, comme jamais je n'ai prié... »

Ainsi se confiait Charles Péguy à un ami, après son premier pèlerinage, qui date de juin 1912. Il était la conséquence d'un vœu : « Si mon fils guérit, avait dit le poète à Notre-Dame (le petit Pierre grelottait de fièvre, touché par la typhoïde), j'irai vous en rendre grâce à votre sanctuaire de Chartres. » L'enfant guéri, le père avait pris la route. Après deux jours de marche, au-delà d'un océan de blé, le magnifique blé de la Beauce, le clocher lui était apparu, et dans la tête de Péguy commençait à bourdonner ces alexandrins, larges et monotones comme les vagues de la mer :

Ainsi nous naviguons vers votre cathédrale
De loin en loin surnage
    un chapelet de meules
Rondes comme des tours, opulentes et seules
Comme un rang de châteaux
    sur la barque amirale...

La *Présentation de la Beauce à Notre-Dame de Chartres* comme les *Quatre Prières* allaient produire cet étrange miracle : le renouement, après cinq siècles, d'une vieille tradition médiévale perdue à la mort de Louis XI. Depuis la dernière guerre, chaque année, plusieurs milliers d'étudiants parcourent à pied les 96 kilomètres qui séparent Paris de Chartres : route plate, rectiligne, où aucun « pittoresque » ne risque de distraire leur ferveur.

BIBLE DE PIERRE

Du IXᵉ au XIVᵉ siècle pourtant, nombre d'entre eux s'y rendaient surtout pour parfaire leurs études, car les écoles de Chartres étaient alors très renommées et certains de leurs maîtres, comme le célèbre Fulbert, « le Socrate des Francs », furent parmi les grands esprits de leur temps. Professeurs et élèves étaient divisés en deux camps : celui des « Anciens », férus d'Aristote, et celui

La cathédrale (portail Royal).

Chartres

des « Modernes », amateurs des nouveautés. Et l'un d'eux, tentant de réconcilier les factions, posait la question : « Les Anciens, certes, ce sont des géants, mais parce que nous sommes juchés sur leurs épaules, ne voyons-nous pas plus loin qu'eux ? »

Aujourd'hui, Chartres, avec ses 34 000 habitants, ses ruelles étranglées, bordées de maisons anciennes, ses vieux ponts sur l'Eure et ses belles églises, reste dominée par sa cathédrale, sommet de l'art gothique. Après avoir été pillée, incendiée, réparée et frappée par la foudre en l'an 1020, elle fut enfin reconstruite dans l'enthousiasme, au XIIᵉ siècle, grâce à de généreux mécènes, parmi lesquels figuraient les rois de France, d'Angleterre et de Danemark. Plus tard, en 1360, alors que le roi d'Angleterre Edouard III assiégeait la cité, un formidable orage de grêlons aussi gros que des pierres s'abattit sur son camp près de Brétigny, à quelques kilomètres au sud de Chartres, tuant bêtes et gens. Edouard, épouvanté, implora Notre-Dame, lui promettant d'accorder la paix aux Français si son vœu était exaucé. Le ciel se calma, l'Anglais tint parole, puis se rendit à Chartres pour rendre grâce à la Vierge. Bible de pierre, où le moindre bas-relief contient un enseignement, Notre-Dame de Chartres compte plus de 1 800 figures historiques, et sur ses merveilleux vitraux, tous conservés comme à Bourges, brillent, remuent, parlent près de 5 000 personnages.

Religieuses devant le portail sud.

Les blés de la Beauce et Notre-Dame de Chartres.

LES VERTUS ET LES VICES

Inspirés par de savants chanoines, les peintres verriers de Chartres ont représenté les quatre grands prophètes portant les quatre évangélistes sur leurs épaules. Le symbolisme est clair : tout ce que les évangélistes ont rapporté, les prophètes l'avaient laissé pressentir ; l'Evangile n'est pas une révélation inattendue ; il était, depuis des siècles, comme la graine qui germe sous la terre, pousse sa première tige avec la naissance du Christ et s'épanouit avec la Parole répandue par Matthieu, Marc, Luc et Jean.

De même, il revient aux sculpteurs chartrains d'avoir représenté les vices et les vertus d'une façon toute nouvelle. Dans l'art roman, pendant des siècles, les Vertus et les Vices étaient montrés aux prises dans un véritable combat : la Foi culbutait d'un coup de pied l'Idolâtrie, l'Humilité décapitait l'Orgueil d'un formidable coup de hache, la Pudeur éventrait la Luxure... Chartres change tout cela. Plus de violences. Les Vertus sont de majestueuses dames assises et flanquées d'un emblème qui les fait reconnaître : la brebis pour la Charité, le bœuf pour la Patience, le chameau

agenouillé pour l'Obéissance, la salamandre entourée de flammes pour la Chasteté.

Quant aux Vices, les sculpteurs les rendent grotesques : l'Orgueil, un chevalier tombant lourdement de sa monture ; le Désespoir, un petit homme se passant une épée à travers le corps ; la Lâcheté, un guerrier que poursuit un lièvre ; la Luxure, une femme sans grâce ni voiles se déhanchant devant un miroir.

Pendant près de mille ans, une relique fut vénérée à Chartres, enfermée dans une châsse magnifique, et qu'on disait être la « chemise » de la Vierge. Les savants prêtres affirmaient qu'elle avait été offerte en 876, au diocèse, par le roi Charles le Chauve. Or, en 1712, l'archevêque, Mᵍʳ de Mérinville, se décida à faire ouvrir la châsse et à examiner son contenu. De ses propres mains, il en tira quelque chose qui ne ressemblait nullement à une chemise : une bande de soie écrue, que l'on se mit à dérouler, et qui n'en finissait pas, longue d'une vingtaine de coudées et d'environ deux pieds de large. On remit ce tissu, assurément vénérable, à sa place et l'on ne parla plus désormais que de la « ceinture » de la Vierge.

Blois, Chenonceaux

Entre Gien et Angers se multiplient, des deux côtés de la Loire, des châteaux chargés d'art et d'histoire. Sur la rive droite du fleuve, dominant la vieille ville de sa masse, voici le château de Blois, « grand, fort et plantureux, et des beaux du royaume de France », comme disait Froissart au XIVᵉ siècle.

23 décembre 1588. Le vent fait trembler les vitres du château et amène avec lui les gémissements de ces loups qui, par bandes, trottent au long de la Loire. L'aube est loin encore, et pourtant le roi, Henri III, s'est levé, et a fait allumer du feu dans sa chambre. Le palais dort, surpeuplé. Les états généraux y ont été ouverts quelques semaines plus tôt. Les innombrables pièces, du rez-de-chaussée aux combles, sont pleines de grands seigneurs — parmi lesquels Henri de Guise —, de maréchaux — comme celui de Retz —, de nobles dames — dont la plus grande est Catherine de Médicis, mère du roi...

LES « QUARANTE-CINQ »

Le roi s'habille. Ce matin-là, il le fait en négligeant les minutieuses cérémonies du lever. On ne le verra pas, comme de coutume, s'éterniser devant son miroir, se mettre du rouge comme une femme et, sur la pommette, une mouche. Il y a dans son attitude quelque chose de l'homme de guerre, et même du condottiere romain. Après une méditation, à genoux sur son prie-Dieu, et tenant en main son étrange chapelet, dont les grains sont têtes de mort, il monte, suivi de pages et de gardes, jusque sous les combles où couchent ses fidèles « quarante-cinq », de jeunes seigneurs prêts à tout et qu'irrite fort, depuis tant de jours, leur inaction.
Henri III les fait s'aligner dans un couloir glacial, leur demande d'une voix fiévreuse de renouveler leur serment de fidélité : « Jurez d'accomplir toute la volonté de votre roi, d'obéir à ses ordres, quels qu'ils soient... » D'une voix

Façade extérieure du château.

étouffée — car tout se passe à voix basse — les quarante-cinq disent « Je le jure... » C'est ensuite une revue minutieuse des armes. Le roi lui-même éprouve la pointe et le tranchant des épées, des poignards. Les plus jeunes de ces hommes pâlissent. Combien ils préféreraient le champ de bataille à ces murailles noircies par le feu des torches! Va-t-il falloir se battre ici, tout à l'heure, et contre qui?

TROIS FACTIONS

Vers sept heures et demie, quelques personnages entrent dans la salle du Conseil, et parmi eux Henri de Guise, qu'on n'est pas accoutumé à voir se lever si tôt, suivi, ce matin, de son secrétaire, Péricard. Il est de bonne humeur, s'écrie qu'il a faim et envoie aux provisions son secrétaire, qui sort de la salle. Il n'y reviendra pas, inter-

Blois, Chenonceaux

cepté par des gardes du roi postés à la porte. Henri, bientôt, s'impatiente, mais déjà un officier lui présente une assiette, chargée de prunes de Brignoles. Le duc les goûte, puis va prendre place à la table où l'on commence à tenir conseil. Le secrétaire d'Etat, Ruzé de Beaulieu, préside. Depuis tant de jours que les états ont commencé, on n'a pas avancé d'un pas. La situation paraît inextricable. Trois factions se partagent la France : la Ligue, avec Henri de Guise pour chef, et qui tient Paris, ayant l'Espagne pour soutien ; les Réformés, menés par Henri, roi de Navarre, allié à Elisabeth d'Angleterre et à plusieurs princes allemands ; entre les deux, le roi, chassé du Louvre et qui sent le trône vaciller sous lui. Un officier paraît : « Monsieur le duc, le roi vous prie de venir le voir. Il est dans le vieux cabinet... » Henri de Guise renverse familièrement les prunes sur le tapis : « Messieurs, qui en veut ?... » puis il suit l'officier. Quoi de plus naturel que d'être appelé par le roi ? Le vieux cabinet est attenant à la chambre royale, qu'il faut traverser pour y parvenir. Ayant esquissé — selon les usages du royaume — une génuflexion devant le lit royal, bien qu'il soit vide, il s'étonne de voir à la porte trois hommes, qu'il salue. Huit autres le suivaient.

C'est dans la chambre même qu'il est assailli, lardé de coups de poignard et d'épée. Très vigoureux, il envoie quatre de ses assaillants à terre, mais le voici abattu, la gorge ouverte, le ventre percé, le visage en sang. Il est tombé au pied du lit du roi, et murmure : « Miséricorde ! Ce sont mes offenses... » Des secrétaires du roi sont accourus du cabinet ; ils conjurent le duc de demander pardon à Dieu et au roi. Guise murmure encore : *Miserere Deus*, puis, comme pour s'empêcher d'en dire davantage, met son poing dans sa bouche. Henri est apparu à son tour, et crie : « Achevez-le ! » On obéit. Quelque temps, il demeure auprès du cadavre, qu'il touche du bout de son épée : « Qu'il est grand ! Il paraît encore plus grand mort que vivant ! », puis : « Fouillez ses poches... » On trouve dans son pourpoint un papier griffonné où l'on reconnaît l'écriture du chef de la Ligue : « Pour entretenir la guerre en France, il faut 700 000 livres tous les ans. » On sait le mot de Catherine de Médicis à laquelle le roi viendra apprendre son grand coup : « Mon fils, dira-t-elle, ses couvertures frileusement relevées jusqu'au nez, vous avez décousu, maintenant il faut recoudre... »

CHENONCEAUX

Le château de Chenonceaux atteint la perfection de la grâce. Il n'a pas la solennité de Versailles, ni peut-être la lourdeur de Blois. De même cherche-rait-on en vain dans son passé ces épisodes sanglants qui sont le fait de la plupart des maisons historiques. Ses seuls drames sont d'amour et ce fut pour lui un destin constant que d'avoir pour propriétaires des femmes.

Le grand escalier.

Statue équestre de Louis XII
(portail d'entrée).

Un autre château célèbre :
Chenonceaux, sur le Cher.

La première s'appelle Catherine Briçonnet. Femme de Thomas Bohier, riche receveur général des finances, c'est elle qui, aux dernières années du XVe siècle, fit d'une tour féodale et d'un vieux moulin sur le Cher une demeure à la nouvelle mode. La deuxième fut Diane de Poitiers, maîtresse d'Henri II, l'une des plus jolies femmes de son temps, qui apporta son tribut à Chenonceaux en faisant jeter sur la rivière un pont dessiné par l'architecte du Louvre, Philibert de l'Orme. La troisième, Catherine de Médicis, l'épouse légitime d'Henri II, fut longtemps contrainte de vivre sous le même toit que la favorite, qu'elle expulsa à la mort du roi. La quatrième, Louise de Lorraine, épouse d'Henri III, s'y retira tout à fait pour y pleurer son mari, lorsqu'il périt, lui aussi, assassiné. Elle vécut dans une chambre funéraire tendue de noir et de blanc, ornée de larmes d'argent et d'inscriptions funèbres. Autre dame encore, Mme Dupin, l'un des esprits les plus éclairés du XVIIIe siècle, protectrice des lettres et qui eut l'honneur d'avoir pour valet de chambre un petit Genevois encore mal dégrossi : Jean-Jacques Rousseau. « On s'amusait beaucoup dans ce beau lieu, lit-on dans *les Confessions*. On y faisait bonne chère. J'y devins gras comme un moine... »

Saint-Malo

Saint-Malo est une ville de marchands qui, pendant cinq siècles, trafiquent en Espagne, au Portugal, en Afrique, aux Indes ou à Terre-Neuve; Saint-Malo est une ville de corsaires, dont les navires épaulent ceux des marchands. Le port est sûr et profond, il est propice à la paix comme à la guerre : depuis sa fondation, au VIe siècle, par le Gallois Mac Law — Malo —, venu du comté de Gwent, Saint-Malo aura connu les deux, alternativement.

Ancien terre-neuvas.

D'abord soumise aux attaques des Francs, venus de la terre, ou des Vikings, venus de la mer, cette ville construite sur un rocher a besoin d'un chef qui l'organise et de remparts qui la protègent. Mais il lui faut attendre le XIIe siècle pour que Jean de Châtillon, évêque d'Aleth, la vieille cité romaine sur la côte, y installe son siège épiscopal et dote Saint-Malo de ce mur d'enceinte capable de résister à tous les assauts.

SUJETS DIFFICILES

En 1382 pourtant, le duc de Bretagne, Jean IV de Montfort, déclare : « Malo me doit obéissance comme à son duc et souverain seigneur », et l'évêque Josselin de Rohan doit bien finir par se soumettre. Jean V, son fils, entreprendra de construire l'énorme donjon. François II, dernier duc de Bretagne, le flanque d'une tour de 21 m de haut et de 7 m d'épaisseur, la Générale, pour réunir le donjon à la ville. Quant à la duchesse Anne, qui sera deux fois reine de France, elle veut aussi sa tour et, comme les Malouins protestent, elle y fait graver à leur intention : « Quic en groigne, ainsi sera : c'est mon plaisir. » Avec la tour des Dames et la tour des Moulins, le puissant quadrilatère est terminé.

Les Malouins, pour le roi de France, sont des sujets difficiles. Ils refusent d'obéir à Charles IX quand il leur ordonne d'égorger les protestants, mais ils refusent de se soumettre à Henri IV, parce qu'il est protestant, et constituent une république indépendante qui durera quatre ans. Quand l'évêque accourt de Rome et veut dès lors exercer son pouvoir temporel, le conseil de la ville lui répond : « C'est la souveraineté populaire qui vous protège... Prêchez-nous Dieu sans extravagance. » Les Malouins, cependant, reviendront au roi de France lorsqu'il abjure la foi protestante; ils aideront même Henri IV dans sa lutte contre la Ligue en Bretagne. Pépin de La Blinaye arrache Dinan au lieutenant de Mercœur et court à bride abattue annoncer la victoire au roi : « Sire, j'avons pris Dinan. — C'est impossible », s'écrie le maréchal de Biron, qui connaît la place. Le Malouin se tourne vers lui et le toise : « Vère! Il le saura mieux que ma qui y étas. »

C'est à Saint-Malo que naquit Jacques Cartier, « l'un des plus fameux et des plus renommés pilotes de son temps ». Le 20 avril 1534, il appareille avec soixante compagnons, sur deux petits bâtiments de 60 tonnes, et, après vingt jours de mer, aborde à Terre-Neuve. L'année suivante, il entre dans le Saint-Laurent, mouille tout près de Stadaconé, qui deviendra Québec. « Le rêve de tout Canadien, c'est de voir Saint-Malo » disait Hector Fabre, le commissaire général du Canada à Paris, en 1905.

Saint-Servan : la tour Solidor.

Saint-Malo :
les remparts et le port.

TERRE-NEUVE

Mais c'est Terre-Neuve qui a toujours été le fief de Saint-Malo. Avant 1555, les Malouins s'y sont établis, y ont élevé des fortifications. « A Saint-Malo même, écrit Roger Vercel, tous, gentilshommes, bourgeois et gens du peuple, se passionnent pour la morue. Les uns prennent des parts d'armement, les autres s'engagent pour un lot de poissons. Aux mois d'août et de septembre, la morue envahit la ville... Tout Saint-Malo patauge dans la saumure... » Les pêcheries de Terre-Neuve, hélas! sont vite repérées par les corsaires ennemis. On arme les bateaux de pièces d'artillerie et les corsaires malouins escortent leurs pêcheurs jusque sur le Grand Banc.

Sous Louis XIV, les corsaires sont légion à Saint-Malo, mais un seul les fait oublier tous : Duguay-Trouin. « Je ne recherche en servant, disait-il, que le plaisir de bien servir. » En 1691, il prend le commandement de sa première frégate — à dix-huit ans —, et vingt ans plus tard il est connu dans toute l'Europe pour un fait d'armes extraordinaire : la prise de Rio de Janeiro. Fatigué d'attendre la flotte du Brésil sans jamais la rencontrer, il a décidé d'aller la chercher à l'endroit même d'où elle part, chaque année, pour se rendre en Europe. Avec l'autorisation du roi, il trouve neuf armateurs pour constituer une société et armer sept bateaux de guerre, huit frégates et deux traversiers à bombes, sur lesquels il embarque 5 800 hommes.

Le 12 septembre 1711, il force l'entrée de la baie sous le feu des batteries portugaises et dix jours plus tard fait son entrée dans une ville déserte. Les habitants de Rio se sont réfugiés dans les montagnes. Duguay-Trouin leur envoie un émissaire qui leur propose alors cet invraisemblable marché : rachetez-nous la ville, sinon nous la détruisons. Le marché sera conclu et la ville rachetée pour 610 000 crusades, 5 000 caisses de sucre et quantité de bestiaux. Malgré les pertes, au retour, de deux des principaux vaisseaux de l'escadre, c'est tout de même une bonne affaire, puisque les bénéfices sont de 92 p. 100!

Des hommes intrépides, il y en aura d'autres à Saint-Malo : sous Louis XV Mahé de La Bourdonnais, sous l'Empire Surcouf, mais un à un les navires corsaires seront remplacés par les terreneuviers. Attaquée en 1693 par l'amiral anglais John Bembow, en 1695 par l'amiral John Berkeley et en 1758 par Marlborough, le descendant du célèbre John Churchill et l'ancêtre du non moins célèbre Winston, Saint-Malo, grâce à ses remparts, résiste à tous les assauts, sauf au dernier. Au mois d'août 1944, le vieux fief malouin, qui donna naissance à tant de marins, ainsi qu'à François René de Chateaubriand et à Félicité de La Mennais, tombait dans une lutte de géants, « une lutte à sa mesure ».

Le Mont Saint-Michel

Ce nom est celui d'une commune, peuplée de quelque 130 Montois, et située sur un îlot granitique relié à la côte par une digue. Mais cet îlot est le support d'une abbaye fortifiée, l'une des merveilles de l'architecture gothique, l'un des ensembles les plus extraordinaires du monde.

« Phénomène anormal », a dit La Varende dans son livre sur l'histoire de l'abbaye. Cela semble une apparition, la brusque résurgence d'une île d'Ys engloutie. Et quel art, quel sens du fonctionnel dans cette superposition : en bas, une « ville » en couronne, cernée de remparts, au-dessus un château dans le sens féodal du terme et, dominant le tout, une abbaye, elle-même terminée par un clocher en pointe.

APPARITION DE L'ARCHANGE

Ce qui est aujourd'hui attraction touristique fut, durant tout le Moyen Age, un symbole de résistance à l'ennemi et de victoire. Les pèlerins s'y rendaient par dévotion à saint Michel — dont le culte était d'ailleurs répandu à travers toutes les nations chrétiennes — mais aussi pour témoigner de leur patriotisme. On peut s'étonner qu'on ait choisi, pour y construire une abbaye, un endroit aussi dangereux, exposé aux grandes marées, à la foudre (qui l'a incendié plusieurs fois), aux attaques des pirates. La légende l'explique : saint Aubert, évêque d'Avranches, aurait eu une vision — cela se passe au début du VIIIᵉ siècle. L'archange saint Michel lui apparut rayonnant, vêtu à la romaine, et lui ordonna de lui consacrer l'îlot, qui portait alors le nom de mont Tombe. Mais l'évêque laissa passer les jours, perplexe sur la réalité de cette vision. L'archange réapparut, fit la même requête et l'évêque songea au moyen de consacrer le Mont-Tombe à l'archange. Deux jours plus tard, celui-ci reparut, terrible cette fois, secoua l'évêque par trop temporiseur, lui prit la tête dans sa grande main et avec tant de force que l'un de ses doigts perça le crâne de l'homme de Dieu. Saint Aubert, dont on ne nous dit pas qu'il s'en porta plus mal, rallia son clergé, prit avec lui le chemin du mont Tombe, processionna sur l'îlot, l'aspergea d'eau bénite et le proclama Mont-Saint-Michel. On conserve à Avranches cette insigne relique : le crâne du saint, percé d'un trou.

En 709, deux ermites du Mont-Saint-Michel, qui s'en étaient allés en Italie chercher des reliques, crurent rêver quand ils revirent leur mont. Ils l'avaient laissé tout boisé, ils le retrouvaient nu, montrant partout le roc. Quelques frères survivants leur dirent comment un formidable raz de marée avait submergé l'île, emporté la terre, les arbres, les fragiles ermitages...

TERREUR DE L'OCÉAN

Au Xᵉ siècle, le duc de Normandie Richard Iᵉʳ établit dans l'île des moines bénédictins. Ce sera désormais une abbaye régulière, bientôt célèbre et qui recevra d'augustes visiteurs. Notons d'abord deux rois qui s'en vinrent de compagnie, bras dessus, bras dessous, Louis VII de France et Henri II d'Angleterre. Plus qu'une sincère amitié unissait les deux hommes : Henri avait pour femme Aliénor d'Aquitaine, dont Louis avait été l'époux. Mais nous ignorons si, en montant les ruelles abruptes et les escaliers qui menaient à l'abbaye, cette femme volage faisait l'objet de leur conversation.

Autre pèlerin, plus prestigieux encore, et dont le passage laissera des traces : Louis XI, qui vouait à saint Michel, son « compère », comme il le nommait, une vive dévotion et voyait en lui le protecteur de ses armes. Les moines reçurent de ses mains 600 écus d'or et une chaîne du même métal, ainsi qu'un autre présent, plus singulier : la grosse pierre qui, alors qu'il se trouvait à Alençon, tomba du haut d'un rempart et le frôla de si près qu'un pan de son manteau royal fut déchiré. Un page, par étourderie, et qui se trouvait là-haut avec sa belle, avait failli, en poussant cette pierre de son coude, priver la France du meilleur de ses rois. La pierre et un lambeau de manteau bleu, semé de lys, furent suspendus à la

voûte. Mais en fondant, dans l'abbaye même, en 1469, l'ordre de Saint-Michel, Louis XI allait accomplir un acte d'une grande importance politique : cet ordre entretiendra chez les vassaux du roi et les barons une vive émulation de courage et de fidélité. Dans ses lettres de fondation, Louis XI rend hommage à saint Michel, « premier chevalier », qui « trébucha du ciel le Démon » et qui, « en son lieu et oratoire appelé mont

**Le Mont-Saint-Michel
à marée basse.**

Saint Michel, a toujours seurement gardé, préservé et défendu sans être subjugué... ». Il fut établi que l'ordre serait attribué à trente-six chevaliers au plus, que chacun recevrait pour insigne un collier fait de coquilles, « au milieu duquel, sur un roc, il y aura une ymage du sainct, qui viendra pendant sur la poitrine, avec cette inscription dessus :
Immensi tremor Oceani
(terreur de l'Océan immense) ».

Louis XI ne disait que la vérité lorsqu'il louait saint Michel d'avoir fait de son mont une forteresse imprenable. Seul, pendant la guerre de Cent Ans, de toutes les places de Normandie, le mont avait résisté aux Anglais. En vain ceux-ci l'avaient assiégé en 1417, 1423, 1434, et au cours de ce dernier assaut l'adversaire avait engagé 20 000 hommes, chiffre considérable pour l'époque.

Transformé en prison pendant la Révolution, puis en bagne sous l'Empire, le Mont-Saint-Michel fut rendu pour un temps — en 1863 — aux religieux de Saint-Edme-de-Pontigny. En 1874 commençait la restauration de l'abbaye, qui redevint un centre de pèlerinage et l'un des lieux les plus visités de France.

Rouen

Cris de mouettes, grincements de ponts roulants, sirènes, rafales fouettant les façades de pierre, tout évoque ici le port de mer, et pourtant la mer est encore loin, à 80 km. Mais, à Rouen, la Seine, plus large et plus profonde qu'à Paris, est une sorte de Rhin diapré de mazout, qui, après quelques méandres, va s'élargir en estuaire.

Dans un petit livre intitulé *la Rue des Charrettes*, Pierre Mac Orlan nous a laissé une fidèle peinture de ce vieux quartier proche du port et qui est aujourd'hui rayé de la carte. Parallèle aux quais, la rue des Charrettes offrait aux amateurs de pittoresque ses bars aux noms anglais, ses airs d'accordéon, ses conversations ébauchées entre matelots venus des quatre coins du monde. La rue des Charrettes n'est plus. Comme le disait sobrement le *Guide Michelin* paru au lendemain de la tourmente : « Presque tout le centre de la ville est anéanti; de part et d'autre de la Seine, les dégâts sont immenses... »

La Seine à Rouen.

PRUDENCE ET BON SENS

Aujourd'hui, Rouen, la « ville-musée », a rebâti ses ruines, retrouvé sa place de grande cité industrielle et commerçante, et ce mot de « province », avec tout ce qu'il sous-entend de somnolent, de retiré, y est déplacé plus qu'ailleurs. Le long de ses grandes artères comme la rue de la République ou la rue du Gros-Horloge, le voyageur, même venu de Paris, est frappé par l'atmosphère d'intense activité qui se dégage des magasins ou de la cohue des acheteurs se pressant sur les trottoirs.

« Le Rouennais riche, a écrit André Maurois, s'enrichit continuellement, discrètement... » Et ce goût de l'enrichissement ne va pas d'ailleurs sans celui de l'indépendance. « S'ils sont plus attachés à leurs intérêts, disait l'intendant de Vaubourg à Louis XIV, cet attachement devient utile aux affaires de Sa Majesté lorsqu'on sait le mettre en usage... Ils n'ont pas la vivacité en partage, mais autant dire qu'ils ont de la prudence et du bon sens; leurs buts sont justes et leurs desseins bien conçus. Ils sont laborieux par nécessité, paresseux par inclination, difficiles à émouvoir et insupportables à ce que l'on prétend, épineux avec leurs égaux, et ne se pliant que sous le joug qu'on leur impose. »

MARIAGE LÉGITIME

A Bayeux est conservée l'antique tapisserie, véritable « bande dessinée », qui nous montre l'une des opérations militaires les plus importantes de l'histoire : l'invasion de l'Angleterre par Guillaume le Conquérant. Images archaïques et naïves, elles ne nous donnent qu'une faible idée de ce débarquement, aussi formidable pour l'époque, que fut, pour la nôtre, la traversée de la Manche par l'armada anglo-américaine, en 1944. Imaginez le port de Rouen encombré de tout ce qu'on avait pu rassembler en fait de bateaux de pêche, péniches, pinasses et barges, qui soudain se mettent en mouvement pour rejoindre d'autres bateaux encore, d'autres chevaux et d'autres hommes à Dives, tout près de Cabourg. Et imaginez sur les quais, ou plutôt sur les remparts de la ville encore minuscule, un gros homme à nez rouge et à longues moustaches blondes, Guillaume, le « Northman », ou homme du Nord, dirigeant les opérations...

Pendant un siècle et demi, de 1066 à 1204, c'est entre Rouen et l'Angleterre comme un mariage légitime. Rouen est devenu la résidence préférée des rois d'Angleterre sur le continent. Avec Philippe Auguste, c'est la séparation. Mais voici qu'un peu plus de deux siècles plus tard, l'armée anglaise, menée par Henri V, a franchi le « Channel », écrasé les chevaliers français à Azincourt et pris la ville après un long siège.

C'est dans un lourd silence, le silence du découragement et de la faim, que les habitants de Rouen ouvrent enfin leur porte à ce roi victorieux, tout de noir vêtu, comme un prêtre, une croix pectorale au col. Un page le suit, por-

Le Gros-Horloge.

La cathédrale.

Le palais de justice.

Une vieille rue.

tant au bout de sa lance cet étrange emblème dont, après coup, l'on rira fort : une queue de renard. Désormais, un cri ralliera les résistants de Normandie contre l'occupant anglais : « A la queue! Au renard! » Cri des « feuillards » qui, dans les forêts du voisinage, rendront la vie précaire aux convois ennemis.

FLAMME SINISTRE

Dans la mémoire de Rouen brûle la flamme sinistre qui dévora le corps de Jeanne la Pucelle. Il n'est sans doute pas dans toute l'histoire de France de scène plus dramatique ni plus significative. D'un côté, c'est le Moyen Age finissant, avec ses arguties, sa scolastique cruelle et qui n'a plus de chrétien que le nom; de l'autre la jeunesse, l'enthousiasme, l'héroïsme, le don gratuit de soi-même. Il faut, s'arrêtant sur la place du Vieux-Marché, se souvenir du dialogue : la voix sèche, toute juridique, de l'évêque Cauchon, accumulant les « attendus », et les grands cris de Jeanne, où il semble qu'un autre monde, à la fois matériel et spirituel, prenne son essor : « Mes voix ne m'ont pas trompée! Ah! Rouen, Rouen! J'ai grand-peur que tu n'aies à souffrir de ma mort! » et, pour finir, cet appel, lancé d'une voix si forte que la foule l'entendit jusque dans les rues voisines où l'on se pressait : « Jésus! »

On connaît la conclusion du drame : les restes de Jeanne jetés à la Seine et que le courant emporta doucement vers la mer. N'importe, le royaume de France, désormais, avait vaincu. Jeanne d'Arc avait accompli le vœu de saint Michel, apparu rayonnant dans les bois de Domrémy.

Arras

Le beffroi, avec la Petite-Place à droite, ou place des Héros.

L'hôtel de ville datait de 1555, mais il avait été restauré en 1858. Le beffroi, un peu plus ancien, le fut aussi à la même époque. Il contenait trois cloches : celle de l'Effroy ou du Sang, celle du Guet ou du Couvre-feu, et la célèbre Joyeuse ou Baucloque, qui pesait 9 000 kg et servait à convoquer les échevins.

Le 24 août 1914, après nos échecs à Charleroi, on comprit à Arras que la ville serait bientôt englobée dans la zone des opérations militaires. Le 30 août, l'approche des Allemands fut annoncée. Ils étaient peu nombreux : quelques centaines de uhlans, qui campèrent dans la vieille citadelle, s'emparant des ambulances, emmenant prisonniers les blessés les moins atteints.

Mais c'est le 1er octobre que s'engagea, aux environs d'Arras et dans ses faubourgs, la vraie bataille. Les Allemands, pourtant, ne réussirent pas à prendre la ville, défendue par la Xe armée du général de Maud'huy et par les Anglais, au nord. Arras leur échappait. Ils la détruiraient, comme Reims.

UNE HABITUDE

Le 6 octobre au matin, la ville s'éveillait à peine qu'un premier obus tomba aux environs de la gare. Un deuxième entra dans une épicerie, place du Théâtre, et dès lors les bombardements se succédèrent sans interruption. Les maisons de la Petite-Place, du XVIe siècle, ainsi que celles de la Grand-Place, centre économique de la ville depuis le Moyen Age — là s'étaient donnés les tournois, et au n° 17 de la place, à l'enseigne des Rosettes, se voyait encore l'hôtellerie où Arras abritait ses champions — furent touchées les unes après les autres. « L'hôtel de ville n'existe plus, écrivait quelques jours plus tard un visiteur, et l'on n'a même pas le droit de souhaiter qu'on en conserve les ruines : les siennes ne sont pas belles. » Quant au célèbre beffroi, il fut abattu le 21 octobre.

Arras, pourtant, sortit de ses ruines et rebâtit l'hôtel de ville, le beffroi et ses maisons dont les pignons unissent les volutes si chères aux pays du Nord à un calme tout hollandais. Ancienne capitale de l'Artois, Arras avait l'habitude. Saccagée par les Vandales en 407, détruite par les Normands en 880, démantelée par Louis XI en 1479, elle avait été maintes fois reconstruite. Le Nord, pays fertile, mais plat, largement ouvert aux invasions, connut les guerres, la ruine ou l'opulence au cours de son histoire.

Car il fut un temps, au Moyen Age, où Arras était la grande ville du comté de Flandre. Ses banquiers prêtaient aux rois de France ; ses drapiers vendaient leurs étoffes dans l'Europe entière ; ses trouvères écrivaient les premiers *miracles* (Jean Bodel, *le Jeu de Saint-Nicolas* ; Adam le Bossu, *le Jeu de Robin et Marion*) ; ses échevins, enfin, faisaient la loi, comme à Amiens : « Quiconque trahit la commune a sa maison détruite. » Construite autour d'une abbaye fondée par saint Vaast et d'une cathédrale — l'une des plus belles du Nord — qui fut adjugée aux démolisseurs le 12 nivôse an VII pour quelques milliers de francs, Arras était surtout le siège d'une industrie considérable, la tapisserie de haute lisse. Les tapisseries ne décoraient pas seulement les églises ou les salles des châteaux, on les tendait autour des lits pour se protéger des courants d'air, on les disposait autour des enclos où se disputaient les tournois, on les emmenait même à la guerre ou à la chasse pour en faire des tentes. Si la plupart des tapisseries d'Arras furent détruites au cours des âges, certaines ornent encore les murs du Vatican : les célèbres *arazzi* commandées par le pape Léon X, à une époque où les ateliers de la ville se dispersaient déjà. Quarante ans plus tôt, en effet, Arras avait été rasée sur l'ordre de Louis XI, qui reprochait à ses notables leur fidélité au duc de Bourgogne, Charles le Téméraire : punition sévère, puisque la ville perdit jusqu'à son nom et fut rebaptisée Franchise...

Maisons de la Petite-Place.

PERSONNAGE LÉGENDAIRE

Le 12 juin 1778, quelques artistes et poètes étaient allés se promener à Blangy, aux portes d'Arras. Là fleurissaient des roses en abondance. Les jeunes gens se livrèrent à des improvisations lyriques. Ils y trouvèrent un tel plaisir qu'ils décidèrent de se réunir périodiquement au même endroit pour parler d'art et de littérature, et ils donnèrent le nom de « Rosati » à leur association, qui comptait parmi ses membres, en 1786, Maximilien de Robespierre, inscrit au barreau de la ville, et un jeune mathématicien, Lazare Carnot, alors capitaine du génie. Quelques années auparavant, en 1775,

était né à Arras François-Eugène Vidocq, fils de boulanger. Mais il allait aussi faire parler de lui, puisqu'il fut tour à tour voleur, soldat, forçat, chef de la police, détective privé, personnage légendaire, inspirant à Balzac son Vautrin de la Comédie humaine.

Sous l'Empire, 2 000 bandits écumaient les routes du Nord et beaucoup d'autres opéraient presque ouvertement dans le reste de la France. « Ce sont toujours les mêmes voleurs », disait Vidocq, qui avait étudié leurs mœurs et prétendait les connaître tous. En 1809, las de vivre éternellement sous le coup d'une arrestation, il offrit son concours à la police, démontrant que, pour découvrir les voleurs, il faut

l'avoir été soi-même. Joignant la présence d'esprit à une force peu commune et le flair de l'agent le plus exercé à une faculté toute spéciale de se grimer, Vidocq rendit longtemps les plus grands services. Mais plus tard, après avoir englouti ses économies dans une fabrique de papier-carton, Vidocq commit une erreur. Pour reprendre son ancien poste, il organisa lui-même un vol audacieux, mettant Gisquet, le préfet de police, au défi de découvrir la bande, qu'il fit arrêter à la barrière de Fontainebleau. Gisquet, bien sûr, ne tarda pas à apprendre la vérité et congédia une fois pour toutes ce trop zélé collaborateur.

Premiers communiants sur
le parvis de la cathédrale.

L'Ange
de l'Annonciation.

Reims

La plus belle peut-être, la plus chère sans doute au cœur des Français, qui l'ont vue deux fois meurtrie par les bombardements ennemis, la cathédrale de Reims, plus qu'un chef-d'œuvre de l'art gothique, est le lieu où, par tradition, les rois de France recevaient l'onction sainte, étaient « sacrés », depuis Clovis.

Elle est aussi la plus « française » des cathédrales, par sa grâce, sa légèreté, la liberté d'invention de ses sculpteurs, qui avaient pour devise celle qu'avait composée Guillaume de Mende :
Toujours le poète et l'artiste auront le droit d'oser...
Trois maîtres d'œuvre de génie se sont, en effet, succédé à Reims, et chacun représente une des trois « lignes de force » de l'art du XIIIe siècle. Le *Maître des Vierges* de l'Annonciation et de la Présentation, c'est la tradition, robuste et presque paysanne, tenant encore du roman. Le *Maître de la Visitation*, c'est

l'art qui va demander ses modèles à l'Antiquité. Le *Maître des Anges*, c'est l'originalité absolue, l'avant-garde. Anges souriants, malins, futés, aux yeux un peu chinois, déhanchés, vierges pouffant sous cape à la manière d'écolières. Ici, toute solennité cède à la gaieté propre à la Champagne, terre des vins pétillants et légers.

CHAMPAGNE ET BOURGOGNE

La plantation des premières vignes autour de Reims remonte à l'époque gallo-romaine, mais c'est au XIVe siècle seu-

lement que l'on se mit à apprécier les mérites des vins de Champagne, dont la renommée s'accrut rapidement. François Ier, Charles Quint, Henri VIII, Léon X voulurent posséder des vignes à Aÿ, l'un des vignobles fameux, et sous Louis XIV, la Faculté déclara que le vin de Champagne était non seulement le meilleur, mais le plus salutaire des vins. Le sang des Bourguignons ne fit qu'un tour : en 1697, un certain Mathieu Fournier n'hésita pas à déclarer que les vins de Reims engendraient les fluxions d'humeur et la goutte. C'était la guerre ouverte, et dans les écoles de médecine on se posait gravement la question : le vin de Reims est-il plus agréable et plus salutaire que celui de Bourgogne? On en vint aux injures. Chaque camp avait ses poètes et la ville de Reims récompensa l'un d'eux, Charles Coffin, en lui

La place Royale et la cathédrale.

offrant généreusement quatre douzaines de bouteilles de vin rouge et gris. Car il faut dire que le vin de Champagne de ce temps-là n'était pas le vin mousseux que nous connaissons et dont les secrets de fabrication ne furent découverts qu'au début du XVIIIe siècle...

LES RITES DU SACRE

Tous les rois, à l'exception d'Henri IV, couronné à Chartres, furent sacrés à Reims et il semble que rien n'ait été changé depuis le cérémonial du sacre de Saint Louis. Le roi, la veille du sacre, se rend à l'archevêché, où une chambre lui est préparée. Le lendemain, de bon matin, deux évêques se présentent à la porte de sa chambre et la heurtent, à quoi le grand chambellan répond : « Le roi dort. » Lorsque les évêques ont frappé pour la troisième fois, les portes s'ouvrent et le roi se lève, déjà vêtu, puis se rend à la cathédrale, accompagné de l'archevêque, d'évêques et de barons.

Entre prime et tierce, chantées par les chanoines, les moines de l'abbaye de Saint-Remi arrivent en procession avec la sainte Ampoule, dont ils sont les gardiens et qu'ils remettent à l'archevêque. Le roi retire alors ses vêtements, à l'exception d'une tunique de soie et d'une chemise largement ouverte sur la poitrine. On le chausse de sandales de pourpre ; il reçoit du duc de Bourgogne des éperons d'or, et de l'archevêque de Reims une épée nue qu'il tend au grand sénéchal.

Mais voici le moment capital du sacre. L'archevêque ouvre la sainte Ampoule, y plonge une aiguille d'or, la retire humectée du saint chrême et procède aux onctions, à l'occiput, à la poitrine, entre les épaules, sur l'épaule droite, sur l'épaule gauche, aux plis et jointures des bras, sur la paume des mains. Les rites du sacre conféraient au roi la dignité ecclésiastique ; c'est pourquoi, en moins d'une demi-heure, l'archevêque, tout en prononçant les paroles sacramentelles, le revêtait de la tunique du sous-diacre, de la dalmatique du diacre et enfin du manteau de velours violet semé de lis d'or. Mais il n'aura cependant pas le pouvoir d'officier, à moins que le pape ne le lui confère expressément.

Au cours du sacre, le roi, à qui l'on donnait le sceptre, bâton d'or de 6 pieds de long, et la « main de justice », recevait successivement plusieurs couronnes : la première, celle de Charlemagne, était si lourde qu'on ne faisait que feindre de l'en coiffer, la remplaçant aussitôt par une autre, plus légère, vraie couronne de France ornée de huit fleurs de lis, elle-même remplacée, quand le roi avait gagné son trône, juché sur le jubé, par une troisième, qu'il conservait jusqu'au soir. L'histoire rapporte qu'un seul roi se plaignit du poids de la couronne de France, lorsque l'archevêque la plaça sur son front : Louis XVI. « Elle me gêne », dit-il...

LE FESTIN

Depuis bien des semaines, archevêque, seigneurs et notables de la ville avaient préparé cet énorme repas dans la plus grande salle de l'archevêché. Isolé sur une estrade, le roi recevait les plats servis par les huissiers de la Chambre ou par seigneurs et bourgeois. Les frais incombaient à la ville, frais considérables, mais amplement remboursés par la foule venue de toutes les villes du royaume et qui emplissait tavernes et auberges, banquetait dans les rues. Le vin de Champagne égayait les cœurs et déliait les langues. Vin « royal » par excellence et qui demeurera tel jusqu'à ce que le médecin de Louis XIV, le célèbre Fagon, conseillât au roi égrotant le vin de Beaune...

69

Strasbourg

Que Strasbourg, par affinités naturelles, par sa situation géographique, et en dépit de la race et de la langue, ait été plus attiré par la France que par l'Allemagne, qu'il soit devenu français sans résistance et même avec élan, après la victoire de Turckheim, remportée par Turenne sur les Impériaux en 1675, l'histoire le prouve.

Avant la conquête, l'ambassadeur de Prusse auprès de Louis XIV écrivait déjà à Frédéric Ier : « Il est notoire que les habitants de l'Alsace sont plus français que les Français. Le roi de France est si sûr de leur affection à son service et à sa gloire qu'il leur ordonne de se fournir de fusils et de pistolets, de hallebardes et d'épées toutes les fois que le bruit court que les Allemands ont dessein de passer le Rhin, et qu'ils courent en foule sur les bords du Rhin pour en empêcher le passage... »

LE JUGEMENT D'ÉRASME

Francophilie qui n'empêchait pas Strasbourg, et cela depuis le XIIIe siècle, de placer au-dessus de tout l'indépendance, même à l'égard du clergé, on pourrait dire « surtout », car Strasbourg fut longtemps ville épiscopale — forme de gouvernement fréquente sous l'Em-

pire germanique — et toute son histoire n'est alors qu'un tissu de démêlés entre les bourgeois et l'évêque qui, bien souvent n'était pas même Alsacien, comme ce fameux Badois, l'évêque Gauthier de Geroldseck. Celui-ci, ayant voulu imposer aux Strasbourgeois un bourgmestre de son choix, dut céder devant l'émeute, en 1262, et accorder leur liberté aux bourgeois de la ville : liberté plus complète encore lorsque, au siècle suivant, les derniers seigneurs germaniques seront expulsés par la force et que Strasbourg, livrée à elle-même, deviendra le modèle de la cité affranchie, prospère, active, libérale, suscitant l'admiration d'Erasme : « Monarchie sans tyrannie (il fait allusion à l'Empereur, indifférent et lointain), aristocratie sans factions, démocratie sans tumultes, fortunes sans luxe, prospérité sans ostentation... »
Est-ce parce qu'elle gardait un mauvais

souvenir de ses évêques que la ville — qui demeurera l'une des capitales du protestantisme — s'est donnée très tôt à la Réforme ? En 1529, la messe était abolie à la cathédrale, devenue le plus imposant « temple » luthérien d'Europe, mais en 1592 Strasbourg avait non plus un, mais deux évêques, l'un protestant, l'autre catholique, et tous deux, qui portaient le titre de « landgrave », c'est-à-dire de « prince », comme leurs prédécesseurs, en seraient venus aux mains sans l'intervention de l'Empereur. Le dernier des évêques-princes de Strasbourg est resté tristement célèbre dans l'histoire. Louis René Edouard, cardinal de Rohan, fut en effet arrêté, puis exilé, pour avoir voulu offrir à la reine Marie-Antoinette un somptueux collier, qu'il ne pouvait ni

La maison Kammerzell.

À gauche : la cathédrale surplombant les toits de la ville.

Joute à la Petite-France.

Les ponts couverts.

Le Rhin en amont de Strasbourg.

conde. Le lendemain matin, la plaine est traversée d'une seule traite, mais de sérieuses résistances se révèlent à la ceinture des forts : Massu butte devant « Foch », Cantarel devant « Pétain », Putz devant « Kléber ». A 10 h 30, cependant, parvient au P. C. le message tant attendu : « Tissu est dans iode », qui signifie en clair : « Le colonel Rouvillois (passé par le nord) est entré dans Strasbourg. » Les colonnes de chars et d'automitrailleuses se sont engouffrées dans une ville enveloppée par la brume. Sur la flèche, à peine visible, flotte maintenant le drapeau français.

Il faudra trois jours pour consolider les positions, mais le 24 déjà, le général, tranquillement installé dans le salon du Kaiserpalast — qui abritait la Kommandantur —, déjeune. Au dessert, arrive le colonel Dio, commandant le régiment de marche du Tchad, et la figure du général s'éclaire : « Hein, mon vieux Dio !... On y est, cette fois !... Maintenant, on peut crever tous les deux !... » Au même moment, un obus éclate, tout près, un craquement se fait entendre et le grand lustre du salon s'effondre dans la pièce. Chacun se regarde, éclate de rire...

CARREFOUR DE ROUTES

En dépit des guerres et des bombardements, Strasbourg a conservé son charme, ses rues étroites, ses maisons à encorbellements et, par-dessus les toits, sa cathédrale, construite par des architectes et des sculpteurs venus des deux côtés du Rhin. Goethe, qui, jeune étudiant à l'université, voulait retrouver le tombeau d'Erwin de Steinbach, l'auteur de la façade, montait régulièrement au sommet de la tour pour vaincre son vertige ; Victor Hugo y vint, lui aussi, pour ne pas manquer la plus haute flèche du monde. « D'où j'étais, écrit-il, la vue est admirable. On a Strasbourg sous ses pieds, vieille ville à pignons dentelés et à grands toits chargés de lucarnes, coupée de tours et d'églises, aussi pittoresque qu'aucune ville de Flandre. L'Ill et le Rhin, deux jolies rivières, égaient ce sombre amas d'édifices de leurs flaques d'eau claires et vertes... En faisant le tour du clocher, on voit trois chaînes de montagnes : les croupes de la Forêt-Noire au nord, les Vosges à l'ouest, au midi les Alpes. » Siège du Conseil de l'Europe depuis 1949, Strasbourg, dont le nom veut dire « carrefour de routes », a toujours été européenne par vocation. La liberté de pensée y a toujours soufflé. Erasme, Goethe, Hugo..., les esprits les plus européens s'y sont sentis à l'aise.

payer — parce qu'il n'avait pas d'argent — ni rendre — parce qu'une intrigante le lui avait volé.

« TISSU EST DANS IODE »

Dans le cœur des Français, et dans leur mémoire, Strasbourg occupe une place particulière et l'image de son admirable cathédrale de grès rose, « rose comme une fiancée », écrivait

Claudel, s'associe tragiquement aux trois guerres successives que l'Allemagne et la France se sont livrées depuis un siècle. « La flèche de votre cathédrale a été pendant quatre ans notre obsession », dira le général Leclerc aux Strasbourgeois, en 1944. Le 22 novembre, ses ordres aux chefs de groupements tactiques de la 2e division blindée étaient sans équivoque : aller de l'avant, sans perdre une se-

Dijon

« Délicieuse ville, mélancolique et douce. Je me suis promené sur les vieux remparts. L'automne leur va bien... » C'est Victor Hugo qui parle ainsi, et Huysmans, dans *l'Oblat* : « Lorsqu'il mettait, par un ciel presque clair, les pieds dans cette ville, il se sentait l'âme bénigne et lénifiée, presque joyeuse. Il aimait l'atmosphère intime et la gaieté de bonne commère de Dijon, il aimait l'accueil avenant et empressé de ses boutiques, la vie populaire de ses rues, le charme un peu désuet de ses vieilles places et de ses squares... »

Tour de Bar (XIVe s.).

La cathédrale Saint-Bénigne vue, la nuit, du palais des ducs de Bourgogne.

BUFFON ET BOSSUET

Cette mélancolie, notée par Hugo, cette gaieté de bonne commère qui plaît à Huysmans, l'une et l'autre sont vraies, mais à lire les anciens chroniqueurs, à considérer le passé de Dijon — ville natale du célèbre Piron —, la gaieté paraît y avoir prévalu sur le vague à l'âme. Un Dijonnais bon vivant, de la race des Rabelais, Tabourot des Accords, n'a-t-il pas écrit en exergue à ses *Escraignes dijonnaises* : « Vous avez ouï parler qu'à Dijon, il y a environ quarante ou cinquante ans, l'on ne parlait à Dijon que de rire... »

Et écoutez Aloysius Bertrand, ce poète oublié :

O Dijon, la fille
Des glorieux ducs
Qui porte béquille
Dans tes ans caducs

Jeunette et gentille
Tu bus tour à tour
Au pot du soudrille
Et du troubadour...

Dijon, quoi qu'en dise le poète, ne porte pas aujourd'hui de béquilles. La ville des sublimes moutardes et des vins généreux joue son rôle dans bien d'autres spécialités. Car le Dijonnais appartient à une race vigoureuse, heureuse et réaliste. Ses deux grands hommes, Buffon et Bossuet, se ressemblent par l'équilibre, la joie de vivre, une absence totale d'inquiétude. Leurs lèvres, à tous deux — voyez leurs portraits —, sont gourmandes, leurs joues enluminées. Leur message, à l'un comme à l'autre, est plus fait d'espérance que de crainte. Buffon n'est-il pas l'auteur de cette pensée aussi peu « pascalienne » que possible : « Le bonheur est au-dedans de nous-même, il nous a été donné. Le malheur est au-dehors, et nous allons le chercher... La plupart des hommes meurent de chagrin. »

QUATRE DUCS

« O Dijon, la fille des glorieux ducs... » C'est en 1328, avec la mort du dernier Capétien direct, que monte sur le trône de France Philippe VI de Valois, qui a pour fils Jean le Bon, lequel remet la Bourgogne à son quatrième fils, Philippe le Hardi. Or, par son mariage avec Marguerite de Flandre en 1369, ce nouveau duc de Bourgogne va devenir le souverain d'un des plus vastes et des plus prospères Etats d'Europe : outre la Bourgogne, la Flandre, le Luxembourg, les comtés de Thionville et de Rethel, la Basse-Lorraine, la Haute-Alsace font partie de ses domaines, peuplés de quelque 8 millions d'habitants !

Quatre ducs — Philippe le Hardi, Jean sans Peur, Philippe le Bon, Charles le Téméraire — qui écriront une histoire à la fois fastueuse et tragique, mais laisseront des œuvres d'art incompa-

**Chartreuse de Champmol :
puits de Moïse (détail).**

**Le toit de
l'hôtel de Vogüé.**

rables que Dijon conserve jalousement. Il y avait en Philippe le Bon le goût de la magnificence : c'est lui qui fit construire la fameuse *salle des gardes* du palais (le musée des Beaux-Arts) où se trouve l'admirable tombeau de Philippe le Hardi, qui présente cette particularité de n'être pas un tombeau triste. Ainsi l'a vu Victor Hugo : « Le tombeau de Philippe le Hardi est de la fin du XIVe siècle. Le duc, peint et doré, est couché sur son tombeau de marbre noir, deux anges sur la tête, un lion aux pieds. Quarante statuettes d'albâtre circulent autour du tombeau sous une charmante galerie. Elles sont très vivantes et naïves : un moine se nettoie l'oreille avec l'ongle; un autre

se mouche avec ses doigts. — Fi donc! semble dire un religieux à côté de lui... »
Et Hugo rappelle cette scène impressionnante : François Ier, de passage à Dijon, fait ouvrir le tombeau de Jean sans Peur. Cela est long et délicat. Les ouvriers, enfin, soulèvent la dalle de son gisant. On se penche. Un corps est là, revêtu de son armure, un rabot — l'emblème du duc — sur la poitrine. Le roi s'étonne du grand trou fait par le coup de hache de l'assassin du duc, sur le pont de Montereau. « Sire, lui dit le prieur des chartreux qui l'accompagnait, c'est par ce trou-là que les Anglais sont entrés en France », façon imagée de rappeler que le fils

de la victime, Philippe le Bon, qui vendit Jeanne d'Arc pour 40 000 écus, ne se fût peut-être pas allié aux Anglais s'il n'avait été animé par l'esprit de vengeance.

ART BOURGUIGNON

A considérer les œuvres de l'art bourguignon, on se souvient que la Bourgogne, c'était aussi la Flandre. Cet art est tout flamand par une tendance à l'ornement, à la gesticulation, à l'effet, au baroque. Le plus grand artiste de l'école de Bourgogne est le Flamand Claus Sluter, le maître d'œuvre de la chartreuse de Champmol dont les ducs avaient fait — à l'imitation des rois de France — leur Saint-Denis. On ne trouve pas dans tout l'art gothique de France l'équivalent de cet extraordinaire *Puits de Moïse,* soubassement d'un calvaire où le Christ était représenté en croix : cela est presque aussi beau que du Michel-Ange.
Dijon, ancienne capitale de la Bourgogne, est le chef-lieu du département de la Côte-d'Or, « petite montagne bien sèche et bien laide, écrit Stendhal dans les *Mémoires d'un touriste;* mais on distingue les vignes avec leurs petits piquets, et à chaque instant on trouve un nom immortel : Chambertin, le clos Vougeot, Romanée, Saint-Georges, Nuits. A l'aide de tant de gloire, on finit par s'accoutumer à la Côte-d'Or.
« Le général Bisson, étant colonel, allait à l'armée du Rhin avec son régiment. Passant devant le clos Vougeot, il fait faire halte, commande à gauche en bataille, et fait rendre les honneurs militaires. »

Château et vignobles du clos Vougeot.

Lyon

Pour les Lyonnais, monter au sommet de Fourvière, cette colline de couvents et, comme le Montmartre de Paris, un « mont des martyrs », graviter jusqu'à Notre-Dame, cette basilique neuve et sans grâce, c'est un pèlerinage. Pour le simple voyageur, c'est le moyen d'embrasser d'un seul regard Lyon et ses deux rivières.

Atelier de canut.

Le caractère industriel de la grande cité est comme affirmé par les lointains alpestres, verts et bleuâtres. Du gris, des fumées, sur ce fond de nature, un océan de toits, le Rhône, la Saône encombrés de péniches. De grands immeubles blancs et neufs, certes, mais dont la lividité ne fait qu'accuser encore la grisaille du vieux Lyon, autour duquel la ville actuelle déploie ses tentacules.

DOUBLE PERSONNALITÉ

Travail, spiritualité : tels sont les deux pôles traditionnels de la vie lyonnaise. De même que Barrès, dans *la Colline inspirée*, a imaginé un dialogue de l'église avec la prairie, on pourrait

Les curieuses cheminées de la vieille ville.

imaginer celui de Fourvière, symbole de la spiritualité, avec cette autre colline, la Croix-Rousse, symbole du labeur acharné et de la misère. Ces deux voix, de part et d'autre du Rhône, s'accorderaient sans mal. Le vrai Lyonnais, celui qui l'est de race, ressent en lui-même cette double personnalité de travailleur et de mystique, ce mot devant être pris dans son sens le plus large. « Le Lyonnais, a écrit P. Jolinon, sait que l'illuminisme entre dans le génie de

Lyon

sa ville natale. S'il quitte son comptoir pour aller s'entretenir avec des amis du mystérieux thaumaturge Martinès Pasqualis, informé de la science des mages, s'il lui arrive de s'adonner à l'ascétisme plutôt maniaque des Martinistes, s'il se familiarise avec la nécromancie... il n'omet pas une seconde le livret des commandes, le tiroir-caisse, le doit et l'avoir, les échéances... » Chaque année, la Foire de Lyon attire les hommes d'affaires du monde entier. Dès le XVe siècle, la foire était célèbre : draps de Flandre, toiles de Roanne et de Rouen, soies d'Italie, épices du Levant : ce que l'Europe possédait de plus beau, de plus précieux en fait de marchandises, affluait, quatre fois l'an, sur la presqu'île où bientôt les eaux un peu jaunâtres de la Saône s'apprêtent à rejoindre celles plus claires et plus rapides du Rhône.

Les bourgeois de Lyon, qui avaient repoussé la proposition de Louis XI, désireux d'installer dans leur ville l'industrie de la soie, l'acceptèrent de François Ier. En peu d'années se multiplièrent, au fond des logements misérables, les métiers à tisser, et l'on vit naître cette nouvelle sorte de prolétaires : le canut.

L'hôtel de ville, place des Terreaux.

Pendant quatre siècles, le canut a mené sa vie laborieuse, précaire, avec la menace constante d'une chute des prix et du chômage. Cependant, ses révoltes furent rares, vite apaisées. Comme le mineur, et pour des raisons analogues, la monotonie même de sa vie lui fait trouver un dérivatif dans l'imaginaire, la rêverie, et, à défaut de rêves, le canut possède ce que le mineur ignore, le plaisir d'une certaine création. De la trame, voici que naît un paysage bucolique, s'épanouissent des fleurs, s'allonge la crinoline d'une grande dame...

GUIGNOL

Ville mystique, ville de labeur, mais aussi ville de bons vivants. C'est à Lyon que Guignol est né, à la fin du XVIIIe siècle. Lyon comptait alors 20 000 chômeurs. Que faire de son oisiveté ? Aller au cours Moland, sorte de foire permanente, où les saltimbanques montraient leurs talents, où se

La cathédrale Saint-Jean.

Les quais du Rhône. Au fond, la basilique de Fourvière.

dressaient les théâtres de marionnettes ? On se pressait surtout autour du castelet d'un certain Laurent Mourguet. Ses personnages n'imitaient pas ceux de la comédie italienne. Les canuts retrouvaient en eux leur propre univers : un mari qui parlait leur langage, une femme, Madelon, le gendarme, le juge, mais surtout un personnage tout nouveau, avec son tricorne de garde-française, ses cheveux relevés par-derrière en queue insolente, son franc-parler, sa manière de rosser gendarme et juge, mais de filer doux devant Madelon : Guignol. Le succès fut tel que Mourguet se fit nomade, montrant Guignol de ville en ville, le rendant bientôt légendaire. En ce siècle des lumières, si les esprits éclairés avaient Rousseau, Diderot et Voltaire, le peuple avait Guignol, qui, lui aussi, à sa façon, travaillait à l'avènement de la République. En 1789, les chômeurs fournissaient la clientèle du jacobin Chalier, qui ne parlait que de massacres, dans un style de pseudo-prophète : « Aristocrates, Feuil-

lants, Rolandistes (les partisans de Roland, un Lyonnais), modérés, égoïstes, égarés, les ondes ensanglantées du Rhône et de la Saône charrieront vos cadavres aux mers épouvantées... » D'où l'inévitable réaction des possédants, même les plus humbles, qui tremblaient de se voir eux aussi jeter dans le Rhône. Lorsque les Girondins, ces modérés, furent écrasés à Paris par les émules de Chalier, ils triomphèrent à Lyon, en dépit des semonces de la Convention. Le mouvement « fédéraliste » n'était, en réalité, qu'une tentative de retour vers la monarchie constitutionnelle, et la Convention, qui ne s'y trompait pas, décida de réduire Lyon par les armes. Un décret du 12 octobre 1794 stipule : « La ville de Lyon sera détruite. Tout ce qui est habité par le riche sera démoli. Le nom de Lyon sera effacé... Sur une colonne qui sera élevée sur les ruines, on lira : « Lyon fit la guerre à la liberté, Lyon n'est plus. » On comprend que Lyon, après de tels excès, soit devenu bonapartiste...

BONNE CHÈRE

Trop peu de touristes s'arrêtent à Lyon. On s'y rend plus pour affaires que par curiosité. Ville d'étape, mais aussi ville de bonne chère. Il n'est pas de cuisine plus louée des gastronomes que celle de Lyon. C'est là, dans quelques restaurants souvent sans apparence, que se trouvent apprêtées par de savantes mains les poulardes et quenelles du pays, l'entrecôte charollaise, des truites « au bleu » qui ne sont comparables qu'à celles de Nantua. Quant aux promenades à travers la ville, leur charme est affaire d'heure, de saison, d'éclairage. Certaines rues montantes de la Croix-Rousse, entre des murs de jardins clos, mériteraient autant l'hommage des peintres et des poètes que les escaliers de Montmartre. Et que dire des grands quais du Rhône, la nuit surtout, quand les platanes, au vent mouillé de l'ouest, remuent leurs ombres sur les façades monacales et « grand siècle » de l'Hôtel-Dieu ?

Saint-Michel d'Aiguilhe,
le rocher Corneille et la cathédrale,
vus du rocher d'Espaly.

La cathédrale Notre-Dame.

Le Puy

Au royaume des « seigneurs brigands et des pèlerins pensants », selon l'expression d'Henri Pourrat, au milieu d'étendues dépouillées où souffle le grand vent de Mézenc, se dressent d'énormes pitons d'origine volcanique. Le plus aigu est surmonté d'une chapelle romane, le plus gros d'une vierge immense, et non loin, sur la colline d'Anis, monte la ville, dominée par une étrange basilique, presque orientale. Tel est le site du Puy-en-Velay, l'un des plus curieux de France.

Par ses coupoles marquetées, par la polychromie de sa façade, les lampes rougeâtres de son sanctuaire, la cathédrale rappelle, en effet, les mosquées. Peu de sanctuaires chrétiens se donnent aussi ouvertement comme le prolongement d'une tradition païenne.

De même qu'on voit un menhir à la façade de la cathédrale du Mans, une table de dolmen s'élève dans le narthex de celle du Puy. On l'appelait la « pierre de la fièvre », et l'on y étendait les malades pour les guérir. Aucun cercueil n'était jamais introduit à l'inté-

rieur des murs, et l'on montre encore tel porche réservé à l'entrée de l'évêque, tel autre à celle des rois, telle porte murée, enfin, qui ne s'ouvrait que pour le pape.

LA VIERGE NOIRE

« La Vierge du Puy, écrit Emile Mâle, fut célèbre dans la France entière... » Pendant la semaine de l'Assomption, les pèlerins affluaient à son sanctuaire; les rudes montagnes du Velay, les routes difficiles ne les arrêtaient pas. Dans la foule, on distinguait les troubadours célèbres, les chevaliers illustres du Midi. Les poètes chantaient la Vierge, les chevaliers donnaient des tournois et le « roi » de la fête portait un faucon sur son poing. « *Porter le faucon du Puy* était, dans le midi de la France, une locution équivalente à *ne pas se croire peu de chose.* » En 1406, lors du grand jubilé, on ne compta pas moins de 200 personnes étouffées dans la foule. Pourquoi noire, cette Vierge? Etait-ce par allusion au vers du Cantique des cantiques : « *Pulchra sum, sed nigra* » (Je suis belle, mais je suis noire)? Ou bien la statue venait-elle d'Ethiopie? Des érudits locaux jugent que son teint noir était tout simplement dû à la fumée des cierges constamment allumés auprès d'elle, et leur avis prévaut qu'elle aurait été un don de Saint Louis. Le géologue Faujas de Saint-Fond en fit la description en 1777. Il lui vit le visage absolument noir — mais non les mains —, le nez démesuré, de gros yeux en verre qui donnaient à sa physionomie « un air hagard et en même temps étonné ». Quant à ses vêtements, elle ne portait point de robe — comme celle dont on revêt sa remplaçante aujourd'hui —, mais une « toile peinte collée sur toute sa surface, imitant celle des momies égyptiennes ». La tête de l'Enfant, noire elle aussi, semblait lui sortir de l'estomac.

Le 17 janvier 1794, le comité révolutionnaire du Puy décida d'exécuter ce « symbole des superstitions ». La statue fut transportée dans une charrette, entre les bras d'un gendarme, jusqu'à l'hôtel de ville. Là, sans qu'on lui en donnât l'ordre, un certain canonnier, du nom de Maleysson, lui trancha le nez — ce nez si long — d'un coup de sabre, ce qui fut l'occasion pour le citoyen Bertrand-Morel d'examiner l'entaille et de conclure qu'il s'agissait de bois de cèdre. Un bûcher avait été préparé sur la place et, pour que les cendres de la Vierge ne puissent être recueillies par des « fanatiques », on alla les disperser dans un champ situé aux abords de la ville.

LES CANONS RUSSES

Soixante-deux ans plus tard, le 8 juin 1856, sous le règne de Napoléon III, une cérémonie expiatoire se déroulait sur le lieu même du sacrilège, et l'on porta processionnellement à la cathédrale une autre Vierge, dont le visage était sombre...

Cette réparation ne semblant pas suffire, l'évêque du Puy réussit à convaincre l'empereur d'élever au sommet du mont Corneille une autre statue, mais énorme celle-là et visible à 20 km à la ronde. On était alors en pleine guerre de Crimée et il fut entendu que la Mère des consolations aurait son effigie fondue dans le bronze des canons russes. Il en fut fait ainsi, et les 213 canons russes pris à Sébastopol eurent cet emploi inattendu. Haute de 22,70 m, la Vierge écrase d'un pied gigantesque un serpent de 17 m de longueur, sans que l'Enfant Jésus qu'elle tient dans ses bras — et dont la tête dépasse 4 m — paraisse le moins du monde s'en émouvoir.

Jules Vallès, un révolutionnaire généreux, est né au Puy et a dit sa chétive enfance écoulée entre les vieux remparts de la ville. « Voilà la maison basse où je suis né — basse et rongée —, sur une place qu'on traverse pour aller à la cathédrale, et qu'on prenait pour aller à l'ancien musée, en

Le château de la Voûte-Polignac, aux environs du Puy.

Place des Tables.

Dentelles, rue des Tables.

face d'un couvent fermé et d'une prison toujours ouverte... C'est dans cette prison que j'ai passé les heures libres de ma vie, avec le fils du gardien-chef... »

Jules Vallès s'attendrit même, lorsqu'il nous parle de ces femmes pieuses dites les *Béates*, membres d'un tiers ordre répandu dans le Velay et surtout au

Puy. Leur mission : se vouer au service des pauvres et leur procurer non des aumônes, mais un gagne-pain. C'est ainsi que sur certaines places de la ville, à l'ombre des châtaigniers, les Béates tenaient des ouvroirs de dentelles, poursuivant une tradition ancienne. Car, aujourd'hui encore, il n'est de plus belles dentelles que celles du Puy.

Avignon

Le pont Saint-Bénezet.

Ville chaude, brûlante même, en plein été, quand le mistral n'y souffle pas, mais cependant « ville grise sous le grand soleil », comme l'a écrit André Bellessort. N'allez pas chercher en cette Provence des couleurs vives. Les couleurs que Van Gogh a jetées sur ses toiles provençales, il les avait dans la tête, il ne les a pas vues, sinon ce bleu ardent du ciel...

Le soir, les remparts tournent aux teintes de feuilles mortes. Hérissement de clochers, de tours, de tourelles, et, coiffant le tout, l'imposant palais des Papes. Une forteresse plutôt qu'un palais, avec ses chemins de ronde, ses mâchicoulis, ses tours, au nombre de sept, et dont chacune porte un nom : la Campane ou la Cloche, à cause de sa cloche d'argent qui ne sonnait que pour l'élection et la mort des papes ; la tour Saint-Laurent, dont les contreforts s'appuient sur la rue du Vice-Légat et la place de la Mirande ; la tour Saint-Michel ; la tour des Anges ; la tour de l'Estrapade, où l'on dit que l'Inquisition avait établi ses chambres de torture et qui ne contenait, en réalité, que la cheminée des cuisines papales ; la tour de la Glacière, et enfin la grosse tour de Trouillas, la plus vieille, l'aïeule, et qui a fait sinistrement parler d'elle sous la Révolution.

SEPT PAPES

Pendant soixante-quatorze ans, la papauté, implantée en Provence, y entendit sonner quatorze fois la cloche d'argent. Sept papes, en effet, succédèrent à Clément V, qui s'était installé à Avignon en 1309 : Jean XXII, souffreteux, parfait administrateur, restaurateur du palais ; Benoît XII, sorti de la Trappe, très monastique dans son austérité et sa rudesse, et qui aimait à rappeler que « le pape doit ressembler à Melchisédech, qui n'avait ni père, ni mère, ni généalogie » ; Clément VI, né en Corrèze, mais, certes, le plus Romain de ces papes français, protecteur des arts, prodigue, spéculateur, et dont la cour fastueuse, sinon libertine, indignait Pétrarque ; ensuite un saint, en la personne d'Innocent VI, noué de rhumatismes, s'affligeant de tous les désordres qui régnaient au pied de son palais, et qu'on imagine en prière, dans son oratoire, tandis que d'en bas montaient des rires de filles, des blasphèmes d'ivrogne ; Urbain V, de la Lozère, ami des pauvres, ascétique, ayant reçu — diton — à ce point le don des larmes qu'il en versait à chaque messe et que c'était un visage ruisselant de pleurs qu'il tournait vers le peuple au moment de l'*Ite missa est* ; Grégoire XI enfin, qui fut le dernier pape d'Avignon, le septième, Benoît XIII, méritant plutôt le titre d'antipape, puisque, déposé par les conciles, abandonné par ses cardinaux et réduit bientôt à demeurer enfermé dans son palais, il dut, assiégé par le maréchal de Boucicaut, s'enfuir par les égouts... Loin de la Rome anarchique et dissolue, les papes d'Avignon, pourtant, œuvrèrent, administrèrent comme depuis longtemps on ne l'avait fait au Vatican. Le principal de leur action est missionnaire. C'est d'Avignon que partent alors archevêques et évêques pour les régions les plus reculées du monde connu, et rien ne dit mieux l'éloignement, la pauvreté de ces postes avancés de la chrétienté, que les présents reçus au palais en guise de « deniers de saint Pierre » : dents de morse, sacs de poudre d'or...

PÉTRARQUE

Couronné de lauriers, un fantôme hante Avignon : Pétrarque ! Ses amours avec Laure, l'Avignonnaise, ornent la mémoire de la cité des papes, comme celles de Musset et de George Sand flottent encore sur Venise. Clerc amoureux, maître de la poésie galante, très snob — un dandy avant la lettre —, plat courtisan du pape Jean XXII, Pétrarque ne se montra pas moins

sévère pour la nouvelle Rome, qu'il jugeait, quant aux mœurs, pire encore que la vraie. Avignon, selon lui, c'est « la Babylone de l'Apocalypse, la source de douleur, l'école de l'erreur, l'auberge de la colère... »

Nul doute qu'on ne se soit, en effet, fort amusé à Avignon, tant qu'y régnèrent les papes, et qu'on ne s'y soit fort enrichi. Tout n'est pas faux dans les *Lettres secrètes*, faites de tous les bruits qui couraient les rues : les cardinaux ont des maîtresses, qu'ils promènent à cheval, au vu de tous ; les prêtres les imitent, au point qu'on envisage, au concile de Vienne, d'autoriser leur mariage « à la façon de l'Eglise grecque ». Le luxe des vêtements, en dépit des lois somptuaires, inobservées, dépasse toute mesure et Pétrarque, le premier, succombe à ces folies. « Te souviens-tu, écrira-t-il, vieilli, à son frère devenu chartreux, du soin inutile que nous accordions à notre linge, afin qu'il fût de la plus exquise blancheur? Te souviens-tu de notre crainte qu'un de nos cheveux s'échappât de la place qui lui était assignée; de notre dépit quand un char salissait nos robes de soie brodées d'or? Et que dirai-je de nos fers à friser? Et quel bourreau nous eût plus cruellement serré le torse que nous ne faisions avec nos corsets? »

A cette licence, ajoutez l'amour de l'argent, la spéculation. On a nommé Avignon la « ville sonnante », à cause des carillons qui ne cessaient d'y tinter, mais l'épithète convient aussi au tintement ininterrompu des monnaies remuées sur les comptoirs des changeurs. Alvare Pelayo, un prélat espagnol qui appartint quelque temps à la Curie d'Avignon, affirme qu'il « ne pouvait entrer dans la chambre d'un ecclésiastique attaché à la cour papale sans y trouver des usuriers occupés à compter ou à peser des piles d'écus... ».

En 1376, un soir de mai, une troupe d'Italiens entrait dans la ville. Une femme la conduisait, comme Jeanne d'Arc conduira ses hommes d'armes. Cette femme était une autre sainte : Catherine de Sienne, qui avait juré de ramener le pape à Rome. Les entretiens secrets qu'elle eut avec Grégoire XI nous rappellent ceux de Jeanne avec Charles VII. Que lui dit-elle pour le convaincre? Le 13 septembre, le pape, ses cardinaux, ses fonctionnaires, ses archives, ses gardes, s'embarquaient sur le Rhône, à destination de Marseille et, de là, pour Ostie. Tout Avignon se lamentait. Que faire de ce grand palais vide?

Le palais des Papes.

Le Vieux-Port.

Marseille

Ah, Marius! Ah, Fanny! Ce sont de vieilles connaissances. A peine leur nom prononcé, on est pris par l'enchantement de Marseille, de son Vieux-Port, du bar de la Marine, de son langage savoureux et parfumé d'ail.
« Dans le monde entier, mon cher Panisse, on croit que les Marseillais ont le casque et la barbe à deux pointes, qu'ils se nourrissent de bouillabaisse et d'aïoli...
« Hé bien, Monsieur Brun, à Marseille... on laisse les casques aux explorateurs et on fait le tunnel du Rove, et on construit 20 km de quais pour nourrir toute l'Europe avec la force de l'Afrique. »

Le mot « Midi » englobe tant de choses que le profane s'imagine volontiers, en débarquant dans la deuxième ville de France, qu'il est au pays du « farniente » et que les habitants passent leur temps en d'aimables plaisirs renouvelés du Marseillais Pétrone. Mais Marseille est un véritable caravansérail où se côtoient toutes les nationalités, où s'opère un trafic intense, où les marchandises arrivent et repartent pour tous les coins du monde. Il n'est pas jusqu'à la drogue qui ne fasse escale dans ses bassins, avant d'aller porter le rêve aux amateurs d'Amérique. Marseille, « porte de l'Orient », poursuit sa carrière de grand port européen. Les guerres, les aventures désastreuses, les bombardements qui ont traversé son histoire ne sont jamais parvenus à ébranler la prospérité de cette ville industrieuse.

GYPTIS

Les raisons de cet infatigable courage sont inscrites dans l'histoire même de sa fondation. Lorsque, aux alentours de l'an 600 avant le Christ, les Grecs débarquent dans la crique formant aujourd'hui le Vieux-Port, ils ne trouvent là qu'un pays en friche. Le territoire environnant est si stérile que ses habitants, les Ligures, n'y survivent qu'avec peine. La légende des épousailles du Grec Protis et de la princesse ligure Gyptis, célébrées la coupe à la main, au milieu des guerriers et des marins, est plus qu'un symbole : c'est une prise de conscience collective. Les Grecs s'assurent un nouveau débouché et les Ligures, impuissants et démunis sur terre, comprennent la nécessité d'un commerce d'économie. Mieux, ils découvrent l'importance de leur position géographique : « Marseille, retraite nécessaire au milieu d'une mer orageuse; Marseille, le lieu où les vents, les bancs de mer, la disposition des côtes ordonnent de toucher », écrit Montesquieu; et il ajoute, parlant de ses habitants : « Il fallait qu'ils fussent laborieux pour suppléer à la nature qui se refusait; qu'ils fussent justes pour vivre parmi les nations barbares qui devaient faire leur prospérité. »
De colonie grecque, Massalia — Marseille — devient république, elle organise un gouvernement fondé sur le commerce, elle exploite l'arrière-pays et se forme au contact de la vieille culture grecque. Les Celtes envahissent la Provence et voient dans la prospère cité une proie tentante. Alors la lutte commence. Marseille appelle les Ro-

Retour de pêche.

Le fort Saint-Jean.   Vallon des Auffes.

mains à son secours. Mais elle guette un ennemi autrement dangereux. Carthage, première puissance maritime, n'est nullement décidée à céder ses droits : elle interdit aux pêcheurs massaliotes l'accès de ses eaux. Cependant, Marseille se développe. Elle égale Carthage en industrie, elle lui est inférieure en puissance et sans doute est-ce la raison de sa fidélité aux Romains. Ce mariage d'intérêt entre Marseille et Rome a toutes les raisons d'être heureux, chacun y trouve son compte. Mais voilà que César arrive ; les Massaliotes jouent la carte de Pompée, son rival, et perdent. Défaits, leurs comptoirs, leurs richesses tombent aux mains de César.

C'est le déclin et la tutelle pendant près de trois siècles. Enfin, grâce aux croisés, le trafic se rétablit. Cependant, Marseille n'a reconquis sa puissance que pour en faire profiter la couronne de France, à laquelle elle est rattachée, en 1481, en même temps que la Provence. Cela n'est guère du goût des remuants Marseillais, qui ne cesseront, dès lors, de se rebeller contre le pouvoir central.

LA PESTE

Comme toutes les villes de France, Marseille subit le contrecoup de la faillite du système de Law. En même temps se déclenche la terrible épidémie de peste de 1720, renouvelant au centuple celle de Florence, en 1348. Mais il ne se trouve point là de Boccace pour l'illustrer en un nouveau *Décaméron*. En quelques jours, les morts jonchent les quais. Un seul homme en porte la responsabilité : l'échevin Estelle, qui, pressé de revendre le fret transporté par le trois-mâts le *Grand-Saint-Antoine*, où plusieurs cas de peste se sont déclarés, annule la quarantaine. On isole Marseille, les galériens à bérets verts, surnommés « les vautours », entassent les cadavres dans les forts Saint-André et Saint-Nicolas et les recouvrent ensuite de chaux vive. Malgré le dévouement des autorités et les mesures draco-

Cathédrale de la Major, vue du port.

Quai du Vieux-Port.

niennes prises pour éviter la propagation du fléau, les ravages s'étendent à toute la Provence : 100 000 personnes périssent, dont 40 000 à Marseille.

Épisode tragique. Mais, baste! Cinq ans plus tard, la population est aussi nombreuse qu'avant l'épidémie. Quand vient la Révolution, le vieux peuple républicain monte sur Paris, enflammé et braillant les couplets du *Chant de l'armée du Rhin*, galvanisant les Parisiens, qui abandonnent *la Carmagnole* pour *la Marseillaise*. Mais quoi! les braves gens du port sont pour une république reposante et douce, et voilà que

la guillotine est installée en permanence sur la Canebière. Pour le coup, les Marseillais deviennent royalistes, même en plein Empire. Et gare à ceux qui, comme Dantès, le héros du *Comte de Monte-Cristo*, se déclarent en faveur de Napoléon le premier ou de son successeur, « Napoléon barbichette ». Et après 1944, c'est toujours Marseille triomphante, comme le phénix renaissant de ses cendres. De nouveaux bassins sont construits. Celui de la Joliette a maintenant des rivaux jusqu'au canal de Rove, pleins de navires, de marins, de ponts roulants et de bruit.

VIEUX-PORT

Et le Vieux-Port? Derrière l'hôtel de ville, les ruelles montent en tous sens. Des petits bars à musique s'échappent les rengaines des pianos mécaniques. On danse dans la rue, des silhouettes instables et funambulesques déambulent, des bandes de mauvais garçons s'entretiennent mystérieusement de leurs affaires. A deux pas, des policiers, adossés au mur, fument paisiblement; quelques Arabes psalmodient la chanson des Dardanelles. Que de cris, que de bel accent, que de joie disparus un jour de 1943. Citadelle imprenable, labyrinthe où s'égarent les plus avertis, le quartier du Vieux-Port abrite des

gangsters, mais aussi des résistants. Sous prétexte d'hygiène, les Allemands font raser cette dangereuse enclave, chassent filles et truands. Poignant exode, qui entraîne dans son flot le petit peuple bigarré et joyeux, amoureux du Vieux-Port nourricier. Dans l'antique bassin se prélassent aujourd'hui yachts et barques de pêche, tandis qu'aux alentours des vieux quais construits sous Louis XII apparaissent les vestiges du théâtre grec et des docks romains. Le Vieux-Port a rajeuni, mais il est une chose qui n'en pourra jamais disparaître : les terrasses, la bonne humeur, les marchandes de crustacés, la Canebière scintillante de lumières.

Quel joli Marseille que celui de Pagnol! On y fabrique du savon et même des vedettes : c'est de Marseille qu'est monté Fernandel, « comique troupier », c'est de Marseille qu'est venu le grand Raimu. C'est à Marseille qu'est née la vraie bouillabaisse parisienne. Car, à Marseille, personne ne connaît la « vraie » bouillabaisse; chacun a sa méthode, chacun a ses poissons, du homard à la vive, en passant par le saint-pierre, la rascasse, la sarette, la girette.

« Marseille? disait Casanova, j'ai cru d'être à Venise. » Mais Venise, c'est la ville aux souvenirs, Marseille est de demain.

La cité.

Carcassonne

Sur le passage historique de la Garonne à la Méditerranée, là où l'Aude, descendue des Pyrénées, fait un coude brusque vers l'est, se dresse, inattendue, la vieille cité de Carcassonne. Plus qu'un château fort : une cité entière, avec sa couronne de tours, ses centaines de maisons, ses portes, ses glacis, ses ruelles.

Celui qui aura passé la nuit dans l'un de ses hôtels et qui, d'une fenêtre haut placée, aura contemplé au clair de lune l'échelonnement des créneaux, celui-là ressentira, comme en aucun autre lieu, l'impression d'avoir atterri, par la machine à remonter le temps, en plein XIIᵉ siècle. Impression plus vive encore lorsque, sous le même clair de lune, on circule dans les « lices », ce couloir creusé entre deux falaises de murailles, avec de temps en temps des échappées, soit sur les champs, soit sur l'Aude et sur la basse ville, la Carcassonne active d'aujourd'hui, peuplée de quelque 43 000 habitants.

52 TOURS

Fort délabrée au XIXᵉ siècle, devenue carrière de pierres — d'archaïques photographies montrent des masures adossées aux lices et abritant toute une population misérable d'Espagnols, véritables « bidonvilles » en plein décor gothique! —, Napoléon III, pressé par Mérimée, chargea Viollet-le-Duc du déblayage et de la restauration de la Cité. L'architecte ne fit pas les choses à demi. Son œuvre a été discutée. On a prétendu que la Cité actuelle ne serait qu'une imitation (inexacte) de ce qu'elle avait été dans sa splendeur et que des

Forteresse intérieure.

85

Carcassonne

ruines avait surgi un Moyen Age d'opéra. Le meilleur historien de la ville, Jean Girou, réfute de telles accusations : « La Cité n'a été ni dénaturée ni défigurée — elle n'était pas une ruine et on ne pouvait pas la laisser tomber en ruine pour la beauté romantique d'avoir un vieux burg... ; aucun ensemble n'a été construit à neuf ; il n'y a eu que des pansements posés ; les 52 tours restaient et restent encore... »

Plusieurs couches historiques se superposent dans la Cité, et parfois s'entremêlent. On passe des grands blocs de béton ajustés par les légions de César à cet art wisigothique, nullement barbare par son style : voyez ces jolies tours demi-cylindriques, avec leurs fenêtres en plein cintre, leurs toits de tuiles, ces murailles aux chaînes ornementales de briques roses. Puis, des Wisigoths, on gagne le XIIe siècle, en passant pardessus une courte occupation sarrasine, qui n'a d'ailleurs rien laissé en fait de monuments. L'architecture militaire s'est adaptée aux « armes nouvelles » : l'arbalète a succédé à l'arc, d'où l'espacement élargi des tours, la hauteur des courtines, qui s'élèvent jusqu'à 12 m, l'évasement des meurtrières permettant le tir oblique.

Cette cité-là, c'est celle de l'époque heureuse, quand régnait l'aimable famille des seigneurs de Trencavel, sous la haute protection des comtes de Toulouse. Alors, tout le Languedoc connaissait la paix, l'opulence, la joie de vivre. Tandis que le nord du royaume s'ennuyait ferme, le Midi répondait à sa vocation du bonheur. Et cela dura jusqu'au jour où, sous un prétexte de « croisade », le Nord fonça sur le Midi et, vingt années durant, le pilla, l'incendia, massacra ses populations : ce fut la croisade des albigeois.

LES CATHARES

Qu'étaient ces albigeois, ou cathares? Des chrétiens, mais à leur manière, et dont la doctrine paraît se perdre dans les religions de l'Orient. Les cathares considèrent toute chose visible comme relevant du Diable, l'esprit seul étant de Dieu, l'enfer se passant sur la terre, lieu de punition, d'expiation. Quel est donc le devoir du chrétien, comment devenir parfait? Une seule voie : celle du détachement total de ce monde, par la prière, l'ascétisme, le refus de porter les armes, d'exercer même la justice, qui n'appartient qu'à Dieu. Dans leurs temples aux murs nus, les cathares pratiquaient un culte qui fait penser, pour

La vue des remparts.

l'extérieur, à celui de certaines sectes protestantes : un seul livre, posé sur une nappe blanche, la Bible, ouverte à l'évangile selon saint Jean; l'eucharistie étant un morceau de pain bénit que l'on pouvait absorber chez soi, seul dans sa chambre, comme cela se pratiquait aux premiers âges de l'Eglise.

La croisade se mit en mouvement, prêchée par des moines, encouragée par le pape Innocent III. Partis de Lyon, 200 000 hommes se jetèrent sur le Midi.

Les cruautés dépassèrent de loin ce que l'on avait vu en Syrie, au Liban, à Byzance. En réalité, sous prétexte de religion, il s'agissait d'une invasion, comparable à celle des anciens Burgondes et autres Germains. La croisade devenait la lutte des hauts barons du Nord contre la féodalité méridionale,

en partie aussi contre la dynastie toulousaine, dont on jalousait le pouvoir, les richesses, la popularité... Carcassonne, après quinze jours de siège, ne tomba que par trahison (1209). Ce fut l'un des premiers triomphes de Simon de Montfort, ce second « fléau de Dieu » qui, pendant si longtemps, allait ravager le pays.

Saint Louis n'était point l'homme toujours doux, patient, que l'on représente : il fit raser les faubourgs, isolant ainsi la Cité, qui se dressa comme dans un désert. Pendant sept ans, les bourgeois de Carcassonne errèrent sans toit, jusqu'au jour où le roi, jugeant la punition suffisante, leur permit de se construire une ville, mais de l'autre côté de l'Aude; ce fut la ville basse, qui devait connaître, après la terreur des armes, celle de l'Inquisition.

Toulouse

Basilique et place de la Daurade,
au bord de la Garonne.

Pour juger du charme de Toulouse, il faut longer ses quais par un beau crépuscule de septembre. Le vieux cliché : « Toulouse, la ville rose », devient alors réalité : la brique, ce matériau souvent ingrat dans le Nord, prend vie dans le Midi.

Crépuscules de septembre où le même rose s'étend sur la Garonne et sur ce canal du Midi, chef-d'œuvre de la technique du XVIIᵉ siècle. Rose des rues étroites, anciennes — les nouvelles sont de ciment, comme ailleurs — avec des échappées, au fond de couloirs obscurs, sur des jardins éblouissants.

Toulouse, toute grande ville qu'elle fût, n'avait pas de vocation industrielle. Vers 1830, au lendemain de la révolution de Juillet, un ministre en tournée s'entretenant avec le maire de la vieille cité lui représentait l'utilité de développer la seule véritable industrie du lieu : les filatures. Mais le maire hocha la tête : « A quoi bon, monsieur le Ministre ? De grandes industries, voyez ce que cela a donné à Lyon, à Rouen, à Roubaix : une population inquiète, toujours à la merci d'une baisse des prix, menacée par le chômage et vivant dans des bouges... Non, monsieur le Ministre, je ne crois point que mes administrés envient le sort des canuts ! »

UN CÔTÉ « ROMAIN »

Aussi Toulouse — centre de construction aéronautique qui a donné naissance à la « Caravelle » et où l'on construit le « Concorde » — s'est longtemps contentée d'industries mineures, comme celles des chapeaux, des paniers, de la confiserie. Mais elle est toujours restée capitale agricole, distributrice du commerce des primeurs, des vins, du bétail, donnant à ses faubourgs un aspect parfois rustique. Naguère encore, il n'était pas rare de voir des chars à bœufs tirer des sacs de grains, tout près de la gare de Matabiau, le long du canal... On pensait à Rome, et Stendhal n'a pas manqué de noter ce côté « romain » de Toulouse. Taine, quant à lui, raconte qu'en 1865 il se prit à suivre une foule de dévots qui se rendaient au cimetière. C'était le lieu qu'un grand prédicateur de l'époque, le père Guyon, avait choisi pour parler à ses ouailles de l'enfer...

Le Capitole, l'hôtel de ville
de Toulouse.

A *droite*, Saint-Sernin et
l'église des Jacobins.

Le dôme de l'hospice de
la Grave et la Garonne.

Voilà qui semble plus espagnol qu'italien. Mais par sa situation géographique, Toulouse n'a-t-elle pas toujours entretenu des rapports étroits avec l'Espagne ? Elle a été et elle est encore le refuge de nombreux républicains espagnols exilés, comme elle fut le refuge, en 1822, de monarchistes espagnols, plus royalistes qu'un roi auquel ils avaient déclaré la guerre sainte. Leur troupe, assez réduite et surtout composée de moines, fut rapidement défaite, et l'aristocratie toulousaine, très catholique, accueillit la plupart des rebelles à bras ouverts, dans ses beaux hôtels de briques roses ou dans ses maisons de campagne : bonne table, sécurité, vénération des nobliaux à l'égard de ces soldats, sortes de Vendéens d'outre-monts. Nous connaissons tout cela grâce au reportage d'un jeune journaliste du *Constitutionnel*, dont la plume était agile : Adolphe Thiers.

CHAISES À PORTEURS

Attachée à ses traditions, très fière de ses « consuls » d'antan, Toulouse est demeurée longtemps un foyer de nostalgie monarchique, du moins dans la haute société. Elle fut la dernière ville, avec Aix, où l'on se servit des chaises à porteurs et, dans ses souvenirs, un Toulousain, M. de Rosséguier, dit avoir vu, vers 1835, y rouler des carrosses plus que cinquantenaires, « qui avaient traversé la Révolution » et reparaissaient aux premiers temps des chemins de fer, avec leurs sièges à housses, leurs blasons, leurs laquais debout à l'arrière. « Je vois encore, écrit-il, le menu peuple saluant dans sa grande berline jaune la comtesse de Roquelaure sortant de son hôtel situé rue des Nobles, pour promener ses petits chiens... »

Toulouse, jadis ville réactionnaire jusqu'au fanatisme, est aujourd'hui plus de gauche que de droite. Entre les deux guerres, elle fut le bastion du radicalisme et c'est au cours d'un banquet radical qu'on a donné du mot cette définition célèbre : « Le radicalisme, c'est comme le radis, rouge en surface, mais blanc en dessous. » Cela dit assez bien Toulouse.

Ville éprise de musique — on y chante comme à Naples —, elle se veut aussi ville de poésie. Autrefois, ses concours annuels des *jeux Floraux* excitaient l'émulation de quantité de poètes. Il fallait, pour emporter la palme, être classique, même un peu vieux jeu. Déjà, J. du Bellay, en 1549, trouvait le jury rétrograde et n'accordant ses médailles qu'à des « épiceries ». Pourtant, ce furent les jeux Floraux qui mirent à l'étrier le pied d'un jeune homme de dix-sept ans, du nom de Hugo, alors que la même année on refusait le prix à un autre débutant, Alphonse de Lamartine...

L'histoire de Toulouse est curieuse, fastueuse, souvent cruelle et sanglante comme celle de tant de villes du Midi. La croisade des albigeois y fut atroce, et l'Inquisition y exerça implacablement ses pouvoirs de justice. C'est sous ses murs que périt le grand chef de cette croisade inhumaine, Simon de Montfort, et l'on regrette de ne point connaître le nom de la vaillante Toulousaine qui l'occit d'une pierre jetée du haut des remparts. Au XVIᵉ siècle, Toulouse fut la seule ville du royaume à se faire tirer l'oreille pour obéir aux prescriptions libérales de l'édit de Nantes, et il fallut, pour la rappeler à l'ordre, la célèbre algarade d'Henri IV : « C'est chose étrange que vous ne pouvez chasser vos mauvaises volontés. J'aperçois bien que vous avez encore de l'Espagnol dans le ventre (le roi faisait allusion à l'alliance des ligueurs avec l'Espagne)... Je ne suis pas aveugle, j'y vois clair... Je veux être obéi... » Toulouse s'inclina, mais sans joie.

Le pont de pierre.

Bordeaux

« Tout, dans le Bordeaux moderne, respire la grandeur comme à Versailles; tout, dans le vieux Bordeaux, raconte l'histoire comme à Anvers... Cette place royale, qui est tout simplement la moitié de la place Vendôme posée au bord de l'eau, ce pont d'un demi-quart de lieue, ce quai superbe, ces larges rues, ce théâtre énorme et monumental, voilà des choses que n'efface aucune des splendeurs de Versailles... »

Victor Hugo.

Le Bordeaux moderne, dans l'esprit de Victor Hugo, c'était celui du XVIIᵉ siècle, qui avait retrouvé son ancienne prospérité grâce au commerce des îles — celui du sucre, mais aussi des esclaves —, et les intendants du roi Louis XV, le marquis de Tourny et Dupré de Saint-Maur, s'étaient adressés aux plus grands architectes du temps, Jacques Gabriel et son fils Jacques-Ange, ainsi qu'à Victor Louis, pour faire de la capitale de la Guyenne « une ville de majesté ».

« Mais les habitants ont de la peine à remplir leur ville, écrivait un autre poète, Théophile Gautier, en 1840; ils font tout ce qu'ils peuvent pour paraître nombreux; mais toute leur turbulence méridionale ne suffit pas à meubler ces bâtisses disproportionnées; ces hautes fenêtres ont rarement des rideaux, et l'herbe croît mélancoliquement dans les immenses cours. Ce qui anime la ville, ce sont les grisettes et les femmes du peuple; elles sont réellement très jolies : presque toutes ont le nez droit, les joues sans pommettes, de grands yeux noirs dans un ovale pâle d'un effet charmant. »

PORT ANGLAIS

Les familles de Méridionaux, en France, sont bien tranchées. Le Bordelais ne ressemble pas au Toulousain, encore moins au Marseillais. Le Bordelais est un peu snob — il le reconnaît volontiers — et tempère son méridionalisme d'un flegme tout britannique. Son accent ne roule pas comme celui du Languedoc, ne sonne pas à l'espagnole, comme celui du Béarn, c'est un accent du bout des lèvres, retenu, tintant à peine. Le Bordelais se souvient d'avoir été anglais. Sa ville et toute la Guyenne le furent pendant des siècles, à partir du jour où Aliénor d'Aquitaine, s'étant séparée de son mari, le roi de France Louis VII, épousa Henri Plantagenêt, lui livrant ses propres domaines : l'Aquitaine (qui devint « Guyenne », prononcé à l'anglaise), le Périgord, le Limousin, le Poitou, l'Angoumois, la Saintonge, la Gascogne, ainsi que la suzeraineté sur l'Auvergne et le comté de Toulouse. C'était là un beau cadeau et une fort mauvaise affaire pour Louis VII et les Capétiens, surtout quand on apprit, deux mois plus tard, qu'Henri Plantagenêt devenait roi d'Angleterre sous le nom d'Henri II !

Le Grand-Théâtre.

Mais, pour Bordeaux, l'occupation anglaise fut une sorte d'âge d'or. Il est d'ailleurs peu de villes françaises dont la prospérité et le bonheur aient été aussi constants. L'Angleterre se montrait fort peu, représentée par un légat, qui résidait hors la ville, en son château de Saint-Julien, et cette appartenance anglaise représentait pour les commerçants de Bordeaux, ainsi que pour toute la population de la cité et des campagnes, d'énormes avantages économiques. Le vin de la région, que les Anglais appellent « claret », est particulièrement apprécié par les Plantagenêts. Le raisin est chose sacrée — qui

89

L'église Saint-Michel
et la Garonne.

Porte Cailhau.

Fontaine de la place
des Quinconces.

dérobe une grappe a l'oreille coupée — et, en peu d'années après la « conquête », la surface plantée de vignes s'accroît ; par endroit, elle vient submerger les remparts. Tout le monde en profite, à commencer par l'archevêque, dont les vignobles de Pessac et de Lormont se présentent comme des exploitations modèles.

Et ces Anglais, quelle clientèle ! Presque tout le vin de Bordeaux leur était vendu. Deux fois l'an, un convoi d'une centaine de bateaux quittait le port, au printemps, puis au moment des vendanges, vers les premiers jours de septembre. Ils descendaient l'estuaire, saluaient au passage, en amenant la voile, la résidence du légat, allaient compléter leurs cargaisons en vins d'Oléron, puis cinglaient — à l'estime — vers l'Angleterre, quelques bateaux se détachant dans la Manche pour rejoindre les bouches de l'Escaut, de la Meuse, du Rhin, de l'Elbe.

LES QUINCONCES

Rattachée à la France, la Guyenne n'en demeura pas moins liée à l'Angleterre par le cœur et l'intérêt. Le léopard britannique, girouette dorée, n'orne-t-il pas encore la porte de la Grosse-Cloche, beffroi de Bordeaux ? Il fallut toute la diplomatie de Louis XI, venu à Bordeaux en 1461, pour que la plaie de la séparation fût ointe et pansée... Le roi dut confirmer ce que l'Angleterre avait concédé aux bourgeois : la foire, la jurade (ce conseil municipal de négociants), l'université, la franchise des transports fluviaux. Quelques années plus tôt, son prédécesseur, Charles VII, avait fait construire deux forteresses pour surveiller la ville : le fort du Hâ et le château Trompette. C'est sur l'emplacement du château Trompette, qui commandait l'entrée du port, que fut aménagée, sous la Restauration, la célèbre place des Quinconces, dont les Bordelais sont aussi fiers que les Marseillais de la Canebière. Il faut dire qu'il n'en existe pas, en Europe, de plus majestueuse ni de plus étendue.

L'Américain du Sud qui vient visiter la France et l'Europe ferait bien de renoncer à l'avion pour le bateau et d'emprunter une de ces lignes de navigation qui unissent Buenos Aires, Montevideo ou Rio de Janeiro au port de Bordeaux. Il entrerait ainsi en France non par le tumulte parisien, qui ressemble à celui de toutes les grandes villes du monde, mais par une cité dont le caractère, grâce à son architecture, son activité, sa gaieté, serait pour lui comme une introduction privilégiée à la vie française.

La vie quotidienne

Le Français, cet individualiste forcené qui ne veut rien faire comme les autres, n'est jamais parvenu, malgré tous ses efforts, à se dispenser de vivre quotidiennement. On pourrait croire que, victime d'une indiscutable fatalité, il apporte à cet exercice capital toutes les ressources de son génie. Médecins et sociologues prétendent qu'il n'en est rien. Les premiers disent qu'il boit trop, mange trop, les seconds qu'il gaspille son temps et dort 8 h 1/4 par nuit, c'est-à-dire plus que les Américains, les Russes ou les Polonais. En un mot, le Français vit mal, n'en déplaise à l'écrivain allemand qui, un jour, posa cette étonnante question : « Dieu est-il français ? »

Mariage dans un village de la Seine-Maritime.

MÉFIANCE

Les étrangers ont voulu en avoir le cœur net : ils ont parcouru notre hexagone du nord au sud et d'est en ouest, et cependant, si beaucoup ne sont pas restés insensibles à ses charmes multiples, la plupart sont restés perplexes à l'égard du Français lui-même. Il n'hésite pas à vous donner une chaleureuse poignée de main dès la première rencontre, mais il est souvent difficile de faire plus ample connaissance, ce que le major Thompson de Pierre Daninos n'a pas manqué de noter dans ses fameux *Carnets* : « Au bout de dix ans, vous constaterez que vous n'avez jamais passé une nuit sous son toit... En province, on vous avertit tout de suite que c'est très fermé... A Paris, vous n'êtes pas reçu du tout, on vous sort... »

Que voulez-vous, le Français est d'un naturel méfiant, il entoure son jardin de murs ou de grilles et sa vie privée d'une barrière qu'il n'est pas aisé de franchir. Si les architectes d'aujourd'hui prônent la lumière et veulent à tout prix lui imposer, dans ses H. L. M. ou ses immeubles « grand standing », de larges baies vitrées, il n'en continue pas moins à manifester une passion immodérée pour les rideaux et même les doubles rideaux, qu'il prend soin de tirer avant la tombée de la nuit, non sans avoir au préalable fermé ses volets de bois ou de fer — quand il y en a. A Paris même, pour plus de sûreté, veillent encore dans beaucoup de maisons de vénérables cerbères, les concierges, armées de plumeaux et de balais. Mais il leur est difficile d'être partout à la fois. Le jour, hélas!, elles sont « dans l'escalier », et la nuit, comme tout le monde, dans leur lit.

Est-ce la vie moderne, le bruit, les encombrements qui incitent le Français à méditer la pensée de Jean-Paul Sartre : « L'enfer, ce sont les autres » ? Toujours est-il qu'il préfère ne pas prendre de risques, au désespoir de visiteurs qui ont souvent bravé vents et marées pour découvrir le pays de leurs rêves, mais traversent, à leur grand étonnement, des villes et des villages où la plupart des rues sont désertes après huit heures du soir, et les maisons hermétiquement closes.

À TABLE

Le Français, cependant, lorsqu'il ouvre sa porte, se met en quatre pour recevoir ses invités. Partager sa table n'est pas une petite affaire. Dans les familles les plus modestes, on sait apprécier quotidiennement les vertus d'une cuisine qui, pour être régionale, n'en est pas moins de haute qualité. Le Français mange bien, même s'il s'agit d'une grillade

La vie quotidienne

agrémentée de pommes frites et précédée de ces hors-d'œuvre variés — qui sont toujours les mêmes, disait Lucien Guitry. Et avec un peu de chance, la maîtresse de maison servira un de ces plats mijotés — cassoulet, soupe à l'oignon, rognons flambés, cèpes à la bordelaise — qui font la gloire des cuisinières, mais leur attirent les foudres du corps médical.

Les repas ne durent plus cinq heures comme ceux qu'offrait Cambacérès à la haute société du premier Empire, et l'on ne fait plus défiler, devant des gens qui ne sont pas tous des Gargantuas, une cinquantaine de plats avant d'aborder le plat de résistance, comme sous Louis XIV. Il ne faut pas s'y fier, d'ailleurs : certains repas de noces ou certains banquets dominicaux durent encore suffisamment longtemps pour épuiser les convives.

Un Anglais célèbre prétendait qu'on ne peut pas gouverner un pays qui compte trois cent soixante-dix sortes de fromages. L'essentiel est peut-être de savoir gouverner les joies de son estomac, même si c'est au détriment d'un organe typiquement français, le foie, qui alimente tant de conversations et fait vivre tant de pharmaciens. « Posons les principes, lisait-on dans l'*Almanach des gourmands* paru en 1803, vous conviendrez, messieurs, que les plaisirs de la bonne chère sont ceux que l'on connaît le plus tôt, qu'on goûte le plus tard et que l'on peut goûter le plus souvent. Or, pourriez-vous en dire autant des autres ? »

On consomme moins de pain qu'autrefois, mais il est toujours aussi bon, et certains boulangers de New York, dit-on, le font venir tout exprès de Paris ; on boit moins de vin également, mais il est toujours sur la table, et c'est avec une joie non dissimulée que le maître de maison vous confie : « Et maintenant, vous allez me dire ce que vous pensez de mon petit beaujolais. » Quant à l'eau du robinet, eh bien ! le Français la trouve franchement mauvaise et lui préfère l'eau minérale : il en consomme quantité de bouteilles de quantité de marques, et, s'il faut en croire les étiquettes, elles le guérissent de tous les maux de la création.

LES ENNUIS

Un gourmet se pencha un jour vers Norvins, l'historien de Napoléon, et lui dit au creux de l'oreille : « Parlez donc plus bas, mon ami, en vérité on ne sait plus ce qu'on mange. » Il faut avouer

Couple de vieux paysans, en Provence.

Station de métro à Paris.

que dans un pays où le silence est d'or, les gens ont une fâcheuse tendance à parler très fort lorsqu'ils sont à table — chez eux ou au restaurant, et en général tous en même temps, jusqu'au moment où M. Dupont, excédé, fait taire tout le monde en disant : « Mais, enfin, laissez-moi parler ! » Et il a beaucoup à dire : l'heure des récriminations a sonné.

Le gouvernement, quel qu'il soit, a toujours pris l'argent des Français pour le gaspiller : le voilà qui annonce une réforme des impôts, c'est inquiétant. « Car, entre nous, demande M. Dupont à son voisin, si l'on nous assure que les salariés ne seront plus des contribuables de choc, qui va-t-on imposer ? » Et il en profite pour s'en prendre au percepteur, qui a aussi mauvaise réputation dans les villes que dans les campagnes.

Est-ce parce que, sous l'Empire, le percepteur envoyait un garnisaire qui venait s'installer chez les contribuables récalcitrants, pillait leurs poulaillers, buvait leur vin et les dévalisait sans vergogne, sous prétexte de stimuler leur zèle ? Les temps ont changé, mais les percepteurs n'en continuent pas moins à réclamer des sommes astronomiques. « Si encore tout cet argent qu'on fait rentrer dans les caisses de l'Etat servait à quelque chose, continue M. Dupont, mais non : on thésaurise ! Les gens ne savent plus où se loger et l'on freine la construction sous prétexte qu'il y a des milliers d'appartements vides ! On nous raconte que les Français en ont assez des grands ensembles, c'est bien possible, mais la maison individuelle revient beaucoup plus cher, et puis un jardin, il faut l'entretenir ! Enfin nous

Devant la boulangerie.

Atelier d'une maison de couture.

avons des voitures, c'est entendu, mais où peut-on s'en servir? En ville, c'est fini, et sur les routes — ne parlons pas des autoroutes — non seulement les accidents nous guettent, mais aussi les gendarmes! »

Il est vrai que le portrait du paisible brigadier à moustache, suivi de son éternel pandore, ne correspond plus tout à fait à la réalité. La police est intraitable? Pas toujours et, dans *la Traversée du XXᵉ siècle*, Jean Nohain raconte cette histoire survenue à Henri Tisot, dont on arrête la voiture à un carrefour : « Excusez-moi, monsieur l'agent... le feu n'était pas au rouge... Il était encore à l'orange... » Et l'agent lui répond : « Oui, oui, à l'orange peut-être... mais il m'a bien semblé que votre orange était un peu sanguine! »

M. Dupont aborde maintenant un douloureux chapitre, celui du téléphone. Certain chansonnier affirmait, il n'y a pas si longtemps, que pour obtenir la province il fallait passer par New York. Or, pour compliquer la situation, l'Administration des postes et télécommunications a non seulement changé le ronronnement de la sonnerie auquel chacun était habitué, mais, dans la Seine, elle a supprimé les indicatifs que tous les Parisiens connaissaient par cœur. Fini le bon vieux temps des Littré, Kléber, Danton et Mac-Mahon, qui ne sont plus de mise à l'époque de l'électronique! Le Français, décidément, s'accommode mal des changements qu'on impose à sa vie quotidienne et, dans un domaine aussi

**Marchandes de poissons
à Marseille.**

sérieux que celui de la monnaie, c'est au tour des « Finances » de lui jouer une mauvaise plaisanterie. « Pourquoi vouloir nous prouver, tonne M. Dupont, que 100 francs valent 1 franc et 50 francs 50 centimes? Pour qui nous prend-on? pour des machines à calculer? Le résultat, ajoute-t-il en saisissant le bras de son voisin, c'est que la France est le seul pays au monde où, en tendant un billet de 10 francs à quelqu'un, vous puissiez lui dire en toute honnêteté : tenez, voilà 1 000 francs... »

LES FEMMES

« Vous imaginez-vous enfin, conclut M. Dupont en toisant son épouse, que les femmes représentent 53 p. 100 du corps électoral et que 96 p. 100 d'entre elles votent n'importe comment? »

Elles votent pour des images, précisent les sociologues, les arguments ne

comptent pas et l'incertitude règne perpétuellement au sein des états-majors politiques quant au moyen de les convaincre. Elles n'ont pas encore atteint la maturité politique, peut-être, mais il est impossible de les ignorer : c'est leur nombre qui décide. M. Dupont est inquiet, il se croyait le maître chez lui et découvre soudainement que le sexe « faible » ne l'est plus, qu'il faut désormais compter avec lui. Que va-t-il advenir de la réputation des Français? Dans ce pays de séducteurs, qui se croient irrésistibles parce qu'ils ont le geste vif, la parole facile, l'œil pétillant, les femmes ne sont-elles pas censées tomber dans les bras de l'homme quand il le désire et lui obéir lorsqu'il les épouse? Mais depuis longtemps Mᵐᵉ Dupont n'écoute plus son mari. Bavarde et curieuse, elle potine.

Les Françaises, comme toutes les femmes, ont beaucoup à faire : le mé-

La vie quotidienne

nage, les courses, les enfants, les accaparent toute la journée. Même si les sociologues prétendent que celles qui ne travaillent pas y perdent deux fois plus de temps que les autres. Il est vrai que ces dernières — elles occupent pour la plupart des postes subalternes parce que les chefs d'entreprise n'en veulent pas aux leviers de commande — n'ont pas une minute à elles et poussent de

La pétanque à Avignon.

hauts cris quand on les accuse de s'abandonner au sommeil un quart d'heure ou vingt minutes de plus qu'ailleurs.

« Pour être à 8 heures au « pointage », écrit une lectrice de *France-Soir* qui habite près de Paris, à Aulnay-sous-Bois, les habitants de la banlieue doivent partir de chez eux entre 5 h 30 et 6 h. Quittant leur travail à 18 h 30, ils ne rentrent qu'à 20 h, parfois 20 h 30, heure où tous les commerçants sont fermés. Les femmes doivent alors faire la cuisine pour le mari et la famille. Il leur est bien difficile d'être couchées avant 23 h. Celles qui, par chance, se mettent au lit plus tôt sont dans l'impossibilité de dormir parce que, dans des immeubles qui résonnent, la télé du dessous « hurle », la voisine fait la vaisselle ou met en route la machine à laver, le locataire du dessus déplace ses meubles. Dans tout cela, je ne vois pas comment on dort si longtemps... »

LA MODE

Les femmes ont la vie dure ; combien d'hommes le comprennent ? M. de Camors, le héros du roman d'Octave Feuillet, ne se posait pas la question. Il avouait le plus simplement du monde : « Je me lève généralement le matin... Je vais au Bois, puis au cercle, et puis au Bois et je retourne au cercle... S'il y a le soir une première représentation quelque part, j'y vole... »

C'était la Belle Epoque, et M. de Camors courait ainsi au bois de Boulogne parce que non seulement les Parisiens, mais surtout les Parisiennes qui constituaient le Tout-Paris d'alors s'y rencontraient, s'y saluaient et... s'y dénigraient. Les toilettes étaient épiées, admirées, on les trouvait plus légères que les fameuses robes du second Empire, terreur des directeurs de théâtre, puisqu'un théâtre de 900 places, en effet, n'en comptait plus que 400 quand ces dames arrivaient en crinoline...

Les toilettes sont plus simples aujourd'hui qu'autrefois, les jupes ont singulièrement raccourci, mais la mode parisienne n'en continue pas moins d'être un centre d'attraction international pour une foule de journalistes et d'acheteurs étrangers, qui viennent à Paris, en plein mois d'août par exemple, pour voir des mannequins porter des manteaux de fourrure et présenter la mode d'hiver.

« J'ai toujours été élevée dans les chiffons, raconte un célèbre mannequin devenu modéliste. Ma mère était couturière et les huit ans que j'ai passés chez Dior m'ont beaucoup appris. Mais j'ai contracté de mauvaises habitudes. Quand le maître créait, rien n'était trop beau. Il avait tout à sa disposition : tissus, exécutants, ouvrières ... »

Les Françaises, pourtant, sont souvent les dernières à porter des modèles que l'on crée de moins en moins pour elles et de plus en plus pour les autres. Les grands couturiers sont peu nombreux, alors que les petites couturières sont légion. Grâce à elles, les femmes, qui finalement s'habillent beaucoup plus simplement qu'on ne le croit à l'étranger, conservent tout de même un certain chic, un certain charme, une certaine élégance, qu'on discute peut-être, mais qu'on envie toujours.

LES ÉTUDES

Mme Dupont ne travaille pas, du moins pas à l'extérieur. Elle passe beaucoup de temps chez elle, dépense plus facilement son argent au marché que chez le coiffeur, lit des magazines qui traitent de mode et de décoration, et consacre une bonne partie de la journée à l'éducation de ses enfants.

On dit que les Américains ont la passion des enfants et leur laissent tout faire dès l'âge de trois ans ; que les Anglais sont, au contraire, beaucoup plus stricts avec les leurs, qu'ils envoient en pension dès leur plus jeune âge, et ne les revoient pratiquement plus, en dehors des vacances. Les Français procèdent différemment. Ils n'envoient que rarement leurs enfants en pension, mais les mettent par contre le plus tôt possible sur les bancs de l'école, où on semble

Une partie de cartes au café.

Étudiants, boulevard Saint-Michel, à Paris.

leur imposer des programmes de plus en plus chargés, qui non seulement révoltent les mères de famille, mais font l'objet de controverses sans fin sur le plan national, qu'il s'agisse de la réforme des examens, de l'enseignement des mathématiques ou de l'enseignement tout court, de A jusqu'à Z. « Les écoles, disait Sacha Guitry, sont des établissements où l'on apprend aux enfants tout ce qui est indispensable pour devenir des professeurs. »

On dit que le Français est un monsieur qui ne sait pas la géographie; ce n'est pourtant pas faute de la lui avoir enseignée et même rabâchée quand il était jeune; on lui apprend aussi l'histoire des pharaons, à l'âge de dix ans, puis l'histoire grecque, l'histoire romaine et l'histoire de France; on lui fait faire cinq heures de latin par semaine, puis viennent les mathématiques, les sciences naturelles, et bientôt la littérature, avec son cortège de grands noms, de Pierre

Corneille à Victor Hugo. A quinze ans, il disserte déjà sur la passion incestueuse de Phèdre pour Hippolyte, mais qu'importe le sujet, puisque les vers sont de Racine!

Le Français est aussi un monsieur qui a beaucoup d'enfants depuis la guerre. Il y a maintenant 11 millions et demi d'écoliers, et si l'instruction publique est gratuite, le nombre des écoles est limité, comme celui des maîtres, et les examens d'entrée d'abord et de sortie plus tard sont le cauchemar permanent non seulement de beaucoup d'enfants, mais de la plupart des parents. Tous les soirs, M. Dupont étudie sagement la « théorie des ensembles » pour être en mesure de l'expliquer à sa plus jeune fille; Mme Dupont tremble en pensant au baccalauréat que son fils doit passer à la fin de l'année. Et il ne s'agit souvent que d'une étape, la première, avant l'université ou les grandes écoles.

Depuis 1968, les Français ont beaucoup épilogué sur la lame de fond qui a soulevé les jeunes et en partie balayé des institutions remontant à Napoléon Ier. Ils croyaient leurs enfants indifférents à la politique et les ont trouvés prêts à faire la révolution. Depuis lors, la contestation, admise officiellement au lycée et à l'Université, s'est implantée jusque dans les familles.

LES JEUNES ET LEURS PROBLÈMES

« Nous n'y comprenons rien, explique une mère de famille dans l'Express, notre petit garçon de l'an passé est devenu un étranger. Il nous fuit. Il évite toute conversation. Il disparaît du matin au soir. Plus rien ne compte pour lui que les copains. » Et une autre se lamente que son fils de treize ans applique à la lettre les théories d'un chanteur à succès, qui crie plus qu'il ne chante : « Je fais ce que je veux... » Est-ce l'influence de la jeunesse américaine, ou celle des Beattles de Liverpool, ou tout simplement l'inévitable résultat de cette vie de plus en plus mécanisée que nous menons? Les 5 200 000 adolescents français ne portent pas, pour la plupart, les cheveux longs et les mini-jupes de leurs idoles; ils n'en vivent pas moins dans un monde à part, le monde des « copains », le monde des « tubes » et des « blue-jeans ». On parle voiture de sport, on veut aller vite, et l'on se révolte à la pensée que les compagnies d'assurances infligent un tarif spécial aux jeunes et que le gouvernement leur impose de conduire plus lentement que les

Salle de lecture à la Bibliothèque nationale.

La vie quotidienne

autres, alors que les idoles conduisent des Alfa-Romeo, des Ferrari ou des Ford « Mustang ». Mais le monde des copains est aussi un monde sérieux. Garçons et filles discutent, lisent, travaillent, réfléchissent : « ils en veulent ». Ils ne sont pas toujours d'accord, mais ils arrivent tous à la même conclusion : « Les vieux ne sont plus dans le vent ! » « Je cherche un mari », disait une jeune fille. « Tu ferais mieux de chercher un célibataire », rétorqua sa meilleure amie. La question, en tout cas, ne se posait pas au siècle dernier, où le problème incombait essentiellement aux parents. Les jeunes filles sortaient du couvent pour apprendre qu'on avait

décidé de leur sort et les fiançailles — « les grandes manœuvres du mariage », écrit Salacrou — obéissaient à un cérémonial rigide. La demande était faite par l'entremise d'une personne qui portait l'habit et les gants réglementaires, les fiancés ne devaient jamais se voir seuls, et quelques jours avant la date fatidique le père de la jeune fille et son futur gendre partaient en voiture déposer chez leurs amis et connaissances leur double carte cornée. Ou du moins, ils la donnaient au portier, car les deux hommes ne descendaient pas de voiture et passaient l'après-midi à bavarder... ou à se disputer. Ils avaient tout le temps de faire connaissance, mais ils n'avaient plus le temps de changer d'avis : on ne reprenait pas les cartes cornées.

A la campagne, les gens de cette époque-là vivaient plus simplement : les *approches nuptiales* se faisaient à *la muette*. Dans *J'ai vu vivre la Provence*, Armand Lunel raconte comment Baptistin parvint à séduire Baptistine. « Sous les platanes de la promenade, elle était seule sur le banc le plus écarté. Il est allé prendre place à l'autre bout; ainsi, l'entre-deux restait vide, honnêtement. Sans dire un mot, sans lui jeter le moindre coup d'œil, sans même pousser un soupir, il s'est baissé, il a ramassé dans la poussière une douzaine de cailloux à peine plus gros que des noisettes; il les a essuyés bien proprement sur le bord de sa veste et, toc-toc-toc, il les a lancés dans le tablier de Baptistine qui, sans dire mot, sans lui jeter le moindre coup d'œil, sans même pousser un soupir, les lui a renvoyés un à un... » Mais pourquoi évoquer le passé, alors qu'on se marie si facilement de nos jours — pour le meilleur et pour le pire — et que les parents sont quelquefois les derniers informés des intentions de leurs enfants?

UN NOUVEAU TYRAN : LA TÉLÉVISION

Les Français ne sont pas comme les Anglais. Ils ne prennent pas de copieux « breakfasts » le matin, mais du café au lait avec un croissant ou tout simplement du pain et du beurre. Ils ne sont pas comme les Allemands ou les Suisses : ils vont au bureau plus tard, mais en reviennent généralement plus tard aussi, à six heures ou six heures et demie au lieu de cinq heures, à cause de la pause du déjeuner que M. Dupont a toujours considérée comme sacrosainte. Mais tout change, on la supprime déjà dans certains secteurs de la vie publique et la « journée continue » a de plus en plus d'adeptes. Le sandwich va-t-il remplacer le bifteck-pommes frites? Ce n'est pas impossible, c'est même probable.

Le monde moderne a profondément modifié le rythme de la vie française. Les emplois sont moins stables qu'autrefois et des ingénieurs qui perdent leur situation à quarante-cinq ans ne sont pas absolument sûrs d'en retrouver une : on leur préfère des hommes plus jeunes. Le niveau de vie s'améliore pour une immense classe moyenne, qui est en train d'absorber toutes les autres, mais la compétition est plus dure, à Paris comme en province.

Que ferait-on sans loisirs et surtout sans les cafés, les innombrables cafés, qui

Jardin public :
le Luxembourg, à Paris.

sont des havres de paix et qui ne sont pas tous tenus par des Auvergnats ? On connaît le patron, on y a ses habitudes et, en dépliant son journal, on y oublie ses propres soucis pour se plonger dans ceux des autres. C'est encore Carmen Tessier, la commère de *France-Soir,* qui raconte cette histoire marseillaise : Marius est « monté » à Paris, mais il n'a pas l'intention de se laisser épater par la capitale. Il s'installe à la terrasse d'un grand café des Champs-Elysées et commande d'un ton péremptoire : « Garçon! un pastis et le journal de la « localité... »

Si beaucoup de Français, de sept à soixante-dix-sept ans, se plongent avec délices dans les aventures d'un Gaulois qui n'est jamais content et qui s'appelle Astérix, beaucoup plus encore s'installent dès huit heures du soir devant leur poste de télévision : ils sont 20 millions à être subjugués par ce nouveau tyran de la vie domestique. Peu importe que la soupe soit trop salée ou le rôti brûlé : ils ne savent plus ce qu'ils mangent, ils regardent les images succéder aux images et se passionnent davantage — dit-on — pour les films, les grands reportages ou les feuilletons dramatiques que pour les opérettes, la politique, les conseils de cuisine ou même le sport.

SPORTS, LOISIRS ET CHÂTEAUX EN ESPAGNE

« La France entière, écrit pourtant Daninos, court avec les jambes de Jazy, crawle avec Claude Mandonnaud, se met sur le dos avec Kiki Caron, dévale les Andes avec Périllat, grimpe le Galibier avec Poulidor, dribble avec Kopa, saute la banquette irlandaise avec Jonquères d'Oriola et s'accroche au Dru avec les sauveteurs de Chamonix. » Si la population encourage ainsi ses champions et si le gouvernement — suprême récompense — les décore de la Légion d'honneur, il faut reconnaître cependant que la plupart des Français préfèrent les joies plus calmes de la pétanque (10 millions d'adeptes) ou de la pêche à la ligne (4 millions de pratiquants). Il faut aussi ajouter que tous les ans, à l'automne, on assiste à la mobilisation générale des chasseurs, qui décrochent leur fusil, lâchent leurs chiens et battent la campagne, gibier ou pas gibier.

Enfin, dans ce domaine des loisirs, ce n'est pas faire insulte au génie national que d'affirmer que le Français consacre plus de temps à la culture de son jardin qu'à celle de son esprit. On jardine beaucoup en France, et les plus modestes qui n'ont pas la chance de

Le « zinc » d'un café-restaurant.

posséder un coin de terre pour y faire pousser des salades se font un devoir d'entretenir, sur leur balcon ou le rebord des fenêtres, trois tulipes et un géranium.

Et, si rien ne va plus, on bâtit des châteaux en Espagne... qui se réalisent quelquefois. « Je ne dors plus, j'ai le cœur qui me pince, dit un chômeur de Saint-Brieuc. Je savais qu'il allait me tomber quelque chose sur le crâne... Avec un dixième de la Loterie nationale, j'ai gagné autant qu'en vingt ans de travail. » Disons tout de suite que les élus sont rares et que de nombreux Français préfèrent tenter leur chance ailleurs. Ils éprouvent une nouvelle passion : celle des chevaux, non pas tant pour les monter que pour les jouer, chaque dimanche, au tiercé. « Au point de civilisation où nous sommes, écrit Philippe Bouvard, il n'y a guère que deux endroits qui puissent rapprocher les hommes, ce sont les champs de courses et les champs de bataille. » Il y a en tout cas, en France, beaucoup plus d'amateurs pour les premiers que pour les seconds.

Barques de pêcheurs sur la Seine.

À *gauche* : dentellières à Saint-Guénolé, en Bretagne. — *Ci-dessus* : Joueur de vielle en Auvergne et jeune fille en costume savoyard (haute Maurienne).

Les traditions

Les traditions, danses et costumes des provinces de France sont extrêmement variés. Ce sont les campagnes qui en ont conservé le souvenir le plus fidèle et qui les reprennent à l'occasion des fêtes. Chaque étape de l'année est ainsi marquée, selon les régions, par des manifestations populaires.

NOËL DE PROVENCE

Noël est célébré dans toute la France, mais plus spectaculairement en Provence : des cortèges de bergers, venus adorer l'Enfant-Dieu et dont les tambourinaires et les joueurs de flûte rythment la marche, se déroulent, ce jour-là, dans le village des Baux, à Saint-Rémy-de-Provence, Arles, Aix, Saint-Maximin... et l'on chante les vieux noëls écrits au XVIIe siècle par le musicien-poète de l'église Saint-Pierre d'Avignon, Nicolas Saboly :

> Din aqueou benhura moument,
> La Vierge era dins un estable (1)...

Une crèche est construite non seulement dans les églises, mais dans chaque foyer — coutume née en Italie, grâce à saint François d'Assise, et qui s'est répandue en Provence, il y a cinq cents ans. Dans un coin de la salle à manger — ou de la cuisine —, des morceaux de carton reproduisent la colline et la grotte où se trouvait l'étable biblique (une plaque de verre figure un lac étincelant) et, dans ce décor, sont plantés les santons (petits saints), en marche vers cette étable. Ce sont des faïenciers, sous Louis XV, qui les ont créés en les habillant à la mode du temps. Une foire aux santons se tient toujours à Marseille. Ces petits bonshommes sont fabriqués dans les régions d'Aubagne, de Saint-Zacharie, de Roquevaire, par des artisans qui pétrissent leurs modèles dans l'argile et les enferment dans un moule de plâtre : de ces moules vont sortir d'innombrables silhouettes populaires : il y a la fileuse tenant sa quenouille, la lavandière, sa corbeille sur la tête, l'aveugle avec son bâton, la marchande de poissons portant ses balances, le tambourinaire, le meunier, le vannier, l'aiguiseur de couteaux, la bohémienne et les paysans endimanchés offrant les produits de leur sol : courges rutilantes, chapelets d'oignons, poulets, merlusses, fougasses et pains de sucre, sans oublier les draps blancs pour l'Enfant Jésus...

RÉVEILLON ET CACHO-FUÉ

Le réveillon de Provence, lui aussi, est typique : c'est un repas maigre qui réunit les familles avant la messe de minuit. La nappe doit être décorée de fusain, de laurier et de houx. Un *calendo* de myrte surmonte les pains de Noël. Le blé de Sainte-Barbe et les lentilles, mis à germer quinze jours plus tôt, égaient le couvert, et la rose de Jéricho, fleur desséchée, placée dans un verre d'eau, refleurit pour un soir. Dans un plateau de métal brûle un charbon, symbole de la pureté résistant au démon, et une place de la table doit

(1) *Dans ce bienheureux moment,*
   La Vierge était dans une étable...

Ci-dessus : à Nice,
le char de
Sa Majesté Carnaval.

À gauche : musicien
lors de la fête de Noël,
en Provence.

rester vide « pour le voyageur égaré ».
Le repas commence par le baptême de
la bûche dans la cheminée et son
embrasement, ou *cacho-fué*, après que
l'aïeul — ou le plus jeune — de
l'assemblée a versé sur elle quelques
gouttes d'huile d'olive ou de vin.
Le dîner qui suit ne doit pas comporter
de viande (aujourd'hui encore, dans les
villages du Vaucluse, des Bouches-du-
Rhône, du Var et des Basses-Alpes, ce
rite est scrupuleusement observé), mais
il n'en est pas moins savoureux. Il comporte la soupe au poisson, la merlus-
sade, les escargots, les ignocs — ou
gnocchi — à la sauce de noix, la tourte
aux herbes ou à la courge, le gâteau
de Savoie (hommage au comté voisin
de la Provence?), dont on garde, dans
un linge, la *part des âmes*, offrande aux
morts.
Viennent ensuite les treize desserts de
rigueur : la fougasse, faite de farine,
sucre, citron, fleur d'oranger et huile
d'olive (jamais de beurre), le nougat,
si symbolique qu'on l'appelle en
Avignon : les *cloches de Noël*, la *cro-
quante*, nougat dur fait d'amandes et
de sucre caramélisé. Puis les *quatre
mendiants*, ainsi nommés parce que
leur couleur brune rappelle l'habit des
ordres mendiants au Moyen Age :
ce sont les figues sèches (francis-
cains), les raisins secs (dominicains), les
amandes (carmes) et les noisettes (au-

gustins). Voici ensuite les dattes, connues
en Provence dès le XVᵉ siècle, les man-
darines et oranges, dont on allume les
écorces coupées en deux, pour y faire
brûler une mèche trempée d'huile ; les
châtaignes bouillies, les *calissons* et *bis-
cottins* d'Aix, le tout arrosé de clairette
du Languedoc chère à Mistral, de châteauneuf-du-pape, ou de vin des côtes
de Provence, sans oublier l'eau-de-vie
de marc.
La coutume veut encore qu'à la fin du
repas on éteigne les lumières, afin que,
dans l'ombre, pour éviter toute humiliation, les adversaires qu'une querelle a
séparés au cours de l'année, se récon-
cilient, car cette nuit est la « nuit du
pardon ».

CARNAVAL A NICE

Le Carnaval, explosion de gaieté avant
les austérités du Carême, est fêté, lui
aussi, dans de nombreuses villes de
France, mais surtout dans le Pays
basque, les Bouches-du-Rhône, le Var et
les Alpes-Maritimes.
A Nice, les carnavaliers travaillent
toute l'année à la confection des chars
gigantesques qui porteront S. M. Carnaval, sa femme, sa suite, et célébreront
des événements politiques ou sportifs.
Derrière ces chars, une foule de masques
et de grosses têtes comiques, portés
par des volontaires, danse et chante

lors de l'arrivée du roi (généralement
un jeudi) et de ses promenades dans
la ville, les deux dimanches suivants
et le Mardi gras.
La fête se déroule dans des flots de
confetti de papier et, le Mardi gras
seulement, on échange, dans la Vieille
Ville, des *bonbons*, ou confetti de
plâtre, au cours de véritables batailles.
Projetés avec vigueur, ces petits projec-
tiles cinglent les masques de fil de fer
que portent les combattants, aveuglés,
mitraillés, étouffés par la poussière.
Malheur à qui s'aventure, vêtu d'un
costume foncé, dans l'enceinte réservée
au corso de plâtre. Il n'a plus qu'à
s'enfuir et à courir chez le teinturier.
Un *veglione*, bal costumé, et une
redoute (où les déguisements doivent
être de deux couleurs, choisies par le
Comité des fêtes) se déroulent dans la
dernière semaine de Carnaval — lequel
est brûlé, le soir du Mardi gras, en place
publique et exhale son âme de carton-
pâte, tandis que la foule des masques
chante : « *Adiou, pobre Carnaval!* »

... ET AU PAYS BASQUE

Dans toute la région comprise entre
l'Adour et la Bidassoa, habitée par la
population euskarienne, dont les origines restent enveloppées de mystère,
le Carnaval est aussi salué par des manifestations importantes. Il ne comporte
pas de chars, mais des défilés et danses
caractéristiques du folklore basque.
Chaque danseur a sa fonction : il y a le
sapeur, le tambour-major, le seigneur et
son épouse, les Kachkarots et les

Les traditions

Volants, qui forment le corps de ballet et entourent cinq figures traditionnelles : le Gathuzain, homme-chat qui joue avec des ciseaux de sorcière ; le Tcherrero, à la ceinture ornée de sonnailles, qui brandit un balai de crins de cheval ; la Kantiniersa, cantinière en jupe courte, avec son tonnelet (c'est toujours un homme) ; l'Enseinari, ou porte-drapeau ; le Zamalzain, cavalier-cheval, vêtu de rouge et portant autour des hanches un caparaçon de soie et de dentelles sur une armature d'osier (le chibalet), terminé par une mince tête de cheval.

Ces danseurs : les *Beaux*, sont suivis des *Noirs*, chaudronniers, rémouleurs, gitans, pauvrement vêtus et qui parodient les danses des autres. Le cortège se répand dans les rues, prend d'assaut les barricades dressées sur son passage, rend visite aux notables et enfin se regroupe sur la place pour exécuter ses grandes danses : danse de l'épée et danse du verre, où chacun bondit autour d'un verre de vin posé sur le sol, sans le heurter.

Viennent ensuite les *fonctions*, danses et scènes mimées et parlées, auxquelles participent les Noirs.

LES PROCESSIONS DU VENDREDI SAINT

Mais, le Carnaval fini, le temps de Pâques va voir se dérouler des processions plus solennelles. Celles du Vendredi saint sont particulièrement suivies en Roussillon, et surtout en Corse, où les pénitents, habillés de longues capes et la tête couverte d'une cagoule, portent une statue du Christ.

Devant eux, défaillant presque sous le poids d'une énorme croix, marche le Catenaccio, figurant le Sauveur marchant au supplice. C'était autrefois un bandit d'honneur qui, ayant assouvi une vengeance et pris le maquis, se mêlait, sous la cagoule, à ses frères, pour demander le pardon de ses péchés.

Dans les villages corses, on croyait encore, au XIXᵉ siècle, que la procession du Vendredi saint mettait en fuite les gramanti — esprits qui vivent dans les brouillards et pénètrent parfois dans les maisons dont la porte est mal close et le bénitier vide —, ainsi que les stryges, vampires qui s'attachent comme des sangsues au cou des petits enfants, et les acciaccatori, démons logés dans des corps d'homme, mais qui s'en évadent, la nuit, pour attaquer les passants attardés.

Fanfare en tête d'un cortège folklorique, en Alsace.

Course landaise à Eauze, dans le Gers.

LE PÈLERINAGE DE SAINTE-ODILE, EN ALSACE

Tout autre est la cérémonie qui groupe, en Alsace, le Samedi saint, des pèlerins autour du monastère de Sainte-Odile. Il est situé sur une hauteur d'où l'on embrasse toute la plaine alsacienne et les Vosges, et l'on y vient, la veille de Pâques, attendre le retour des cloches. Beaucoup d'Alsaciens et d'Alsaciennes portent alors leur costume national : les femmes ont sur la tête le grand nœud de moire noire souvent piqué d'une cocarde tricolore ; leur corsage est blanc, avec des manches courtes ornées de dentelles, serré dans un corselet de velours noir. La jupe, rouge ou verte, coupée au bas d'une bande noire, est complétée par un tablier de couleur et un châle de soie noir à franges.

Les hommes portent une toque de fourrure, une chemise blanche à cravate noire, un gilet rouge à boutons dorés et un pantalon noir ou brun.

Dans la châsse du monastère est couchée une statue de cire de l'abbesse Odile, le visage rose sous son voile, vêtue d'un manteau violet doublé d'hermine, et tenant une crosse d'or. Devant le monument se trouve une terrasse où les fidèles se réunissent, quand le temps est clair, pour contempler l'admirable paysage. Au temps où l'Alsace était allemande, ils récitaient une prière, que cite René Bazin dans son roman *les Oberlé* :

Feria aux Saintes-Maries-de-la-Mer.

Arlésiens en costume.

« Mon Dieu, nous voyons de votre Sainte-Odile presque toute la terre bien-aimée, nos villes, nos villages, nos champs, mais elle n'est pas toute ici et, de l'autre côté des montagnes, c'est aussi la terre de chez nous. Mon Dieu, nous avons souffert dans nos corps, dans nos biens ; nous souffrons encore dans nos souvenirs. Faites durer ces souvenirs, cependant, et que la France non plus n'oublie pas. »

ON « TOURNE LE MAI »

Le mois de mai, qui symbolise le règne du printemps, est marqué par des fêtes d'origine païenne, dans de nombreuses provinces : en Picardie et dans l'est de la France, où de petites *Reines de mai* défilent, vêtues de blanc (dans l'Ain, le même cortège était précédé naguère d'un jeune garçon tout habillé de branches vertes) ; en Périgord, où les amoureux vont planter un arbre de mai devant la maison de leur promise ; en Provence, où, pendant tout le mois, garçons et filles « tournent le mai », c'est-à-dire dansent sous un motif fleuri suspendu aux carrefours et illustrant parfois un épisode de l'histoire locale. Ils chantent de vieilles chansons du pays, comme *Le papillon qui vole* ou *la Belle de mai*, qui date du Moyen Age ; ils portent le costume provençal, légèrement varié selon les régions.

En Basse-Provence, ce costume comporte, pour les femmes, une coiffe de mousseline, une chemise de toile, un corselet en piqué, un cotillon matelassé de coton, un tablier d'indienne ou de soie. Les Arlésiennes ont une haute coiffe empesée et un fichu de dentelle, les Niçoises un grand chapeau de paille orné de dessins de velours noir.

Pour les hommes, la chemise est blanche, le gilet à fleurs, le pantalon de velours beige ou marron, avec une large ceinture (taillole) rouge ou bleue, et un petit chapeau noir.

Les danses provençales sont nombreuses : notons les *jardinières,* où les garçons portent des arceaux fleuris sous lesquels passent les filles, tenant des corbeilles de fruits — les *cordelles,* danses de métier où les danseurs tiennent chacun un ruban de couleur pendu à un mât — la *farandole* enfin, longue chaîne de jeunes — et vieilles — gens se déplaçant sur la gauche en serpentine ou en escargot (spirale).

LE PÈLERINAGE DES SAINTES-MARIES-DE-LA-MER

C'est aussi au mois de mai — et dans les mois suivants — qu'ont lieu les fêtes de la mer, dont l'une des plus connues est le pèlerinage des Saintes-Maries-de-la-Mer, en Camargue.

En l'an 42 après J.-C., sainte Marie Jacobé, sainte Marie Salomé et leur servante noire, Sara, abordaient dans une barque, à l'endroit où les deux embouchures du Rhône formaient un îlot. Elles venaient pour « faire aimer le Sauveur », qu'elles avaient connu, et fonder en Camargue une communauté chrétienne.

A leur mort, le culte des trois saintes se développa dans toute la région et les pèlerins affluèrent, surtout au XVe siècle, car des fouilles ordonnées par le roi René avaient permis, en 1448, de retrouver les corps miraculeusement conservés des deux Maries et de Sara. On ne peut dire exactement depuis quand les Bohémiens du monde entier viennent honorer cette dernière, leur

Les traditions

patronne, mais ils arrivent chaque année par milliers aux Saintes-Maries-de-la-Mer, en mai et en octobre.

Les cérémonies commencent par une messe célébrée le 24 mai dans l'église où sont exposées les châsses contenant les reliques. Une veillée suit, jusqu'à une heure du matin, où une nouvelle messe est dite, en attendant la grand-messe de 10 heures, à laquelle assistent les gardians de Camargue, montés sur leurs petits chevaux. Puis les statues des saintes sont portées jusqu'à la plage et le clergé bénit la mer. Les fêtes du mois d'octobre (le dimanche le plus proche du 22, date du martyre de sainte Marie Salomé) sont identiques et durent aussi deux jours.

BÉNÉDICTIONS DES FLOTS ET PARDONS DE BRETAGNE

Sur la côte du Morbihan, c'est le 24 juin, jour de la Saint-Jean, que, dans chaque village, la population endimanchée descend vers le port. Les femmes ont d'abord entendu la messe, tandis que les hommes faisaient leurs préparatifs de départ. En sortant de l'église, les prêtres qui ont officié montent dans une chaloupe, qui s'éloigne tandis qu'ils chantent l'*Ave maris stella*, dont femmes et enfants, agenouillés sur le rivage, répètent en chœur les paroles.

La barque sacerdotale vogue vers la haute mer et des centaines de barques s'élancent dans son sillage. De tous les petits ports, des flottilles viennent ainsi au rendez-vous, à mi-chemin de l'île de Groix, dans la passe la plus dangereuse de ce coin de l'Atlantique, dit *le Coureau*.

Sur le pont du bateau pilote, un autel est dressé et les membres du clergé de Groix s'alignent devant lui. La bénédiction de la mer commence; tandis que, dans les barques, les marins chantent des cantiques, l'officiant asperge les flots d'eau bénite, puis les chants continuent pendant les manœuvres du retour.

Aux mois de juillet et d'août se déroulent, dans de nombreux coins de Bretagne, les pardons, dont le cérémonial varie selon les endroits. L'un de ces pardons les plus fameux est celui de Sainte-Anne-de-la-Palud, église qui se dresse, solitaire, au sommet d'une colline chauve dominant le paysage de la baie de Douarnenez. En temps ordinaire, le site n'est guère peuplé, mais, le dernier dimanche d'août, des tentes sans nombre surgissent autour du

Un grand Pardon en Bretagne.

sanctuaire, donnant l'impression d'un campement de marins, car souvent elles s'appuient sur des rames plantées dans le sol et sont construites avec des voilures de bateau. Des véhicules de toutes sortes — autos, camions et charrettes — sont rangés autour du camp et le grondement de la mer se mêle au murmure de ces milliers de pèlerins.

Quand les cloches sonnent, la procession se met en route vers l'église, dont la flèche est pavoisée. Sur les falaises s'avancent les prêtres aux chasubles de couleurs éclatantes, les porteurs de bannières au justaucorps galonné de velours et brodé d'argent; ensuite, les filles et femmes de pêcheurs, vêtues de leurs costumes de fête. La coiffe des femmes varie selon les villages : bonnets à brides, ronds ou carrés, simples béguins de toile ou édifices compliqués, mais les tabliers sont généralement noirs, sur des robes beiges, et les châles

noirs aussi, en soie ou en cachemire. Ces Bretonnes portent sur leurs épaules les statues des saints et saintes qui protègent les marins; elles sont suivies des *veuves de la mer*, toutes en deuil et portant des cierges éteints. Enfin viennent les *sauvés*, dans le vêtement qu'ils avaient le jour où ils ont échappé au naufrage en implorant sainte Anne; ils sont souvent pieds nus, le pantalon retroussé, la vareuse maculée de taches.

LES GÉANTS DU NORD

A ces fêtes religieuses et saisonnières, on peut rattacher celles des *Géants du Nord*, qui marquaient autrefois le début des moissons — et remonteraient au temps des Gaulois, car les grands mannequins vêtus de feuillage figuraient, dit-on, dans le culte célébré par les druides.

A Douai, c'est la procession du géant Gayant, qui avait lieu récemment encore dans la ville, le dimanche le plus voisin du 6 juillet. Gayant est un mannequin d'osier de 22 pieds, costumé en chevalier de la Renaissance : casque, cuirasse, cotte de mailles, gantelets, cuissards, rapière, ... un manteau de pourpre flottant sur les épaules et une jupe de même couleur couvrant le bas du corps; Mme Gayant l'accompagne, attifée en châtelaine de la même époque : bonnet à la Marie Stuart, large fraise; elle est plus petite (18 pieds), et les enfants du couple : Jacquot, en costume du temps des Valois, Fillion, vêtue comme sa mère, et Binbin, encore au berceau, n'ont que 11, 10 et 9 pieds.

Les géants Phynaert et Lydérick.

A Lille, les géants locaux sont Lydérick et Phynaert. A Dunkerque, c'est Papa Reuse, qui date du XVIe siècle et se pare d'un habit bleu galonné d'or et d'une jupe de même couleur. Douze porteurs le font marcher, saluer et danser. Sa femme a nom Gentille et il porte son dernier-né dans sa poche.

Le défilé des géants est le prétexte de grandes fêtes, kermesses, braderies, bals — quelquefois combats de coqs. Les kermesses en costumes du XVIIe siècle sont somptueuses, les figurants pénétrés de leur rôle et ressuscitant l'ambiance des tableaux de Rubens.

LES VENDANGES EN BOURGOGNE

Si tous les vignerons de France célèbrent joyeusement la fête des vendanges, la plus traditionnelle et la plus spectaculaire de ces réjouissances a lieu en Bourgogne, pays des grands crus.

La Bourgogne a trois côtes
ou je ne suis qu'un sot :
Côte de Nuits, de Beaune
et côte de Meursault.

En octobre, tous ces coteaux résonnent de chansons. Tandis que la *gousseutte* coupe le raisin et qu'on l'entasse dans les paniers ou *vendangerots*, toute l'année villageoise est mise en *jaseries* et refrains.

Le dernier jour de la cueillette, des banquets se déroulent partout, dont le plus fameux est la *paulée* de Meursault, où les vignerons apportent de quoi boire et alignent les millésimes les plus réputés. Le repas est précédé et suivi de chants et de danses, au cours desquelles les femmes portent leur costume traditionnel : chemise jaune, corselet de velours ou de soie noir, tablier rouge sur jupe noire, et surtout leur étrange coiffure, sorte de dais, surmonté d'une petite pyramide et d'une croix, auquel est suspendue une résille noire. Près de Dijon, capitale de la gastronomie, siège, au clos Vougeot, l'ordre du Tastevin, qui tire son nom de la tasse dans laquelle les spécialistes *tâtent* le vin et apprécient le degré de fermentation des moûts. Les réunions de l'ordre et l'admission des nouveaux chevaliers du Tastevin sont marquées par des repas de gourmets célèbres dans la France entière.

PELOTE BASQUE

Enfin, s'il n'y a pas de sport national proprement français, une place à part doit être faite dans les traditions à la pelote basque.

Le Pays basque, à cheval sur la France et l'Espagne, comprend trois provinces sur notre sol : le Labourd, la Basse-Navarre et la Soule, où l'on ne rencontre guère de villages qui n'aient pas leur place de pelote ou jeu de balle. Cette place est le plus souvent située près de l'église ; elle comprend un grand mur lisse, large d'environ 20 mètres et haut d'une dizaine, arrondi au milieu en forme de dôme, et précédé d'une esplanade en terre battue. De chaque côté, de longues rangées de gradins en bois ou en pierre, qui se couvrent, aux jours de fête, d'une foule enthousiaste.

Les Basques semblent avoir toujours joué à la pelote. Si haut que l'on remonte dans leur histoire, on rencontre ce jeu. Sous le premier Empire, dit-on, les soldats basques d'un régiment cantonné sur les bords du Rhin apprirent qu'une grande partie allait avoir lieu à Saint-Etienne-de-Baïgorry. Aussitôt ils s'éclipsèrent — sans congé — et traversèrent toute la France pour participer à la fête. Ils devaient revenir juste à temps pour partir en campagne et s'illustrer à Austerlitz.

Les petites villes basques n'ont pas seulement des emplacements de plein air pour la pelote, mais aussi des édifices couverts, les trinquets, qui ressemblent à nos anciens jeux de paume.

Pelote basque : grand chistera.   **Danse basque : Zortziko de Saint-Jean.**

La pelote à mains nues est un exercice populaire pratiqué par tous les gamins ; le jeu à gants d'osier est le monopole des joueurs professionnels. Ce gant, le chistera, assujetti au poignet par une lanière, a la forme d'un grand ongle recourbé ; il permet d'imprimer à la balle une force considérable. C'est au gant et entre joueurs exercés que se déroulent les grandes parties, surtout l'été et à l'occasion de fêtes locales.

Les joueurs sont au nombre de 6 — parfois 3 Français contre 3 Espagnols. Ils portent un pantalon blanc, une chemise blanche, un béret bleu, une ceinture bleue ou rouge selon les camps ; aux pieds, des espadrilles de corde. Dans chaque camp, deux joueurs se placent en avant, à droite et à gauche du mur, le troisième en arrière, à l'extrémité de la place. Le buteur, joueur d'avant, lance la pelote contre le mur, de façon qu'elle soit renvoyée au-delà d'une distance de 25 mètres. A ses adversaires de deviner la direction qu'elle prendra, de la saisir au vol dans le gant d'osier et de la relancer contre le mur.

Le spectacle le plus pittoresque est sans doute celui de la foule qui suit le jeu : après un beau coup, des centaines de bérets basques s'abattent sur la place ; pendant toute la durée de la partie, des paris sont engagés, dont le chiffre s'élève à mesure que la victoire est plus disputée.

C'est dans la province du Labourd que se recrutent les meilleurs joueurs de pelote. Un dicton affirme : « Souletins danseurs, Navarrais faiseurs de vers, Labourdins pelotaris. »

L'art

La première apparition de l'art sur le territoire français remonte à la préhistoire. Ce n'est pas là un fait particulier à notre pays, et cependant en aucun lieu du monde on a découvert plus de témoignages graphiques de ces temps reculés que dans les vallées du Périgord et des Pyrénées.

L'animalier des Eyzies ou des grottes de Lascaux marque, dans la simplicité réaliste de son dessin, la première conquête de l'esprit sur la nature. Le dessin n'est d'ailleurs pas l'unique manifestation artistique existant alors : on a trouvé quelques statuettes, dont la fameuse *Vénus de Lespugue* — aujourd'hui au musée de l'Homme —, ainsi que des fresques peintes en deux tons, rouge et noir, sur les parois des cavernes du Lot, de la Dordogne et de la Gironde.

LES PREMIERS ÂGES

De la Gaule, envahie par les armées romaines, il n'est resté pratiquement aucun témoignage artistique, ce qui ne veut pas dire qu'il n'y a pas eu d'art véritablement gaulois. Malgré la gaucherie technique qu'ils trahissent, les vestiges de la sculpture gauloise n'en atteignent pas moins l'une des qualités les plus difficiles de la statuaire : la vie. Tout ce qui tient à l'existence matérielle : les vêtements, l'alimentation, les métiers, le culte, est motif pour l'artiste à graver dans la pierre, et les rares œuvres qui nous soient parvenues à peu près intactes ne manquent ni de majesté ni de précision. Tandis que l'Empire d'Orient maintient sa suprématie sur une partie du monde civilisé, la Gaule, à partir du Vᵉ siècle, sombre dans la barbarie. Les régions du Sud, seules, subissent encore l'influence lointaine de Byzance; partout ailleurs, l'architecture et la statuaire disparaissent pendant les premiers âges de la France chrétienne. Il faut attendre le IXᵉ siècle pour que la *renaissance carolingienne* lui apporte son tribut

Art franc. Boucle de ceinturon (IVᵉ s.).

N. Bataille. Tenture de l'Apocalypse (XIVᵉ s.). Cathédrale d'Angers.

artistique. Le seul édifice de cette époque qui soit à peu près conservé est l'église de Germigny-des-Prés (786-814), oratoire à quatre lobes avec tour carrée au centre, dite tour-lanterne. Quant aux enlumineurs, moines pour la plupart, ils font revivre à nos yeux Charles le Chauve et son frère Lothaire en essayant d'imprimer une certaine expression aux visages. Mais leurs tentatives demeurent maladroites et la figure humaine subit jusqu'au XIIIᵉ siècle un dessin sans relief ni perspective. Seuls les châsses, les reliquaires, petits coffrets d'or ou de cuivre, décorés de cabochons de verroterie, parfois recouverts d'émaux éclatants, d'un travail naïf, tels ceux qui furent façonnés par le « bon saint Éloi » pour les églises limousines, parviennent à communiquer une véritable émotion artistique.

L'ART ROMAN

L'âge roman marque le départ décisif de la France moderne vers son destin. En même temps que la monarchie capétienne apporte la stabilité et l'unité au royaume, elle permet à l'art de construire, de se développer. Le maçon apprend à tailler les pierres, à les ajuster, et bientôt la Bourgogne et les pays au sud de la Loire se couvrent d'édifices aux proportions encore mo-

Sainte Marthe (XIIᵉ s.).
Cathédrale d'Autun.

Tapisserie de la reine
Mathilde (détail).
Bayeux.

Christ du tympan de l'église de la Madeleine, à Vézelay.

destes, mais pour lesquels on a déjà recours à la voûte. La grande poussée romane se produit dans la seconde moitié du XIᵉ siècle et surtout au début du XIIᵉ. C'est alors que surgissent les vastes sanctuaires : Saint-Hilaire de Poitiers, Cluny, Saint-Etienne de Nevers, Sainte-Foy de Conques, Saint-Sernin de Toulouse, Vézelay, Saint-Lazare d'Autun. La forme basilicale, venue d'Orient, l'emporte toujours, mais le balancement des masses résultant de chapelles rayonnantes, l'élévation progressive des dimensions verticales donnent à l'ensemble, malgré ses proportions restreintes, l'harmonie et l'équilibre si particuliers aux églises romanes.

Les façades, les murs nus aux ouvertures étroites appellent une renaissance de la décoration picturale et sculpturale. Mais la majorité des hommes de cette époque ne sachant ni lire ni écrire, l'image prend une importance de plus en plus grande. N'ayant pas d'autre moyen d'information pour expliquer la religion, l'église se sert de l'habileté des artistes, qui réalisent à la fois des œuvres instructives, historiques et descriptives. Aussi le répertoire ornemental devient-il d'une extrême richesse. Peu à peu le personnage sculpté acquiert le mouvement, la noblesse des attitudes, et le bas-relief, se libérant de la platitude de la pein-

ture, recourt au volume. La parure peinte qui couvrait les parois des églises romanes ne nous est parvenue que très détériorée. Cependant, les fragments, assez nombreux, qui ont été conservés permettent de distinguer un sens du croquis vivant et rapide, un mouvement endiablé donnant à cette imagerie, dominée par les coloris violents et profonds, une puissance hors pair.

LES « FOLLES CATHÉDRALES »

Le passage de l'art roman à l'art gothique s'est fait de manière presque insensible. En France, où sa floraison est la plus rapide et peut-être la plus

L'art

parfaite, le gothique commence au milieu du XIIe siècle et prend fin au début du XVIe. Sa naissance ne tient pas tant à l'apparition des croisées d'ogives qu'aux progrès techniques accomplis par l'emploi d'arcs-boutants qui neutralisent les poussées et permettent l'élan vertical. Les piliers n'ayant plus à supporter directement l'édifice, comme dans l'église romane, se décomposent en colonnettes, s'épanouissent en formant les nervures des voûtes; les murs, également libérés, se percent de hautes fenêtres. Mais le gigantisme de ces édifices gothiques n'est pas à la mesure des forces humaines : aussi nos « folles cathédrales », comme les appelait Verlaine, sont-elles restées pour la plupart inachevées. Cependant, chacune d'entre elles a son caractère propre qui en fait un chef-d'œuvre total. Amiens passe pour la plus régulière : l'aérienne légèreté de sa voûte réalise le rêve gothique qui est de construire dans la lumière. Chartres, sans doute la plus émouvante, a conservé son âme du XIIIe siècle. Elle demeure telle que la voyait Saint Louis : un ensemble incomparable de vitraux et d'images de pierre dont les visages s'éveillent au sourire et les corps au mouvement et à la grâce. Reims, où les rois allaient recevoir l'onction, semble, de tous ces ateliers de sculpture que sont les cathédrales, celui dont l'art est le plus individualisé; son influence s'étend jusqu'aux pays germaniques et le radieux sourire de Reims est universellement célébré. Bourges, Laon, Rouen, Le Mans ont aussi leurs traits de beauté surhumaine. Notre-Dame de Paris, enfin, n'est peut-être pas la plus belle, mais sans doute la plus riche en souvenirs historiques, avec son cortège de cérémonies funèbres ou triomphantes.

PEINTURE ET ENLUMINURE

La vraie peinture de l'époque gothique, ce sont les vitraux. Ils remplissent le même rôle didactique que remplissait naguère la peinture murale, mais

Couronnement de la Vierge (ivoire du XIIIe s.). Louvre.

Pietà de Villeneuve-lès-Avignon. Louvre.

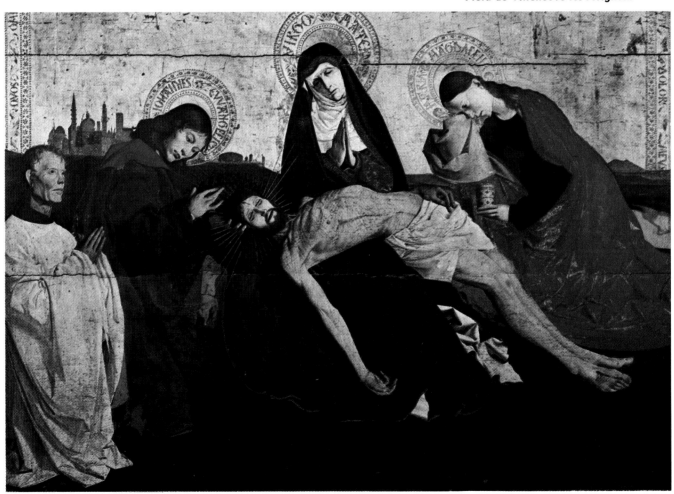

Jean Fouquet :
Naissance
de saint Jean-
Baptiste
(*Heures
d'E. Chevalier*).
Chantilly.

Vitrail de
Notre-Dame
de Semur-
en-Auxois
(détail,
XVᵉ s.).

devant la féerie des rubis, des ors, de l'azur allumés par le soleil en gerbes polychromes, l'œil oublie les thèmes de l'iconographie pour se laisser aller à l'harmonie étincelante de ces pierres précieuses. Et, tandis que la sculpture se meut avec une spontanéité et une fraîcheur quasi campagnarde dans une mer de symboles, le vitrail pare ses petits personnages mystiques et figés d'une atmosphère surnaturelle.

La dernière phase du gothique, appelée « flamboyante », cède de plus en plus au décor foisonnant : les vierges trop charmantes, trop volontiers coquettes, trop maniérées annoncent déjà le style qui va fleurir sur les bords de la Loire, pendant la Renaissance. Mais bientôt, la France, épuisée par la guerre de Cent Ans, ne bâtit plus de cathédrales. Quelques princes pourtant, Charles V, le duc de Berry — ce collectionneur passionné de pierres précieuses, de tapisseries et de livres peints — continuent à faire travailler les artistes, les enlumineurs surtout. La puissance originale des *Heures de Rohan*, la fraîcheur qui s'exhale dans *le Cœur d'amour épris* (le manuscrit du roi René) supportent la comparaison avec *les Très Riches Heures du duc de Berry*, chef-d'œuvre des frères de Limbourg, d'origine flamande. Mais c'est en Touraine surtout que va resplendir l'enlu-

minure française grâce à Jean Fouquet, merveilleux artiste qui nous promène dans le royaume de Charles VII. Grâce à Fouquet également, à Enguerrand Quarton — l'auteur du *Couronnement de la Vierge* et sans doute aussi de la célèbre *Pietà* de Villeneuve-lès-Avignon —, au Maître de Moulins et à Nicolas Froment, la peinture de panneau atteint en France une nouvelle dimension. Quant à la tapisserie, elle est particulièrement brillante avec les ateliers de Paris, d'Arras et de Tournai.

LA CONQUÊTE ITALIENNE

L'avènement des modes italiennes, qui vont modifier toutes les conceptions de l'art en France, se précise déjà dans les miniatures de Jean Bourdichon, peintre d'Anne de Bretagne, et cependant ce n'est pas par la peinture, mais par l'architecture et la sculpture que se marquent les étapes de la conquête italienne aboutissant à la Renaissance française. De cette influence, les maçons de chez nous tirent un art composite dont le château de Chambord constitue l'un des meilleurs exemples. La massive forteresse féodale se métamorphose en une demeure élégante, se couvre de fines sculptures et s'orne de clochetons. A Amboise et à Blois, l'architecture atteint au style le

L'art

plus précieux. Azay-le-Rideau ou Chenonceaux ont un charme plus secret. Le premier, construit sur pilotis, reflète ses jeux de pierre dans le miroir des eaux de l'Indre, tandis que Chenonceaux, dont la pierre blanche apparaît au détour d'un bosquet, prend les apparences d'un château de légende. Les grands architectes de l'époque s'appellent Philibert de l'Orme et Pierre Lescot, qui, à Paris, construit la partie sud-ouest du vieux Louvre. La finesse très étudiée du bâtiment est rehaussée par les bas-reliefs de Jean Goujon, artiste mystérieux dont on connaît à

Maître de Moulins : Portrait présumé de Marguerite d'Autriche. Coll. Lehman, New York.

peine la vie, mais la *Fontaine des Innocents* ou les *Caryatides* révèlent son exquise sensibilité. Si un autre sculpteur, Germain Pilon, n'atteint pas à la distinction de Jean Goujon, sa manière ne manque ni de force ni de majesté et sa réussite est incontestable dans les *gisants de Henri II et de Catherine de Médicis* (basilique de Saint-Denis) ou dans le groupe des *Trois Grâces* qui supporte le reliquaire contenant le cœur du roi (au Louvre).

Tandis que les architectes et les sculpteurs prennent bonne note de la leçon des maîtres italiens, les peintres dits

« de l'école de Fontainebleau » ne sortent pas d'une certaine banalité. A Milan, François Ier découvre Léonard de Vinci, qu'il invite à venir s'installer sur les bords de la Loire, et il demande bientôt au Primatice et à Rosso de décorer le château de Fontainebleau. De prestigieux artistes, Jean Clouet et son fils François — encore sont-ils venus peut-être de Bruxelles —, parviennent seuls à rompre un peu l'atonie de la production picturale. Ils copient les visages de la cour en un graphisme délié, précis, et leurs dessins, généralement relevés de couleurs, rendent avec minutie ces princes et ces princesses aux visages calamistrés, aux allures de poupées dont les fraises et les toquets semblent incurablement étrangers aux tempêtes des guerres de Religion.

DISCIPLINE DU GRAND SIÈCLE

Après cette époque troublée, dont les effets se font encore sentir au XVIIe siècle, la France découvre le besoin d'une centralisation du pouvoir, les bienfaits de l'unité, les pompes d'une autorité quasi absolue. L'art, bien entendu, se soumet à l'ordre commun et, Descartes ayant fait école, l'imagination obéit à la logique. De ce temps académique, inventeur de règles rigides et risibles, revues et corrigées de l'Antiquité, les Le Nain, Georges de La Tour parviennent à s'échapper, alors que Nicolas Poussin, qui s'écarte résolument de ces excès de discipline, cède tout de même à l'esprit de son siècle.

Deux œuvres, dès l'abord, s'imposent : les gravures de Jacques Callot, les peintures des frères Le Nain.

Jacques Callot (1592-1635) appartient à ce monde un peu à part qui gravite autour de la cour de Lorraine, dont les attaches et les alliances sont en Italie. Formé à Florence et à Rome, Callot, grand voyageur, rencontre sur sa route les images vigoureuses qu'il traduit en un dessin d'une verve inépuisable. Gueux, bossus, bouffons de la comédie italienne apparaissent dans tout leur pittoresque. A l'allure héroïque des mousquetaires en guenilles, il oppose, humoriste impénitent, les diableries de saint Antoine en de frénétiques variations.

Les frères Le Nain, ses contemporains, natifs de Laon, inégaux en talent, malgré leur signature commune, ont su transmettre leur émotion par un pinceau attentif et des couleurs qui peuvent paraître sévères ; mais elles dépassent en sincérité et en sensibilité certaines paysanneries flamandes auxquelles on les a comparées. Ces trois frères, en effet, se sont inspirés de

Louis Le Nain : le Maréchal dans sa forge. Louvre.

scènes prises sur le vif, dans les fermes picardes et, sans céder ouvertement au goût du pittoresque, ils ont réussi, dans de nombreuses compositions, à rendre une des images les plus intenses que la peinture ait données du visage humain. Le paysan des Le Nain est saisi avec tant d'acuité que, sous son attitude débonnaire, on devine, derrière le regard rusé, le poids d'une vie de travail, de fatigues, de déboires.

LA LOI DES CONTRASTES

Mais c'est dans l'œuvre de Nicolas Poussin (1594-1665) que la France de 1640 reconnaît une peinture répondant à ses aspirations : le monde des formes soumis à celui de la pensée. Pour s'adonner à l'art, ce jeune paysan normand quitte la ferme paternelle et, sans argent, se rend à Rome afin d'y apprendre son métier. A trente ans. Désormais, Poussin ne quittera plus la Ville éternelle, à l'exception d'un séjour de deux ans à Paris, pour satisfaire aux exigences de Louis XIII, qui lui confie le soin de décorer la grande galerie du Louvre. Comme seul un « peintre-philosophe » peut le faire, il incarne cette qualité qui est le propre du génie : l'équilibre entre la sensibilité et le savoir. Grand admirateur de l'Antiquité, la plupart de ses œuvres sont d'une grande rigueur, presque mathématique, et Poussin est à peu près le seul, à cette époque, à adopter le principe de la *Section d'or*, repris par Seurat au XIXe siècle et par les cubistes au XXe. Paysagiste, il donne à la France les premiers exemples de paysages composés. Découvrant instinctivement la *loi des contrastes*, il manifeste sa puissante originalité en opposant person-

Poussin : Angélique et Médor. Musée de Stockholm.

Le Lorrain : Paysage de bord de mer. Louvre.

Watteau : l'Accord cherché en vain.
Wallace Coll., Londres.

Chardin : la Gouvernante.
Gal. Liechtenstein, Vaduz.

**Fragonard : Fanchon la vielleuse
(détail). Coll. privée.**

nages et architectures. Le sujet, c'est-à-dire l'entité humaine, demeure toujours présent, mais il est déjà détrôné, comme dans la peinture moderne, par l'objet, qui tend à devenir le personnage principal. Comment ne pas regretter que Poussin, dont la couleur n'a jamais été le premier souci, ne nous ait laissé que si peu d'œuvres capables de résister à la dégradation du temps?

Un autre grand artiste de l'époque, Claude Gelée, dit le Lorrain (1600-1682), a, comme Poussin, passé la plus grande partie de son existence en Italie. Observateur enchanté de la lumière, il peint la mer, le soleil levant en un dessin large, riche d'impressions, qui trahit un paysagiste sensible, tels ceux qu'on admirera si fort au XIXe siècle. Georges de La Tour (v. 1593-1652) appartient plutôt, quant à lui, à la famille des *tenebrosi*. De ses scènes nocturnes se dégagent une originalité et une poésie très personnelles, singulièrement mises en valeur par une volonté de simplification des volumes qui n'est pas loin de s'apparenter aux préoccupations du cubisme. Il y a aussi dans son art comme un écho lointain de Masaccio et des grands classiques

La Dame à la licorne. Tapisserie de la fin du XVe s. Musée de Cluny, Paris.

du XVe siècle. Ce sont là peut-être les raisons du surprenant accueil que trouve aujourd'hui son œuvre, après des siècles d'oubli.

L'ART DE VERSAILLES

Pendant la seconde moitié du XVIIe siècle et au XVIIIe, l'art en France reste une affaire de l'Etat, qui non seulement assure l'enseignement et fixe la doctrine, mais fait vivre les artistes. A la tête de l'organisation se trouve la surintendance des Bâtiments, qui est un véritable ministère des Beaux-Arts. Le surintendant des Bâtiments transmet ses ordres aux artistes par le premier architecte ou le premier peintre, et les pièces maîtresses du système sont les académies et les manufactures royales. Les meilleurs artistes obtiennent des pensions, parfois des titres de noblesse, et sont logés au Louvre. Mais, sous le règne personnel de Louis XIV, l'art français, c'est avant tout Versailles, entreprise collective que seule pouvait réaliser l'habileté économique d'un Colbert.

Versailles est une réussite de simplicité et d'harmonie. Et, malgré le résultat qu'on aurait pu craindre d'obtenir de l'emploi d'inspirations si variées, il est probable que la beauté de ce palais résulte du fait même de la diversité des talents qui se sont appliqués à le réaliser : Le Vau et Mansart pour l'architecture, Le Nôtre pour les jardins, Coysevox pour la statuaire, Le Brun pour la décoration picturale. Alors qu'ils sont tous plus ou moins assujettis au délire de grandeur du siècle, on reste étonné qu'ils soient parvenus à créer une œuvre dont la cohérence et l'élégance en font un des chefs-d'œuvre de l'art universel.

Dès la mort du Roi-Soleil, la réaction à l'austérité pudique du règne de Mme de Maintenon, la maîtresse du roi, ne se fait pas attendre : la venue du Régent libère l'art des contingences du Grand Siècle. On assiste à l'avènement d'un art de salon, un art typiquement parisien qui se poursuit sous Louis XV, puis tend à se paternaliser sous Louis XVI. Mais le changement le plus important, c'est la place prépondérante que prend alors l'école française, jusque-là si fortement italianisée. Les fastes de la cour de Louis XIV ont donné l'habitude d'un certain luxe qui évolue dans le sens du raffinement et qui aboutit à plus de recherche et à plus de subtilité. L'institution des salons, enfin, qui a pris naissance dans les hôtels aristocratiques du faubourg Saint-Germain, invite un plus grand nombre d'amateurs à s'intéresser aux manifestations artistiques du pays.

Georges de La Tour : le Nouveau-né. Musée de Rennes.

EMBARQUEMENT POUR CYTHÈRE

Ce n'est cependant pas par la peinture que nos artistes s'imposent à l'étranger, mais par l'architecture. Les princes des pays voisins, éblouis par l'élégance de Versailles, de Marly, de Vaux-le-Vicomte, sont sensibilisés aux créations françaises et accueillent maintenant avec intérêt les nouvelles tendances, qui veulent plus de grâce, de commodité, moins d'ampleur dans les constructions. L'amour des courbes et de la dissymétrie règne alors en maître dans les intérieurs. Le style « rocaille » — et non pas le « rococo » de l'Europe centrale — est, d'ailleurs, limité à la Régence; plus tard, le style Louis XV restera, dans ses fioritures, d'une sagesse toute rationnelle. Aucun artifice démentiel ne trouble la belle ordonnance des bâtiments de Robert de Cotte, beau-frère de Mansart, ou de Germain Boffrand. Vers le milieu du siècle, Ange-Jacques Gabriel, architecte de la place de la Concorde et de l'Ecole militaire, affirme

cette tendance avec plus de bonheur encore, et chez Soufflot, à qui l'on doit le Panthéon, elle atteint une pureté presque trop sévère. C'est la grande époque des embellissements des villes de province : Bordeaux, Lyon, Nantes, Toulouse, Nancy, Reims, Besançon.

Watteau (1684-1721), pour être à cheval sur deux époques, n'en demeure pas moins, comme les autres peintres du XVIIIe siècle, à la mesure du monde qui l'environne : il est aimable, a le désir de plaire, règle mondaine impossible à transgresser en ce siècle galant. Tout droit venu de Valenciennes, ce provincial a le sens inné d'une poétique tout aristocratique qui exige un style alerte et léger. Ses origines flamandes ne l'empêchent pas de saisir, avec la subtilité d'un homme rompu aux finesses de la mode, les images offertes à son admiration et à sa rêverie dans la société des salons, sur les promenades ou au théâtre. Il s'attache, au contraire, à appliquer l'héritage de Rubens aux élégances parisiennes. Watteau s'empare de la mascarade insouciante de

L'art

la classe privilégiée et, de cette peinture anecdotique, tire des paysages féeriques, en exhale l'artificielle atmosphère de comédie, noie les formes bigarrées dans les brumes dorées d'un éternel *Embarquement pour Cythère*. C'est l'esprit même de la Régence qui s'épanouit dans son œuvre et ses contemporains ne s'y sont pas trompés, non plus que ses imitateurs, Pater et Lancret, petits-maîtres de petites *Fêtes galantes*, dont le talent n'est cependant pas négligeable.

Tout autre est Boucher. Son habileté à trousser un tableau, sa propension à matérialiser la femme en des courbes voluptueuses, expliquent bien mieux que son talent, somme toute contestable, le prodigieux succès qu'il a connu. Mais l'on s'étonne toujours un peu que ses plantureuses déesses aient suscité pareille admiration en un siècle qui a compté tant de grands artistes.

UN VRAI MÉRIDIONAL

Fragonard (1732-1806), dont la carrière s'étend au-delà de la Révolution, fut l'élève de Boucher, mais il n'a guère été marqué par son maître. Sans donner dans les larmes vertueuses prêchées par Diderot et Rousseau et que verse si fidèlement Jean-Baptiste Greuze, le plus célèbre des peintres de genre, Fragonard subit l'influence d'une fin de siècle qui, pour avoir trop abusé de l'ironie, s'essaye aux douceurs de l'attendrissement. En vrai Méridional — il est, en effet, né à Grasse —, sa bonne humeur l'incline à ne retenir de cette révolution morale que la libération de la généreuse nature : torse cambré, jupes courtes, les adolescentes de Fragonard ressemblent au génie du peintre, alerte et amusé. Devant sa *Bacchante endormie*, chair joyeuse dans une poussière lumineuse, devant ses *Lavandières* où s'effeuillent allègrement les gris les plus subtils, devant ses sépias d'un mouvement endiablé, on se félicite que Fragonard ait choisi de peindre les corps capitonnés et les visages enfantins de ses petites faunesses. Il y gagna d'ailleurs une fortune, que la Révolution lui fit perdre sans tarder. Tout près de Fragonard, Hubert Robert, son compagnon de vagabondages en Italie, demeure essentiellement un paysagiste et un peintre d'architectures. Peut-être se laisse-t-il aller trop souvent à certains effets décoratifs un peu maniérés. De ses voyages, il rapporte une infinité d'images majestueuses, de sites impressionnants, de ruines grandioses, telles

les fameuses *Catacombes de Rome* (dans lesquelles il s'égara d'ailleurs et manqua périr).

Chardin, lui, est un pur Français : son inspiration, il la trouve entre Saint-Germain-des-Prés et le Louvre, où plus tard il logera. Ce grand coloriste, à qui l'on a trop facilement reproché d'être le peintre des vertus bourgeoises, dont on a peut-être mal compris la sensibilité intimiste, reste avant tout un homme de métier dont les audaces techniques : touches juxtaposées, densité peu habituelle des blancs et des gris, le font atteindre à une rare fraîcheur d'expression. Et il faut reconnaître qu'il a sans doute peint les plus belles natures mortes françaises du XVIIIᵉ siècle. A l'opposé seront les pastels de Quentin-Latour et les portraits de Nattier; tous deux hommes de cour, mondains, cèdent à la plastique élégante des visages de gala, et leurs œuvres constituent une galerie complète des notabilités parisiennes sous les règnes de Louis XV et de Louis XVI.

La vivacité spirituelle des peintres de cette époque a d'ailleurs son équivalent dans la sculpture. Le marbre et la terre cuite rivalisent de modelé pour donner la vie aux statues des hommes illustres du temps. L'inoubliable Voltaire au sourire sarcastique, Rousseau le chagrin, Diderot lumineux d'intelligence, Franklin même ou la *Diane* aux volumes lisses sont d'un maître complet qui s'appelle Jean-Antoine Houdon (1741-1828). Pigalle, surnommé le Phidias français, pousse aussi loin que possible l'éloquence de la matière, maîtrise le baroque et fait épanouir son style dans *Mercure* ou dans le tombeau du maréchal de Saxe. Falconet, l'ami de Diderot, anime sa *Baigneuse* de molles rondeurs ou cabre sur un rocher la fière statue équestre de Pierre le Grand, lors de son voyage en Russie.

L'ÉPOPÉE IMPÉRIALE

Bien avant la Révolution, l'art sent passer le souffle de la réaction contre la futilité du goût, la mollesse des mœurs. L'idéal austère des classiques n'a jamais été oublié et, quand le civisme républicain vient embraser le ciel doré de l'Ancien Régime, la révolution dans l'art est faite. David (1748-1825), formé à Rome, préconise la sévérité du style; nourri d'idéal antique, le souvenir des républiques grecque et romaine hante son cœur de révolutionnaire. Ami de Robespierre et de Saint-Just, il cherche, comme toute cette génération, la vérité de la nature dans l'imitation de l'Antiquité. Mais après un séjour en prison, ses grands élans poli-

David : le Conventionnel. Louvre.

tiques, dont étaient nés le *Serment du Jeu de paume* et *Marat expirant*, ne tardent pas à se calmer. Et, lorsque Bonaparte monte sur le trône — « David, le républicain, David, le peintre de Marat et de Bara, était décidément mûr pour la tyrannie » —, il accepte de devenir le peintre officiel de l'Empire. Dans l'immense toile du *Sacre*, splendide page historique, riche de couleurs, majestueuse par la composition, il donne son acquiescement à la France nouvelle. Toute la peinture du début du XIXᵉ siècle est celle de son école. Comme leur chef de file, Gérard et Gros consacreront leur talent à l'épopée impériale et comme lui se consoleront de leur chute dans l'actualité en donnant un profil romain à l'Empereur. Tous deux échapperont pourtant dans une large mesure à l'emprise de David : Gérard par un art coquet qui emprunte au précieux de la miniature, Gros en développant une grandiloquence épique, une poétique des batailles qui s'accommode mal de la sérénité des marbres antiques. Un autre davidien, Prud'hon, se détache du groupe et, face à David, portraitiste de Napoléon, il peint dans la lumière caressante chère aux artistes de l'Ancien Régime, l'Impératrice rêvant au fond d'un parc solitaire.

Les peintres sortis de l'atelier de Gros préparent, certes, l'avènement du romantisme. Mais ce n'est qu'après la chute de l'Empire, une fois la paix intérieure et extérieure rétablie, qu'a lieu la grande explosion. Comme après toutes les guerres, une certaine nostalgie des orages suscite un bouleversement des valeurs artistiques, et c'est Géricault (1791-1824) qui ouvre le feu, en 1819, avec *le Radeau de la Méduse*. Onze ans avant Hernani, ce tableau retraçant un fait divers en style d'épopée déclenche la bataille romantique. Mais ce « Corrège de la souffrance », comme l'appelle Michelet, n'est pas un peintre à scandale. Il meurt d'ailleurs prématurément, la même année que Byron, et laisse à Delacroix le soin de relever le flambeau.

RÉVOLTE DE DELACROIX

Delacroix, génie ardent et intelligent, se lance en effet avec une vigueur débridée dans la lutte contre les règles classiques. En quelques années, de 1822 à 1830, il jette coup sur coup, comme un défi aux vieux maîtres, *la Barque de Dante, Scio, Sardanapale, la Barricade*. Delacroix devient célèbre d'emblée et le public, bousculé dans ses habitudes les plus profondes, ne peut s'empêcher d'admirer ces immenses compositions dans lesquelles le sensua-

Ingres : Étude pour saint Symphorien.
Musée de Montauban.

Géricault : les Deux Panthères. Musée de Rouen.

Daumier : Crispin et Scapin. Louvre.

Courbet : les Cribleuses de blé. Musée de Nantes.

Corot : Rue de Mantes. Musée de Reims.

lisme de la couleur le dispute au dynamisme de la forme et du dessin, dont le tracé, comme celui de Rubens, est une perpétuelle recherche de la difficulté. On se passionne pour ces corps de damnés verdâtres qui se tordent sur le plat-bord de *la Barque de Dante*, révélant une « main preste et nerveuse », selon la propre expression du peintre. Embrigadé dans le furieux mouvement de la jeunesse de 1830, ce fils présumé de Talleyrand demeure avant tout un individualiste : sa révolte est isolée. « L'élégant, le raffiné, l'érudit », comme le nomme Baudelaire, est ce qu'on appellerait aujourd'hui un intellectuel, possédant une culture approfondie, que révèle l'admirable texte de son *Journal*. Musicien autant que peintre — « la musique, écrit-il, est la volupté de l'imagination » —, le lyrisme qu'il déploie en tons modulés comme dans une symphonie de Beethoven éclate dans les toiles admirables, composées à son retour du Maroc : *la Justice de Trajan*, *l'Entrée des croisés à Constantinople*, *les Femmes d'Alger*. L'orientalisme se répand comme une traînée de poudre, veine exploitée à fond par le brillant,

Gauguin : Tahitiennes sur la plage.
Coll. Lehman, New York.

mais déséquilibré Chassériau, et qui s'exprime chez Delacroix, l'initiateur, en une technique impérieuse, une virtuosité des contrastes, une hardiesse de couleurs apprise à l'école de Véronèse.
Dès l'apparition de Delacroix dans le ciel romantique, les partisans du néo-classicisme de David imaginent de conjurer le danger en rappelant de Rome l'un des élèves du maître, Jean-Baptiste Ingres, déjà fort connu d'ailleurs. Grand prêtre du classicisme, fils spirituel de Poussin par sa vénération des Grecs et de la Renaissance, représentant du pur dessin dépouillé de volumes et de reliefs, virtuose du contour — ce bourgeois sévère est cependant bien éloigné du tempérament vigoureux de David. Entêté, pédagogue jusqu'au fond de l'âme, alors que Delacroix néglige ses élèves, il influence un groupe nombreux et convie le public au duel du siècle. Chez ce praticien refoulé de la courbe, l'idéalisation du modèle masque mal le défaut d'imagination. Mais, face à l'amoureux

À droite,
Manet : Canotiers à Argenteuil.
Musée des Beaux-Arts, Tournai.

Delacroix : Combat de chevaliers. Louvre.

L'art

des odalisques et des baigneuses couleur de chair fraîche, se dresse Ingres, portraitiste de la bourgeoisie philipparde, réaliste et plein de maîtrise.

LES PAYSAGISTES

Tandis que les adeptes d'Ingres ou de Delacroix se disputent à coup de Salons, des peintres ignorés du public vont s'installer aux champs, replacent le chevalet dans la nature, et c'est ainsi que naît la glorieuse école des paysagistes français. A cette école, appelée l'« école de Barbizon » à partir de 1846, appartiennent Théodore Rousseau, le plus grand d'entre eux, et Daubigny. Mais, tandis que Rousseau écoute la voix tourmentée des grands chênes, s'éprend de leur masse tordue

vaise », est dominée par un classicisme qui étouffe la spontanéité ; dans la seconde, le « bon Corot » se révèle tout entier dans des paysages précis qui recueillent l'infinie poésie des sites les plus humbles. Chez Corot, les jeux de lumière recherchés par Daubigny atteignent à une science des valeurs inégalable. L'enchantement que procure le spectacle immatériel d'un paysage de l'Ile-de-France ou d'une route de Picardie est fonction d'un œil rêveur, qui perçoit pourtant avec exactitude les couleurs, par l'intermédiaire des ombres et des lumières dans une atmosphère définie. Mais la vraie grandeur de Corot, peintre de petits formats, réside dans son art des proportions, qui lui permet de retrouver le monumental des Anciens sans effort apparent et de peindre simplement, tout en obtenant une matière admirable, ce que les impressionnistes et plus

répond à l'idée moderne de l'homme ». En peinture, le réalisme s'affirme sous les pinceaux de Courbet, Millet, Daumier.

Courbet, cette « brute de génie » selon certains critiques, se veut un peintre physique, refuse la soumission aux théories, aux idées, et il s'intitule artiste peintre. Ce retour aux forces évidentes de la vie, si longtemps reléguées dans les tableaux de genre au profit des tableaux historiques, Courbet l'effectue avec une véhémence que quelques-uns ont appelée vulgarité. Dans *l'Atelier du peintre*, ce tempérament inébranlable, vaniteux, s'exprime en opposant ce qu'il aime et ce qu'il n'aime pas : d'un côté Baudelaire, Champfleury, Bruyas, ses amis ; de l'autre, la défroque romantique qui traîne à terre, le désordre et la misère du siècle ; au centre, le peintre lui-même et son modèle. Dans ce tableau si célèbre, on retrouve tous les

Sisley : les Bords du Loing. Musée d'Alger.

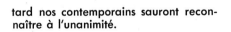
Rodin : le Baiser. Musée Rodin, Paris.

et sclérosée, se penche sur les mousses et les lichens, absorbe l'univers sylvestre tout entier dans de petits cadres, Daubigny joue avec la lumière comme le feront les impressionnistes, regarde scintiller les rayons et les ombres dans le miroir des eaux. Corot, qu'ils reconnaissent pour leur maître à tous, n'adopte pas, cependant, les sabots rustiques et ne se mêle pas à eux. L'œuvre de Camille Corot est étalée sur les deux moitiés du XIXe siècle, et elle comporte deux périodes : la première, celle qu'on pourrait qualifier de « mau-

tard nos contemporains sauront reconnaître à l'unanimité.

RÉALISME DE COURBET

La révolution de 1848, la dictature impériale donnent le signal de la faillite romantique. L'enthousiasme sentimental et idéologique de la première moitié du siècle a démontré son inefficacité ; l'art et la pensée naissent au réalisme et, comme George Sand l'avait pressenti, une ère nouvelle s'annonce, qui n'est « ni classique ni romantique, mais qui

personnages dont il a fait le portrait auparavant ; c'est pourquoi il en parle comme d'une « allégorie réelle ». Il se fie là, uniquement, à son instinct et, à défaut d'unité d'action — on lui a reproché d'avoir peint des morceaux admirables, mais non composés —, il y règne une parfaite unité d'atmosphère et d'émotion. *L'Enterrement à Ornans* (il est natif de cette petite ville de Franche-Comté) provoque le scandale, et ses *Baigneuses*, qu'on qualifie de « percheronnes », déchaînent l'ironie. Mais l'œuvre de Courbet, au-dessus des huées, domine sans conteste l'évolution de la peinture jusqu'à la fin du siècle; les cris d'admiration qu'elle arrache aux antagonistes que sont Ingres et Delacroix prouvent d'ailleurs, s'il en est besoin, que Courbet le paysan, Courbet le communard exilé, dépouillé de ses biens dans la bataille politique de 71, s'est élevé au-dessus de toute doctrine, vivifiant par son souffle puissant l'inspiration traditionnelle.

Millet, le peintre des paysans, dont le trop célèbre *Angélus* a été si comiquement psychanalysé par Salvador Dali, est une antithèse à l'art de Courbet. Mais sous une manière emphatique qui a souvent servi à le ridiculiser percent des dons artistiques peu communs et une main de paysagiste dont la subtilité n'est pas si éloignée de celle de l'école de Barbizon. C'est lui qui appliquera au réalisme la formule fameuse : « Faire servir le trivial à l'expression du sublime. » Daumier, quant à lui, est l'homme de la presse, alors en plein essor. Imagier de l'actualité, il bombarde *le Charivari* de lithographies d'une habileté diabolique, d'une souplesse et d'une verve inouïes, dénonçant ironiquement l'hypocrisie et la bêtise de la bourgeoisie de 1830, à laquelle il ne peut pardonner, lui qui est monté sur les barricades, l'échec de la révolution populaire.

L'IMPRESSIONNISME

Durant le dernier quart du XIX⁰ siècle, l'impressionnisme, enfin, fait son apparition : c'est le commencement de la révolution picturale qui aboutira à l'art contemporain. Sorti de l'école « réaliste », annoncé par les peintres de 1830, le bouleversement impressionniste est une complète réforme de la perception. Il ne s'agit plus, comme chez Corot, de faire dépendre la couleur de la lumière, mais d'analyser la lumière par les couleurs. Dès 1850, les grands artistes ne voient plus dans l'objet que des rapports de couleur, qu'un écran destiné à recevoir des éclairages variés : pour Renoir ou pour Cézanne, une pomme verte sur un tapis rouge n'est qu'un rapport coloré d'un vert à un rouge. L'impression visuelle reçue à travers les fugitives lumières d'une atmosphère mouvante « dématérialise la matière » et le peintre accueille toutes les fantaisies du domaine optique. Cette vision panthéiste de la nature n'est pas une simple participation sensorielle de l'artiste : chez Monet, aussi bien que chez Manet, Pissarro ou Sisley, elle se double d'une compréhension spirituelle, d'une identification réelle aux formes vivantes. Les modernes, fauves, cubistes, surréa-

Renoir : les Parapluies. National Gallery, Londres.

listes, n'ont fait que développer et accentuer les découvertes et la libération amorcée par les impressionnistes.

Parmi les initiateurs de l'impressionnisme, Edouard Manet est sans doute le plus doué. Artiste hypersensible, il procède avec hardiesse par taches de couleur, sans égard pour les demi-teintes, mais tempère sa rudesse par une admirable finesse de ton. Du *Fifre* à *Lola de Valence*, du *Déjeuner sur l'herbe* au *Déjeuner dans un intérieur*, il produit une série de chefs-d'œuvre d'une impec-

cable exécution, brusquement interrompue par une mort prématurée. Cependant, *le Déjeuner sur l'herbe* ou *Olympia*, qu'illumine l'infinie délicatesse dans le rendu de la chair, sont accueillis comme un défi à la peinture et à la morale par les gens de l'époque. Claude Monet, lui, restera toute sa vie un paysagiste presque pur; il a peint d'après nature et la plupart du temps en plein air. Couleurs pures, féerie de la lumière rendue en touches vibrantes, c'est la métamorphose de la palette en

L'art

rayons de soleil. Mais Monet, dans son culte des « passages », au profit desquels il a tendance à délaisser celui des éléments plastiques, est conduit à renchérir sur lui-même, à se surpasser au point que, devant certaines de ses œuvres, *les Cathédrales* ou *les Nymphéas* par exemple, le spectateur ébloui est pris de vertige, comme s'il subissait soudain l'éclat d'une myriade de sunlights.

Pissarro, poète exact et lyrique, diapre l'agitation des cités, tandis que Sisley, en lignes élégantes et justes, en harmonies claires, voue son talent aux eaux et Boudin aux plages de Normandie. Berthe Morisot, la « dame impressionniste », touche d'un pinceau paresseux les joues fraîches et parfumées de la femme. Quant à Renoir, il préfère projeter les taches irisées du soleil sur le nu féminin plutôt que sur l'objet. Ce fils d'un modeste tailleur de Limoges peint comme il respire ; s'éprenant tour à tour de la manière d'un Delacroix, d'un Courbet ou d'un Monet, il atteint dans ses instants privilégiés à la pureté d'un Vermeer. L'utilisation du contraste simultané opposé aux passages, la musicalité des rapports de teintes, la belle couleur nacrée des chairs volontairement aplatie par une lumière sans ombre (*Jeunes Filles au piano, Baigneuses, Portrait de M*me* Charpentier*) font de Renoir un peintre délicieux et tendre, devant les œuvres de qui l'on s'arrête, rêveur et ravi.

Degas, dessinateur forcené, a commencé par des tableaux nettement ingristes. « Faites des lignes, lui disait Ingres, beaucoup de lignes, soit d'après le souvenir, soit d'après nature. » Et ce maître du mouvement saisi sur le vif ne se rattache d'ailleurs aux impressionnistes que par l'intensité des tons qu'il parvient à obtenir du pastel. Fermé aux miracles de la transposition, il fixe minutieusement les musculatures ou le pli des étoffes, et ce n'est que proche de la mort, atteint de troubles de la vision, que ce misanthrope doublé d'un misogyne devient sculpteur et plie sa cérébrale sensualité aux exigences de la sensibilité si caractéristique de son temps. Derrière Degas marche Toulouse-Lautrec, descendant des comtes de Toulouse et qui deviendra difforme très jeune, à la suite de deux accidents. Lui aussi est un admirable dessinateur, incisif et passionné, et il consacre son talent aux scènes de courses et de music-hall, où le mène une vie déréglée. La pratique de la gravure en couleur — on connaît ses nombreuses affiches célébrant Va-

Degas : Danseuses bleues. Louvre.

lentin le Désossé ou Yvette Guilbert — le conduit à peindre par aplats. Son goût pour la transposition picturale expressive fait de son œuvre le témoignage étonnant de toute une époque.

L'ART DE RODIN

La peinture est passée au premier plan, l'opinion publique ne s'intéresse guère qu'à elle et le commerce des tableaux prend une ampleur inconnue. Mais si l'impressionnisme renouvelle la peinture, l'architecture et la sculpture ont aussi leurs novateurs. Au XVIIe et au XVIIIe siècle, les mêmes hommes étaient à la fois architectes et ingénieurs. Au XIXe, les métiers sont distincts, et si les ingénieurs s'occupent de la technique, les architectes conservent seuls la responsabilité de la composition et de la

décoration. Ils cèdent au goût de l'archéologie et les réalisations — ou restaurations — de Viollet-le-Duc montrent bien leurs tendances à imiter le Moyen Age ou la Renaissance italienne. Mais ne valent-elles pas autant que le fastueux décor conçu par Garnier pour l'Opéra de Paris ?

La sculpture romantique semblait condamnée. « Tout sculpteur, disait Théophile Gautier, est forcément classique. » Et pourtant, les meilleures œuvres des sculpteurs français, de Rude à Rodin, en passant par Carpeaux, dont le réalisme sensible marque ses bustes autant que ses grandes compositions, ne sont pas exemptes de « littérature ». Mais dans ce domaine, un nom domine le siècle, celui d'Auguste Rodin. Il apporte à la sculpture des volumes puissants, un impeccable dessin de profils, un modelage à la fois savant et nerveux qui, traduit en bronze, accroche les principes vitaux de la lumière. Son œuvre magistrale (dont *les Bourgeois de Calais, le Baiser, le Penseur, Saint Jean-Baptiste*) provoque cependant de violentes réactions : Rodin est un réformateur et son art, en effet, permet toutes les audaces. Presque tout ce qui s'est réalisé de grand après lui tient de lui ; il a montré le chemin aux sculpteurs modernes, qu'il s'agisse de Maillol, de Despiau ou de Bourdelle.

LES FAUVES

Arraché à la finance par une passion soudaine pour la peinture, Paul Gauguin exercera une influence déterminante sur les destinées d'une nouvelle école : le fauvisme. Mais il reçoit

Derain : le Port de Collioure.
Coll. part. Troyes.

Matisse : Intérieur à Collioure.
Coll. part. Ascona.

Cézanne : les Joueurs
de cartes. **Louvre.**

Toulouse-Lautrec : **Chocolat dansant
dans un bal.** **Musée d'Albi.**

lui-même celle des néo-impressionnistes, de Signac et de Seurat, qui sont les maîtres du « pointillisme ». Très vite, pourtant, Gauguin, dans les toiles qu'il exécute en Bretagne, à Pont-Aven, applique un synthétisme qui entend faire entrer les rondeurs diaprées de l'école impressionniste dans l'aplat mural. Dès son premier voyage à la Martinique, il adopte le cloisonnement coloré et procède par nappes de tons crus séparés par des cernes, faisant essentiellement servir sa technique aux deux dimensions du panneau. S'il n'est pas le père du fauvisme, la libération chromatique, les inventions et les audaces de ses toiles — en particulier celles qui ont été faites à Tahiti, où il meurt dans la misère — en constituent le point de départ.

Van Gogh, ce Hollandais francisé, est le seul mystique de la peinture. Si le mot « expressionnisme », inventé par les Allemands et appliqué en France à la manière de Rouault, a un sens, c'est à l'art de Van Gogh qu'il convient sans doute le mieux. Pour lui, la peinture est un métier tragique : « je marche comme une locomotive à peindre », note-t-il... « J'ai une lucidité terrible par moments, lorsque la nature est si belle... et alors, je ne me sens plus. » A Arles, où il est allé peindre avec Gauguin, le seul de ses amis qui lui reste vraiment fidèle dans ses accès de folie, il s'abîme dans la contemplation de l'univers et réalise

le sublime compromis entre l'art mural des primitifs et l'art atmosphérique des impressionnistes.

Nous sommes au tout début du XX° siècle et les leçons de Gauguin et de Van Gogh amènent un groupe de très grands artistes à réagir violemment contre l'impressionnisme : ils peignent en des tons purs et agressifs, donnant la primauté à la composition chromatique : ce sont les fauves. Puis ce mouvement, auquel se rattachent Matisse (dans la première partie de son œuvre), Derain, Dufy, Marquet, Vlaminck, Braque même, disparaît dès 1907. C'est un peintre longtemps ignoré de ses contemporains qui a sonné l'hallali : Cézanne.

PEINTURE INTELLECTUELLE

Cézanne le misanthrope, le bourgeois d'Aix, patient, têtu, rangé à tort parmi les impressionnistes, bien qu'il en ait partagé les luttes, n'a jamais rencontré autour de lui qu'incompréhension. Nulle vocation n'est pourtant aussi déterminée que celle du jeune Cézanne brandissant crayons et pinceaux contre vents et marées, opposant sa volonté tranquille aux inquiétudes paternelles. Aussi, de guerre lasse, le banquier Cézanne consent-il à laisser son fils rejoindre son ami d'enfance, Emile Zola, résidant à Paris. Cézanne effectuera d'ailleurs de nombreux retours à Aix, le

pays de la lumière qu'il aime tant, et finira par s'y installer définitivement. Avec l'*Après-midi à Naples* et *la Femme à la puce,* proposés au Salon de 1866 et refusés, les difficultés ne font que commencer pour ce perpétuel insatisfait qui rêve de faire de l'impressionnisme un « art de musée ». Il sent tout ce qu'il y a d'incomplet dans la peinture ancienne; la nécessité d'une forme et d'un dessin s'adaptant à une couleur nouvelle s'impose à lui. Aussi veut-il traduire la lumière par une seule couleur, en recourant le moins possible aux valeurs. Il emploie sa sensibilité à saisir le contraste des formes pour aboutir à une « géométrisation » de l'espace; il veut que « les objets tournent, s'éloignent et vivent ».

En 1908, le groupe du « Bateau-Lavoir », réunissant Picasso, Juan Gris, Braque, auxquels s'adjoindront plus tard Léger, Lhote, Delaunay, Picabia, fonde le cubisme, qui se réfère directement aux règles énoncées par le maître d'Aix. Mais la guerre de 1914-1918 disperse les émules de Picasso; le « Bateau-Lavoir », la petite baraque de bois de la Butte Montmartre, va naviguer sur d'autres eaux. L'école française prend d'ailleurs un caractère international et les représentants les plus éminents du cubisme suivent chacun une route de plus en plus personnelle. La recherche picturale devient purement intellectuelle. D'ailleurs, la peinture abstraite,

Rouault : le Vieux Roi.
Carnegie Institute, Pittsburgh.

Delaunay : Panneau rond.
Petit Palais, Paris.

qui apparaît en 1910 avec Kandinsky et Picabia, comme l'école dite de Paris avec Modigliani, Chagall, Soutine, Kisling n'ont rien de typiquement français. Cependant, au sein même de ce flux d'intellectualité se lève un vent d'une fraîcheur inattendue : l'apparition des naïfs, dont le plus connu s'appelle Henri Rousseau, dit « le Douanier » en raison de son métier. Tour à tour professeur de musique, de diction, auteur dramatique, mais bonhomme par-dessus tout, il atteint subitement à la renommée grâce à l'intervention du marchand de tableaux Ambroise Vollard et de Wilhelm Udhe, qui répandent ses toiles. Il a le don de la couleur et se révèle un extraordinaire inventeur d'images. Ce retour à une sorte de pureté enfantine caractérise également

les œuvres de Séraphine Louis, Vivin, Bauchant, Utrillo même; tous ces peintres autodidactes retournant à l'imagerie des primitifs, on les nomme les « peintres du dimanche ».

En 1915 naît le mouvement « dada » qui, en 1922, devient le surréalisme, avec pour consigne la phrase d'André Breton : « Forcer les portes de l'irrationnel. » Les moyens traditionnels sont bannis; on a recours aux collages, aux objets hétéroclites, laissant toute latitude à l'individualité de l'artiste. C'est un défoulement libérateur, un rêve éveillé. Mais il s'agit encore une fois d'un mouvement international qu'il est impossible de circonscrire à la France seule.

Léger : les Loisirs. Musée d'Art moderne, Paris.

Braque : Intérieur. Coll., part.

La littérature

Dans le plus ancien document en langue française, le Serment de Strasbourg, prêté par les deux fils de Charlemagne se jurant aide et fidélité, la langue est encore romane, issue du latin apporté en Gaule par les conquérants romains et diversifiée selon les provinces en de nombreux dialectes. Deux d'entre eux, la langue d'oc et la langue d'oïl, vont être le support de toute la littérature écrite jusqu'à la Renaissance.

« La Farce de maître Pathelin » :
Pathelin et le drapier.

LES DÉBUTS

C'est à la fin du XIe siècle, avec les croisades, qu'apparaissent les premiers poèmes populaires, remaniés par les jongleurs et rédigés un peu plus tard en français sous le nom de *chansons de geste*. La plus célèbre de ces épopées, *la Chanson de Roland*, conte en 4 000 vers la fin héroïque du neveu de Charlemagne, symbole de la justice et de la force.

Au XIIe siècle, la littérature chevaleresque ou courtoise invente un nouveau code d'amour, une nouvelle image de la femme, qui devient la Dame. Trouvères et troubadours l'exaltent poétiquement et la forme romanesque courtoise atteint son apogée avec les œuvres de Chrestien de Troyes et le *Tristan et Iseut* de Béroul et Thomas. Dès la fin du XIIe siècle s'est dessinée une littérature bourgeoise, faite surtout de bon sens et de réalisme. Le genre le plus populaire en est le fabliau, tel le célèbre *Roman de Renart*, tandis que le *Roman de la Rose*, rédigé en vers par Jean de Meung et Guillaume de Lorris, se rattache au genre allégorique. Les événements historiques, eux, sont racontés sous forme de chronique : *la Conquête de Constantinople*, en 1204, par Villehardouin, *la Vie de Saint Louis*, un siècle plus tard, par Joinville. Au XIVe siècle, c'est Froissart qui, à travers ses chroniques, dépeint la chevalerie à son apogée, et au XVe Philippe de Commynes, dont les *Mémoires* annoncent déjà Machiavel.

La poésie française voit curieusement le jour, à la cour d'Angleterre, au XIIe siècle, avec les *Lais de Marie de France*. Puis, au XIIIe, Rutebeuf, trouvère champenois, crée la *lyrique personnelle*, tirant de ses souffrances des accents de profonde poésie. Les *ballades* et *Rondeaux* de Christine de Pisan, ainsi que les poésies de Charles

« Les Pendus », gravure de la
1re édition
des œuvres de F. Villon.

d'Orléans annoncent déjà, au XVe siècle, le premier des poètes modernes, François Villon. Né l'année du supplice de Jeanne d'Arc, il passe une bonne partie de sa vie vagabonde en prison. Enfin, banni de Paris pour dix ans, en 1463, il disparaît à nos yeux. *Le Testament*, son chef-d'œuvre, à la fois grave et burlesque, est d'un écrivain connaissant les ressources de la langue; Villon est le poète de Paris, le chantre des filles et des tavernes.

Sous l'influence du *Décaméron* de Boccace, la nouvelle en prose, au XVe siècle, va s'illustrer d'œuvres remarquables comme *les Cent Nouvelles nouvelles*, *les Quinze Joies de mariage* et surtout le *Petit Jehan de Saintré*, d'Antoine de La Sale. Le théâtre, que Rutebeuf a déjà enrichi avec *le Miracle de Théophile* et *le Dit de l'Herberie*, va s'épanouir dans ces deux genres religieux et profanes : les *mystères* et *passions* d'une part, et la *farce* de l'autre, dont l'exemple le plus célèbre reste *la Farce de maître Pathelin*.

LA RENAISSANCE

Issu de Florence, le grand mouvement d'idées qui va bouleverser l'humanité gagne la France et l'Europe. C'est la rupture avec la civilisation féodale, l'espoir mis en la science et dans le développement de la personnalité humaine et, sous l'influence de François Ier protecteur des humanistes, le retour à l'antiquité païenne. L'exemple est donné par Marguerite d'Angoulême, sœur du roi. Cette princesse de haute culture atteint à l'ampleur romanesque avec son *Heptaméron*. Un érudit de son entourage, Bonaventure des Périers, dépeint assez bien la société de son temps dans *les Nouvelles Récréations et joyeux devis*, et Noël du Fail, magistrat breton, trace lui aussi, dans *Treize Propos rustiques*, les directions essentielles du futur roman français. Cependant, le plus grand écrivain du XVIe siècle, le plus original aussi, est sans conteste François Rabelais, homme complet de la Renaissance. Dans *Gargantua et Pantagruel*, il illustre admirablement la relation entre l'humanisme et les aspirations populaires profondes de son époque. « Je ne bâtis que pierres vives, dit-il, ce sont hommes. »

De tous les savants et poètes qui gravitent autour de Marguerite, Clément Marot représente sans doute le tempérament lyrique le plus authentique. Sa vie et son œuvre, qui touche à tous les genres, archaïques aussi bien que nouveaux, sont profondément marquées par les contradictions résultant des flatteries d'un poète de cour et les exigences d'un croyant réformiste, ami de Calvin. Cependant, sous la direction de leur maître Jean Dorat, de très jeunes gens, qui s'appellent Ronsard, du Bellay, Baïf, préparent la révolution poétique. C'est du Bellay qui rédige leur manifeste, *Deffense et Illustration de la langue françoise*. La lutte est enga-

Ronsard et Cassandre. Illustration de 1552.

gée contre la tradition médiévale, contre le latin, pour l'unité de la langue et la création de vocables nouveaux. D'autres poètes viennent les rejoindre : Jodelle, Remi Belleau, Pontus de Tyard. La Pléiade est formée. En 1550 paraissent les *Odes* de Pierre de Ronsard. C'est la révélation de la nouvelle école. Qu'il chante la Cassandre de sa jeunesse, Marie l'Angevine ou Hélène de Surgères, le chef de la Pléiade s'impose comme un incomparable poète de l'amour. Mais à Lyon, cette seconde capitale où séjourne la Cour, d'autres vocations poétiques se dessinent : Maurice Scève chante dans *Délie* ses amours impossibles avec Pernette du Guillet, gracieuse et mélancolique poétesse, Lyonnaise elle aussi ; Louise Labé, « la Belle Cordière », en rébellion contre la condition servile de la femme de son temps, nous laisse des sonnets passionnément amoureux.

MONTAIGNE

Une autre littérature naît des horreurs de la guerre civile qui ravage ce XVIe siècle. Dans son chef-d'œuvre, *les Tragiques*, Agrippa d'Aubigné nous en décrit les violences avec indignation. Une œuvre collective, fort curieuse, la *Satire Ménippée*, en montre, sous une forme parodique, les répercussions sur la vie nationale. Un très grand écrivain, Etienne de La Boétie, écrit à dix-huit ans son *Discours sur la servitude volontaire*. Dans une langue admirable, il se dresse à la fois contre la tyrannie et contre les peuples qui l'acceptent. La Boétie mourra à trente-trois ans, pleuré par Montaigne, dont il était devenu le plus proche ami : « Depuis le jour que je le perdis... je ne fais que traîner lan-

François Rabelais.

Michel de Montaigne.

guissant », écrira celui-ci dans ses *Essais*.

Avec Montaigne, l'humanisme de la Renaissance atteint sa pleine maturité. Etre humaniste, c'est s'intéresser d'abord à l'homme et à sa vie mortelle. Qui peut mieux le faire que Montaigne, dernier homme universel, capable d'embrasser toutes les disciplines du savoir ? Commencée l'année de la Saint-Barthélemy, la rédaction de son livre, d'abord simples notes de lectures, s'enrichira de réflexions qui ne seront interrompues que par la mort. Sceptique sans pessimisme, Montaigne reste très moderne à qui veut se débarrasser des contraintes et des préjugés. Il est l'homme qui a déjà tiré les leçons de la découverte d'un Nouveau Monde et de nouvelles civilisations. Quand il meurt, en 1592,

La littérature

Galilée est professeur à Pise et médite les bouleversantes révélations de Copernic, retirant à la Terre le privilège d'être le centre de l'univers.

On ne peut dissocier le mouvement littéraire du XVIIe siècle français de l'évolution politique et sociale du pays. Les guerres de Religion, sinon les querelles religieuses, cessent avec l'édit de Nantes (1598), l'unité du pays est établie, la hiérarchisation sociale plus solide que jamais. Ce calme apparent, cette sécurité de bon aloi vont favoriser l'éclosion des talents : on a le temps de se consacrer plus librement à la littérature. Mais ce siècle pompeux, qui s'ouvre cérémonieusement sur les noces royales en 1600, devra attendre la venue de Richelieu au pouvoir, en 1624, pour que s'affirme un renouveau littéraire. Les années qui précèdent cet événement n'ont, en effet, guère produit d'œuvres éclatantes.

LES CHEMINS DU CLASSICISME

Accordant son amitié à des hommes d'esprit, Richelieu leur offre une autorité éclairée et réclame en échange des talents orientés vers le bon sens, l'ordre et la clarté. C'est lui qui officialise les réunions littéraires tenues chez l'écrivain Conrart en créant l'Académie française, dont le rôle sera essentiellement de faire de la langue française, la plus élégante et la plus claire de l'Europe, l'égale de celle des Grecs et des Latins. Mais, en réalité, plus que l'Académie, fondée en 1634, et dont l'influence sera réduite, les salons mondains, tel celui de la marquise de Rambouillet, commencent, dès 1620, à dominer la vie littéraire. Avant eux, enfin, Malherbe (mort en 1628) a imposé sa leçon. Ce fils de magistrat, insolent, intransigeant, considère les poètes qui l'ont précédé ou qui l'entourent comme des barbares : il méprise le vocabulaire inventé par la Pléiade. Rien ne l'intéresse, pas même sa femme, hors la défense de la grammaire et les lois de la poésie. Ses principes rigides l'ont fait accuser d'avoir stérilisé la poésie française, mais si ses propres vers sont guindés et totalement dépourvus de liberté — « la nature ne l'a pas fait grand poète », dira Boileau —, un La Fontaine, qui le reconnaît pour maître et tient en grande estime ses théories, n'en saura pas moins assembler les mots en un style fluide. On conçoit cependant que l'insouciant Mathurin Régnier, élevé dans le tripot de son père à Chartres et grand amateur de boissons

et de filles, aussi habile à manier la satire qu'à parfumer ses vers « de benjoin, de musc et d'ambre gris », ait pu détester le sévère Malherbe. Le mérite de ce théoricien détesté par les uns, admiré par les autres, n'en reste pas moins d'avoir directement contribué à fixer notre langue, en la rendant précise.

A l'hôtel de Rambouillet, entre 1610 et 1648, se retrouvent les hommes de lettres les plus marquants : Malherbe, Racan — bouffon mais excellent poète qu'admire La Fontaine et dont Boileau loue les Bergeries —, Honoré d'Urfé également, le fringant Vincent Voiture, ainsi que Jean-Louis Guez de Balzac, complice de Marie de Médicis dans son évasion du château de Blois, et qui passe pour le créateur de la prose classique. Voiture est le plus sympathique de ces fidèles de la Chambre bleue d'Arthénice. Maître d'hôtel du roi, il meurt à cinquante ans, dûment pensionné, sans avoir jamais cessé de faire de l'esprit au détriment des hommes de cour et de Richelieu lui-même. A ses côtés, d'Urfé, auteur de ce chef-d'œuvre de convention qu'est l'Astrée, interminable défilé d'héroïnes précornéliennes, opposant leurs vertueux refus aux dévergondages des adolescentes de Régnier, de Théophile ou de Saint-Amand, nous semble fade. Bien que fort admiré pendant tout le XVIIe siècle, le genre romanesque, tout confit d'amour poli et d'idéal sentimental dont l'Astrée est le prototype, ne peut rivaliser avec les admirables et mystérieuses Lettres portugaises, ni atteindre, dans un autre domaine, les sommets du caricatural et comique roman de mœurs qu'est le Francion de Charles Sorel. Mais le Roman comique de Scarron reste l'œuvre la plus vivante, voire la plus classique de cette époque, si l'on excepte le très beau, mais très ennuyeux roman de Mme de La Fayette, la Princesse de Clèves. Ce chef-d'œuvre d'analyse psychologique, écrit pendant la liaison toute platonique de cette grande dame avec La Rochefoucauld, paraîtra vingt ans après le Roman comique, en 1678, c'est-à-dire en plein siècle de Louis XIV. Scarron est, à l'image de son œuvre, moqueur, plein de fantaisie et d'humour, jusque dans sa vie privée, lui qui épouse, déjà vieillissant, cul-de-jatte et perclus de rhumatismes articulaires, la petite-fille d'Agrippa d'Aubigné, la future Mme de Maintenon. Son salon littéraire fait fureur et Mme de Sévigné, elle-même pleine d'esprit, ne manque pas d'y venir s'enquérir des potins mondains et des scandales. La spirituelle marquise est là en journaliste. Rien ne lui échappe :

Une scène du « Cid », de Corneille, avec Gérard Philipe et Silvia Monfort.

d'une plume vive et alerte, elle rapporte le procès de Fouquet, voit d'un œil sarcastique les cendres de l'empoisonneuse marquise de Brinvilliers se disperser au vent et raconte, en ses lettres à sa fille, Mme de Grignan, les mille et un détails de la vie parisienne, avec cette émotion voilée qui séduira tant Marcel Proust.

LA FONTAINE

Jean de La Fontaine est de ceux qui, en tout temps, savent rêver leur vie sous les clairs de lune. Ni Perrault, tout à la fois amoureux de la Belle au bois dormant et défenseur véhément de ses contemporains dans la querelle des Anciens et des Modernes, ni Mme d'Aulnoy batifolant avec les Illustres Fées, ni Cyrano de Bergerac voyageant dans les États et Empires de la Lune, bien avant le Micromegas de Voltaire, n'atteignent à la grâce féerique de cet incomparable magicien, ni à sa sagesse critique. Le flâneur de Château-Thierry n'est pas fait pour les travaux sérieux; aussi abandonne-t-il très vite la charge que lui a procurée son père aux Eaux et Forêts. Il n'aime guère non plus les gens ennuyeux et, lui si gai lorsqu'il est en compagnie de son ami Fouquet au château de Vaux, de Molière, de Racine, qui parfois le sermonne, de la jolie duchesse de Bouillon ou de quelques autres de ces charmantes muses dont il adore si fort les séductions, sombre dans une mélancolie profonde dès que les fâcheux l'entourent. Ce sont eux qui, dépités, créeront la légende de son étourderie et de sa distraction. L'ardeur innocente, la légèreté inconstante qu'il prodigue aux femmes, il les étend au domaine des Lettres. Loin de s'en tenir aux célèbres *Fables*, chef-d'œuvre complet dans lequel l'univers réel s'unit à l'univers rêvé, il touche à tous les genres. De la comédie au ballet, de la tragédie aux chansons, il demeure ce poète amoureux de la vie dont le cynisme amusé se teinte toujours d'un tendre sourire et s'étire en une langue superbe. L'auteur des *Contes* quelque peu licencieux, mais d'une élégance inimitable, tombe en vieillissant dans un excès de dévotion. La Fontaine troque alors la perruque pour le cilice et s'éteint, en 1695, dans les bras de Racine, lui-même devenu ermite.

LES COURANTS DE PENSÉE

Au XVIIe siècle, la religion reste l'essentiel de la vie et les grands courants de pensée seront essentiellement d'inspiration religieuse. Descartes, toutefois, fait exception : s'il s'efforce d'appliquer la rigueur des mathématiques à la métaphysique, il est avant tout l'auteur rationaliste du *Discours de la méthode* et des *Principes de la philosophie*. C'est cependant par le truchement de la révélation divine et des rêves que ce sportif, soldat pendant toute une période de sa vie, s'imagine découvrir sa voie : tout comme lui, Pascal règle son destin et devient janséniste à la suite d'un banal accident de voiture dans lequel il voit un avertissement céleste. Mais si Descartes se soumet parfois aux lois de l'irrationnel, Pascal, lui, s'abandonne tout entier aux illuminations divines : le feu de son âme consume la vie du corps et l'auteur des fulgurantes méditations que sont *les Pensées* meurt à l'âge de trente-neuf ans. Bossuet oriente sa foi d'une manière bien différente : polémiste bien plus que moraliste, même lorsqu'il dénonce les dangereux pouvoirs de Chimène, son sentiment religieux ne trahit aucune inquiétude maladive. Penseur médiocre, son génie d'écrivain se double d'une imagination fougueuse, mais sa puissance d'évocation ne touche plus guère un lecteur du XXe siècle. Un Fénelon, plus nuancé, d'une intelligence pénétrante et fine, nous est infiniment plus proche, et comme penseur et comme artiste.

« Le Coche et la Mouche », de La Fontaine. Illustration de J.-B. Oudry.

Jean Racine.

Une scène d'« Andromaque », à l'Odéon.

CORNEILLE ET RACINE

La grande affaire au XVIIe siècle, c'est le théâtre, qui devient un centre de vie intellectuelle.

Né en 1606, Corneille, l'auteur du *Cid*, possède avant tout le génie de l'invention dramatique; son grand souci est d'offrir au public des pièces toujours nouvelles par l'originalité de leur intrigue; son imagination est habile à faire rebondir l'action jusqu'à un dénouement parfois inattendu. Mais, de nos jours, il est peut-être difficile de prendre au sérieux les problèmes anachroniques de ces héros bardés de passions austères et de devoirs qui nous semblent incompréhensibles. Corneille est avant tout un auteur à la mode, comblé par les faveurs d'un public ravi. Après le triomphe du *Cid*, en 1636, il est bientôt considéré comme le plus grand dramaturge du temps. Et pourtant, ses dernières tragédies ont de

La littérature

moins en moins de succès. Corneille a découvert en Racine un rival digne de lui, jeune, audacieux, qui s'adresse à un public nouveau.

Racine a vécu soixante ans et n'a consacré au théâtre que le quart de sa vie, le reste étant partagé entre sa jeunesse passée parmi les jansénistes de Port-Royal et une longue carrière de courtisan. Né à La Ferté-Milon en 1639, il vient à Paris en 1658. Il se lie avec de joyeux buveurs, des danseuses, fréquente La Fontaine. Introduit à la cour, il écrit des poésies officielles et reçoit une pension du roi. En 1664, Molière lui donne le sujet de sa première pièce, *la Thébaïde*, et la fait jouer par sa troupe. En 1665, le même théâtre joue son *Alexandre*. Racine confie bientôt cette pièce à la troupe de l'Hôtel de Bourgogne et Molière ne lui pardonnera pas cette trahison. En 1666, il coupe les ponts avec les jansénistes de Port-Royal et publie une lettre ironique et méchante en réponse aux critiques formulées par ceux-ci contre le théâtre.

Après Mlle Du Parc, c'est avec la Champmeslé qu'il se lie, et il écrit pour elle les rôles de Bérénice, d'Iphigénie, de Phèdre, tous joués à l'Hôtel de Bourgogne. Cette liaison durera jusqu'en 1677; il épouse alors une jeune fille très riche : cela fait partie des plans ambitieux de Racine, qui ne néglige jamais rien pour s'assurer fortune et réputation. Devenu écrivain officiel de la cour, il a un appartement à Versailles, cumule les charges et les honneurs, et lorsqu'il meurt, en 1699, il a bien mérité le titre de parfait courtisan. Au contraire de ceux de Corneille, aucun de ses héros n'a vieilli : Phèdre ou Agrippine sont de tous les temps. Les héros raciniens sont des êtres humains et n'agissent jamais à partir de vertus abstraites et utopiques, ils cèdent à leurs passions et sont dévorés par elles : ils sont à la fois des cas individuels et une valeur exemplaire d'humanité.

MOLIÈRE

Affronter l'univers de Molière, c'est embrasser d'un coup tout ce qui fait à la fois le génie de l'homme et sa laideur. Ce que Molière a senti, a vécu, a écrit, le spectateur ou le lecteur d'aujourd'hui y participent avec la même intensité que jadis l'auteur. Molière a jeté sur la scène des figures qui hanteront toujours la mémoire des hommes : Alceste, Don Juan, Tartuffe, Célimène, Agnès, ces personnages reparaissent à chaque époque avec des visages différents, gonflés de la réalité des vices et des passions terrestres. Après lui, l'histoire de la comédie restera bien longtemps l'histoire de la comédie de Molière.

Sa vie a été déformée par les légendes : sa vie, en fait, c'est son œuvre littéraire, son théâtre. Jean-Baptiste Poquelin, fils d'un tapissier du roi, est né en 1622. A vingt et un ans, il se libère des contraintes bourgeoises, envoie au diable la charge d'avocat assurée par son père, et, sous le nom de Molière, fonde avec la famille Béjart une compagnie dramatique : l'Illustre-Théâtre. La compagnie joue les tragi-comédies si fort en honneur pendant la première partie du siècle, mais bientôt c'est la faillite et la prison pour dettes. Toujours aux côtés de la famille Béjart, il parcourt alors les routes de province à la recherche du succès. C'est à Lyon que Molière fait jouer sa première comédie, en 1655 : *l'Etourdi*; un an plus tard, c'est *le Dépit amoureux*, à Béziers. Enfin, en 1658, il arrive à Paris et obtient l'audience du roi, devant qui la troupe est autorisée à jouer. Molière dispose de la salle du Palais-Royal et dès lors sa production littéraire devient abondante. En 1662, il épouse Armande Béjart, que la légende veut infidèle et coquette. En fait, Molière, déjà trahi par Racine, qui lui a ravi Mlle Du Parc, se soucie davantage de la lutte qu'il doit soutenir contre ses détracteurs que des fredaines de la belle Armande. Et si l'on veut voir Molière persécuté, c'est plutôt dans sa carrière d'auteur-acteur qu'il faut le chercher. Malgré la protection de Louis XIV, les comédiens de l'Hôtel de Bourgogne se liguent dès le premier jour contre lui. Ils déclenchent la guerre contre *l'Ecole des femmes* et ne désarmeront jamais. Ils ne sont pas les seuls : les prudes s'effarouchent, l'accusent d'obscénité; les précieuses, les bourgeois, les médecins, les grands seigneurs, les dévots ne peuvent lui pardonner *les Précieuses ridicules*, le *Bourgeois gentilhomme*, le *Malade imaginaire*, le *Misanthrope*, *Tartuffe*. Pendant cinq ans, Molière aura à défendre son *Tartuffe* contre la ligue des bien-pensants : on lui promet le bûcher, l'excommunication, la mort, on l'accuse d'avoir épousé sa fille. Louis XIV, cependant, lui maintient sa faveur et lui commande de nombreux divertissements. Ses dernières pièces connaissent un succès presque ininterrompu, mais Molière découragé, plein d'amertume, n'a bientôt plus la force de résister aux cabales. Il succombe à cinquante et un ans, miné par une maladie d'origine pulmonaire, en jouant *le Malade imaginaire*, le 17 février 1673 : il s'est traîné sur la scène, défaillant, pour ne pas priver de leur salaire les cinquante ouvriers attachés au théâtre. Sans leur chef, les comédiens de sa troupe se disperseront, puis, en 1680, réunis à l'Hôtel de Bourgogne, ils formeront la Comédie-Française.

En quelques années, de 1673 à 1677, Corneille, Molière, Racine meurent ou renoncent au théâtre; en 1695, c'est La Fontaine. Le siècle emporte avec lui cette illustre école de 1660 qui représente la véritable école classique française. Boileau, qui a participé à toutes

Une scène du « Tartuffe », de Molière, avec Louis Jouvet et Gabrielle Dorziat.

les batailles, soutenu Molière dans l'affaire du *Tartuffe*, réconforté Racine après l'échec de *Phèdre*, reste seul pour assister à la décadence du vers français. L'auteur de *l'Art poétique*, des *Epîtres* et du *Lutrin* ne meurt, en effet, qu'en 1711, quatre ans avant le Roi-Soleil.

SIÈCLE DES LUMIÈRES

Depuis Colbert, la bourgeoisie s'impose comme classe dominante. Il se forme alors en France de nouveaux types sociaux; les traditions meurent et, peu à peu, une révolution s'opère dans les esprits.

L'attention des écrivains s'attache davantage à l'évolution des mœurs; ce fait est déjà marqué dans *les Caractères* de La Bruyère, dans les *Maximes* de La Rochefoucauld; il s'affirme dans les *Mémoires* de Saint-Simon. Avant même que le XVIIIe siècle ne naisse aux philosophes, les structures de la nouvelle société marchant vers la Révolution sont déjà en place. De même, dans le domaine religieux, Fontenelle et Malebranche ont ouvert la voie au scepticisme en posant le problème de l'origine des religions. Désormais, « les Buffon, les Rousseau, les Montesquieu ont remplacé les Racine, les Boileau, les Corneille; et Voltaire lui-même... est devenu philosophe. Il en est résulté un foyer de lumière qu'aucun pouvoir humain ne pouvait éteindre, une liberté de penser que les entraves qu'on cherchait à lui donner ne rendaient que plus hardie et plus attrayante », écrit Grimm dans la *Correspondance littéraire*.

L'année même où l'Angleterre proclame sa Déclaration des droits de l'homme, en 1689, naît en Guyenne, au château de la Brède, Charles Louis de Secondat, baron de Montesquieu. Après avoir fait d'excellentes études chez les oratoriens de Juilly, Montesquieu entre dans la magistrature, puis devient conseiller au parlement de Bordeaux. Comme il déteste la procédure, il la délaisse volontiers pour s'adonner aux études scientifiques et à la littérature. En 1721, les *Lettres persanes* sont publiées à Amsterdam sans nom d'auteur, et connaissent un succès immédiat. Cette fine satire des institutions, ignorée aujourd'hui, inaugure ce genre de roman par

lettres qui connaîtra une si grande fortune. A Paris, où il se fixe pour quelques années, Montesquieu fréquente les salons, échange des idées « subversives » avec Mme du Deffand, discute d'économie, de politique, de diplomatie au club de l'Entresol. En 1726, il vend sa charge et parcourt l'Europe; en Angleterre, il se fait initier à la franc-maçonnerie. A son retour en 1729, il entreprend *De l'esprit des lois*, qui paraît en 1748 et connaît un énorme retentissement dans toute l'Europe, cependant que l'Eglise le met à l'index. En France, la Sorbonne condamne Montesquieu comme « mauvais citoyen, ennemi de la saine morale et de toute religion ». Diderot, lui, ne se trompe pas. Seul homme de lettres à suivre, en 1755, le cercueil de Montesquieu, il est aussi l'un des rares à comprendre la portée de son œuvre.

Auprès de cet esprit si moderne, écrivain, penseur autant qu'artiste, Voltaire perd un peu la dorure de son auréole. François Marie Arouet, chétive nature, naît en 1694 d'une famille parisienne et bourgeoise. Il fait des études brillantes chez les jésuites et, dès l'âge de dix-huit ans, commencent ses frasques littéraires, pamphlets et satires, qui le conduisent à la Bastille. Cette nature impertinente sait admirablement s'assouplir quand il s'agit d'obtenir la vie luxueuse qu'il désire : alors il flatte les grands. D'une intelligence toujours prête à dénigrer, Voltaire milite à tous crins; il se mêle de tout, de politique,

de littérature, de mœurs, d'erreurs judiciaires, avec ce bel esprit superficiel que le XIXe siècle aura beau jeu de caricaturer : « Le prince des superficiels, l'anti-artiste, le prédicateur des concierges », dira de lui Baudelaire. En 1726, il s'exile en Angleterre. Il en revient philosophe. Ses *Lettres philosophiques*, jugées trop philosophiques, sont brûlées en place publique. Prudent, il s'éloigne de Paris et va vivre pendant quinze ans avec la marquise du Châtelet, en Lorraine. Lorsque sa protectrice meurt, en 1749, Voltaire, sans refuge, se résigne à accepter l'hospitalité de Frédéric de Prusse, le « despote éclairé ». Mais bientôt leurs relations se gâtent et, de nouveau sans logis, Voltaire fuit à travers l'Allemagne, puis se fixe à Ferney, près de Genève. Il ne reviendra à Paris qu'en 1778, après la mort de Louis XV, pour se faire acclamer lors de la représentation d'*Irène*. L'époque de Ferney est celle de sa plus grande gloire. Il écrit avec frénésie dans tous les genres, se consacre à toutes les causes. Et cependant, de son œuvre il ne reste presque rien. Son théâtre (*Œdipe*, *Zaïre*, *Mérope*) est illisible et injouable, ses poèmes sont froids. Seuls demeurent la correspondance et les contes. Les contes (*Zadig*, *Candide*, *l'Ingénu*) condensent toutes les idées éparses dans les écrits philosophiques. En fait, il puise à toutes les sources; le genre de l'utopie n'est pas nouveau : il y a eu les *Lettres persanes* et aussi Lesage, l'auteur du *Diable boiteux* et de *Gil Blas*; il

Croquis de la tête de Voltaire.

Une scène du « Neveu de Rameau », de Diderot, avec Julien Bertheau et Pierre Fresnay.

La littérature

n'innove guère, certes, mais c'est là, comme dans l'Histoire (*Charles XII, le Siècle de Louis XIV*) qu'il traite vivement, à la manière d'une épopée, que se trouve le meilleur Voltaire.

PHILOSOPHIE ET RÊVERIE

Diderot n'est pas seulement un philosophe, un porteur de message, il est aussi l'écrivain à la prose généreuse, musclée, sensuelle, spontanée : il amuse, lui qu'on ne connaît pas et qu'on a coutume de croire sévère et ennuyeux. Quoi de plus drôle, en même temps de plus profond, de plus vigoureux, que *le Neveu de Rameau* ou *Jacques le Fataliste*, *les Entretiens avec d'Alembert* et *le Rêve*. Qu'il se mêle de pensée scientifique dans la *Lettre sur les aveugles*, qui lui vaut d'ailleurs la Bastille, d'art dans le *Paradoxe sur le comédien* ou dans les *Essais sur la peinture*, qu'il s'enflamme sur une boutade pour la pathétique *Religieuse*, Diderot est toujours à la pointe du combat et des idées, en avance d'un siècle sur la pensée européenne. Mais Diderot, si habile à manier le dialogue, n'est pas homme de théâtre. Ses pièces ont cependant le mérite d'annoncer le réalisme bourgeois au théâtre que Beaumarchais, l'auteur du *Barbier de Séville* et du *Mariage de Figaro*, porte à son apogée. Le XVIIIe siècle ne compte d'ailleurs d'autres hommes de théâtre que Beaumarchais et Marivaux, encore que ce dernier, à bien des égards, ait fait un meilleur roman, *la Vie de Marianne*, que de bonnes pièces.

Après avoir été l'ami de Diderot, Jean-Jacques Rousseau devient la bête noire des philosophes. Il faut bien reconnaître que ce vagabond au regard doux et traqué, vêtu de probité candide, à l'esprit lent et tourmenté, semblant sans cesse le jouet d'un destin contraire, révélant au public ses inquiétudes et ses tares, est une victime de choix pour la verve d'un Voltaire. Il se nourrit d'ailleurs de ses épreuves et ce n'est pas sans un naïf orgueil qu'il déclare : « Moi seul, je ne suis fait comme aucun de ceux qui existent. » Ce n'est ni le moraliste ni le philosophe de l'*Emile* ou du *Contrat social* qui intéresse, c'est l'auteur des *Confessions* et des *Rêveries*. Pour la première fois dans l'histoire de la littérature, un homme va droit à l'essentiel : dire ce qu'il a été. Il lance des états d'âme et donne des couleurs aux mots abstraits. De lui datent de nouvelles méthodes de penser et de sentir et, même si *la Nouvelle Héloïse* nous paraît aujourd'hui bien ridicule, elle ne nous est guère plus étrangère que la *Manon Lescaut* de l'abbé Prévost ou *Paul et Virginie* de Bernardin de Saint-Pierre.

LE DÉLIRE ROMANTIQUE

Après la Révolution, la poésie se réveille du long hibernage que lui a imposé le XVIIIe siècle : c'est le romantisme. Etre romantique, c'est avant tout croire à la poésie et l'exprimer sous toutes ses formes : prose, vers, théâtre. Chateaubriand est l'exemple du génie indifférencié qui s'applique aussi bien à l'un ou à l'autre genre. A cheval sur deux siècles (1768-1848), il est mieux placé que quiconque pour savoir qu'un homme nouveau vient de naître, qu'une révolution littéraire s'accomplit. « On ne peint bien que son propre cœur », écrit-il. Les romantiques prendront au mot l'auteur des *Mémoires d'outre-tombe* : mais là où il annonce l'avenir et le domine, les romantiques s'abandonnent à l'excès et à la grandiloquence. Tous les romantiques, d'ailleurs, sont-ils bien des romantiques? L'œuvre poétique de Lamartine et celle de Musset sont prisonnières des dates historiques du mouvement, alors que celle de Hugo se poursuit au long du siècle, s'enrichissant d'apports successifs. Et quoi de commun entre la transparence musicale de Lamartine et la puissance charnelle de Hugo, entre l'effusion sentimentale de Musset et le symbolisme cérébral de Vigny? La publication des *Méditations poétiques* de Lamartine, en 1820, est, historiquement, la première grande déclaration romantique. A cette période qui va de 1820 à 1830 se rattachent les premiers poèmes de Hugo et de Vigny : poésie sentimentale, mélancolique, teintée des couleurs du Moyen Age et de l'Orient; tout Chateaubriand s'est répandu là. Une nouvelle poésie romantique apparaît vers 1830 qui a subi l'influence de Byron : c'est la fièvre des Musset, des Gautier, des Nerval; mais, tandis que Victor Hugo cherche à suivre le mouvement, Lamartine et Vigny restent fidèles à leur première formule.

En 1852, les *Poèmes antiques* de Leconte de Lisle semblent sonner le glas de la poésie romantique : en réalité, celle-ci traverse le Parnasse et, même après la mort de Hugo, se survit à travers le symbolisme et l'école romane. Malgré la permanence du romantisme, la poésie française prend un aspect tout nouveau avec le Parnasse : la théorie de l'art pour l'art, la superstition de la forme au détriment du contenu deviennent une sorte de religion. Mais aucun des poètes groupés autour de Leconte de Lisle ne réalise pleinement son idéal : le Gautier de *Emaux et Camées* est un virtuose dépourvu d'émotion; Leconte de Lisle, malgré une certaine ampleur, ne dégage que lourdeur et ennui; seul le Théodore de Banville des *Exilés* reste enthousiaste et exprime un certain lyrisme personnel.

Illustration du « Barbier de Séville », de Beaumarchais : Rosine, le comte et le docteur.

Victor Hugo à la tête des romantiques. Derrière lui, Th. Gautier; au-dessus, A. de Lamartine; au centre, A. Dumas, devant H. de Balzac, précédant A. de Vigny, à gauche.

PROPHÈTES SOLITAIRES

Baudelaire est sans conteste le maître de tout ce qui lui succède : les premiers poèmes de Mallarmé sont baudelairiens, Rimbaud le salue comme le plus grand, Lautréamont lui-même l'épargne, Moréas en fait un « précurseur » dans le « Manifeste du symbolisme », et Verlaine l'admire comme le premier des poètes maudits. Le surréalisme, enfin, se réclame de lui : Baudelaire est le maître qui désigne la plus haute esthétique de l'époque. De ces autres prophètes solitaires que sont Lautréamont et Rimbaud et dont l'influence domine encore la poésie contemporaine, il est seul à avoir conquis la liberté absolue dans l'expression du « moi », et en dépit des enthousiasmes fébriles que déchaînent les *Chants de Maldoror* ou *Une saison en enfer*, l'année 1857, celle de la publication des *Fleurs du mal*, est la date d'où part toute l'évolution de la poésie jusqu'à nos jours.

Parmi les poètes que l'on groupe plus ou moins arbitrairement dans l'école symboliste, certains appartiennent au XXe siècle : tout en adoptant des formes nouvelles, des poètes comme Francis Jammes et Milosz sont des poètes symbolistes et cette même lancée est sensible chez Claudel, chez Valéry, chez Laforgue et même chez Saint-John Perse et Fargue. Symbolisme, en fait, est un mot vague : il s'agit de se montrer sensible aux nuances, aux parfums, aux sons, aux correspondances secrètes entre les choses, de libérer le vers de toute contrainte formelle. A la fin du XIXe siècle et dans les premières années du XXe on voit naître, se former et mourir un grand nombre de petites écoles poétiques, sans qu'aucune d'elles soit capable de succéder au symbolisme agonisant. C'est alors qu'arrive Guillaume Apollinaire, qui se met à la tête du mouvement moderniste : « Quand on est sec, écrire n'importe quoi, commencer n'importe quelle phrase, et pousser devant soi. » Ce recours à l'écriture automatique, Apollinaire le nomme « surréalité ». Lorsqu'en 1919 André Breton, Louis Aragon et Philippe Soupault fondent la revue *Littérature*, la révolution surréaliste a déjà sa charte. De 1924 à 1928, c'est la grande flambée surréaliste : Aragon, Eluard, le plus grand de tous, Péret, Crevel, Artaud, Desnos président à l'événement poétique le plus important du demi-siècle.

LE ROMAN MODERNE

Victor Hugo domine le roman de l'époque romantique comme il en domine la poésie. Non qu'il soit un grand romancier au sens où nous l'entendons depuis Balzac et Flaubert : chez lui ne frappent ni le don d'observation, ni la psychologie, ni même la vraisemblance. Mais Hugo sait utiliser tous les registres dans une langue infaillible et si, comme il le dit lui-même, il « a voulu abuser du roman »

Charles Baudelaire.

pour « en faire une épopée », il n'en reste pas moins le plus grand prosateur de cette époque parce que, plus que quiconque, il en a saisi tous les courants de sensibilité. Il n'est pas un seul des grands poètes du romantisme qui ait demandé au roman ou au théâtre un moyen d'expression, mais de Lamartine à Vigny, en passant par Musset et Nodier, aucun de ceux-là n'est parvenu à dominer les conventions du romanesque à l'égal d'un Hugo, qui sait « fondre avec une magistrale maîtrise toutes les épopées en une épopée supérieure et définitive ».

Stendhal a quarante ans quand il écrit son premier roman, *Armance*, qui ne connaît aucun succès. Il en sera de

La littérature

même pour *le Rouge et le Noir*, et Balzac seul saura reconnaître l'apport de *la Chartreuse de Parme*. La critique ne prend pas au sérieux ce devancier qui écrira de lui-même : « Je mets un billet à une loterie dont le gros lot se réduit à ceci : être lu en 1935. » Avec Stendhal pourtant apparaît non plus l'analyse psychologique telle que nous la trouvons dans l'*Adolphe* de Benjamin Constant ou dans *Volupté* de Sainte-Beuve, mais le spectacle direct de la vie intérieure dans son mouvement. Stendhal prévoit l'usure des modes littéraires qui triomphent devant lui, il méprise son temps, qui le lui rend bien, mais le premier il comprend que le roman doit se constituer en genre spécialisé et que cette spécialisation ne peut venir que de la séparation entre roman et poésie. Avec Balzac, George Sand et Mérimée, il s'oppose en romancier moderne à ses contemporains : Vigny, Hugo, Nerval, Gautier, et ses pages demeurent fermes et lisses comme au premier jour.

De même que Mérimée peut passer pour être à l'origine de l'art précis d'un Maupassant, que toute la littérature analytique de la fin du XIXe siècle et même du XXe découle de Stendhal, Balzac est le pionnier du roman réaliste à partir duquel se formera la tradition naturaliste dont Flaubert et, dans une certaine manière Zola, seront les plus célèbres représentants. Avec Balzac, la vie entre dans le roman avec tous ses aspects physiques et sociaux : il veut avant tout écrire l'histoire de la société française sous la Restauration et, grâce à ses dons d'intelligence et d'observation, il accède à la vérité historique, non seulement en témoin conscient de la politique, mais en économiste. A l'idéalisation romantique, il oppose l'aspect littéral des faits : avec *la Comédie humaine*, le légendaire Balzac en robe de chambre introduit dans le roman français la minutie descriptive qu'il admire tant, en peinture, chez les petits-maîtres hollandais. Mais en dépit de sa technique admirable qui sait utiliser toutes les possibilités des formes littéraires distinctes du roman, on continue de médire de son style. Si la seule façon de bien écrire est de composer des phrases balancées à la façon de Chateaubriand, certes Balzac écrit mal, mais, en revanche, que d'étonnantes trouvailles d'écriture, que de mouvement, de puissance et de chaleur dans son style dont l'équivalent ne se trouve chez aucun autre écrivain.

Le roman de Zola est, après celui de Balzac — tout en participant à un ordre

Alfred de Musset et George Sand, vus par Musset.

Stendhal.

Deux personnages de la Comédie humaine de Balzac : Pons et Schmucke.

d'expérience différent —, la création la plus puissante de son époque. « Zola fut un moment de la conscience humaine », dit de lui Anatole France, cet autre écrivain également méprisé de nos contemporains. De fait, Zola est le premier à avoir senti, avec une force de visionnaire implacable, l'avènement de la civilisation industrielle et le combat qu'allaient provoquer les nouvelles structures sociales et politiques du monde moderne. Flaubert, comme Balzac et comme Zola, est un observateur extraordinaire, mais on ne peut ni l'enfermer dans le réalisme ni le faire passer pour le maître de la tradition naturaliste. « Je recherche par-dessus tout la beauté » : c'est dans cette recherche « du rapport nécessaire entre le mot juste et le mot musical », dans cette volonté d'unir l'idée pure à la forme juste, de donner à l'humble vérité de la

vie quotidienne l'expression la plus heureuse que se consumera l'univers flaubertien. De *Madame Bovary* à l'*Education sentimentale* se déroule une angoissante aventure : la quête de la perfection absolue.

LE DEMI-SIÈCLE

La plupart des écrivains importants de ce demi-siècle ont commencé leur carrière dans les dix dernières années du XIXe siècle. Dès 1909, quatre grands noms : Proust, Valéry, Claudel et Gide, sont au sommaire de cette anthologie mensuelle de la littérature contemporaine, *la Nouvelle Revue française*. A *la recherche du temps perdu* est de 1913. En 1918, Gide est déjà le maître à penser d'une génération. *Tête d'or*, de Claudel, est de 1890. Paul Valéry publie *la Jeune Parque* en 1917, cepen-

dant que *la Soirée avec Monsieur Teste* date de 1896. Dans le principe, tous les écrivains du XXᵉ siècle s'affirment libres de contrainte. Audace, franchise, refus de toute sujétion nationale et politique seront les traits distinctifs par lesquels ils souhaiteront s'imposer. Comme Romain Rolland, ils se veulent « au-dessus de la mêlée ».

Romain Rolland, né quatre ans avant la guerre de 1870, mort à la fin de la Seconde Guerre mondiale, n'est pas seulement le musicien hors pair discutant avec Strauss le livret de *Salomé*, ou l'auteur de *Jean-Christophe*. Il est aussi de ces rares hommes qui, dans le vent de folie des années 1914-1918, ont su lier leur vie à leur pensée : il choisira le bannissement et l'exil plutôt que de donner son acquiescement à

l'atroce et inutile tuerie de la guerre. A l'opposé, Barrès, prophète d'un nationalisme étroit, est l'un des premiers à donner le départ au roman politique. Un Martin du Gard, par contre, est le type même de l'écrivain non engagé, ce qui ne veut pas dire qu'il est indifférent. Il voit l'histoire des *Thibault* à travers un écran au-delà duquel les hommes s'occupent à devenir des hommes. C'est un combat solitaire, comme celui de Jean Barois, et cela seul intéresse Martin du Gard.

De la bourgeoisie fin de siècle, Duhamel est le prototype. La *Chronique des Pasquier* est une tapisserie bourgeoise, aux vertus bien françaises. Pour André Maurois, fin, rusé, un peu Normand bien qu'Alsacien, auteur des *Silences* (pleins d'humour) *du colonel Bramble*, la vie est une agréable promenade. Mauriac s'est fait le peintre de la haute société bordelaise et c'est pourquoi, peut-être, ce grand styliste laisse toujours un peu son lecteur sur sa faim. Effrayé de ce qu'il voit, mais qu'il ne peut s'empêcher de montrer, il escamote. Avec Saint-Exupéry, on aborde les « écrivains de genre ». Le grand enthousiasme qu'il a suscité, il y a quelque trente ans, semble aujourd'hui à bout de souffle : entre Saint-Ex et son œuvre, il y a eu la « drôle de guerre ». Giono l'utopique, le Giono des amples rêveries a, paradoxalement, les pieds solidement ancrés dans la terre. *Regain, Colline* sont les *Géorgiques* du XXᵉ siècle. Mais lorsque Giono abandonne un peu de son symbolisme, il atteint, dans *le Hussard sur le toit*, au meilleur picaresque. De la terre épaisse de Giono surgit une symphonie de fleurs, d'animaux soyeux : l'univers de l'incomparable Colette, friande de mots, palpant de tous ses sens le monde magique de *Sido* ou des *Vrilles de la vigne*, se rebellant en femelle craintive

Marcel Proust.

Paul Valéry.

La littérature

contre le mâle dans les *Claudine*. Pagnol, lui, est un créateur d'hommes : qui songerait à nier l'existence réelle d'un Marius, d'une Fanny. Son œuvre sent la bonne cuisine, on y parle comme chez soi, et quel tour de force : réussir à faire de la bonne littérature avec de bons sentiments !

Mais l'un des grands moments du siècle est celui où se sont imposés Valéry et Proust. Un poète, un prosateur. Dans le tumulte des années 1920, la figure de Valéry se dresse comme un monument à la liberté. S'il est un esprit que n'enchaîne aucune mode, que seul occupe « la volupté spirituelle », c'est bien celui-là. Le grand souci de Valéry, en faisant du monde l'instrument de son plaisir cérébral, a été de créer une période pure. Ce plan de désintéressement par lequel il a essayé de purifier son art correspond à ce même plan où Marcel Proust a porté l'analyse psychologique. Cette œuvre unique, dont le temps perdu mais retrouvé forme la trame, n'aurait peut-être jamais existé si Proust, grand asthmatique, n'avait dû se réfugier dans le sanctuaire de sa chambre et poser un écran entre le monde vivant et lui. Dès 1909, retiré dans sa thébaïde du boulevard Haussmann, il s'installe sur le bord de l'écoulement des jours et suit le fil d'un passé magique. C'est d'un œil à facettes qu'il revoit le théâtre du monde, mais sans amertume, avec le style de la mémoire, transcendé par l'intensité émotionnelle et cette complexité singulière

François Mauriac et André Gide.

de la forme qui conduit aux abysses de l'univers intime.

Par son métier même d'ambassadeur, Claudel a acquis une vision planétaire qui en fait le contraire d'un intimiste. On peut ne pas partager ses convictions, mais on ne peut nier qu'il soit le plus grand dramaturge de ce siècle. Grand, Claudel restera grand. Du *Soulier de satin* au *Partage de midi*, c'est un énorme souffle épique, qui transfigure les mots de tous les jours. Gide, le vieil ennemi de Claudel, oscillant toujours entre deux extrêmes, catholicisme et protestantisme, conservatisme et communisme, a tenu pendant cinquante ans l'avant-scène. Et brusquement son étoile a pâli, sa sincérité a été remise en question. Comme il le dit lui-même, il s'est fait « l'avocat de tout ce qui n'a pas encore pu ou su parler, de tout ce qu'on n'a pas encore su ou voulu entendre ».

En marge de la psychologie prous-tienne et gidienne, au-delà de la réalité merveilleuse du quotidien et des paradis perdus de l'enfance, Jean Giraudoux a fait naître un monde à part, tout de féerie, de poésie et de fiction. Des *Provinciales* à la *Folle de Chaillot*, dans son théâtre qu'il considère « comme la seule forme d'éducation morale ou artistique d'une nation », dans la prose, ce normalien, auquel on reproche trop volontiers le raffinement de son langage, a su rafraîchir la littérature d'un vent de vacances et de pureté originelle.

Les débuts de Jean-Paul Sartre *(la Nausée)* et d'Albert Camus *(l'Etranger)*, entre 1938 et 1942, inaugurent une nouvelle échelle des valeurs. Elle étend son influence à toute la génération qui commence à lire au temps de l'occupation allemande. Au romantisme exalté des héros de Malraux, à la théorie de l'inutile de Montherlant, Sartre oppose la liberté, Camus la révolte.

Colette.

Une scène de « le Diable et le Bon Dieu », de J.-P. Sartre, avec Maria Casarès, Pierre Brasseur et Marie Olivier.

La musique

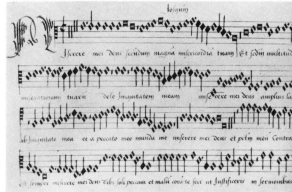

Ci-dessus : « Miserere »,
de Josquin des Prés.
Partie d'alto.

À gauche :
« Le Joueur de luth ».
École française, XVII⁰ s.

À droite :
le compositeur
Barthélemy Beaulaigue,
né vers 1540.

Si les Français n'ont pas, selon Voltaire, la tête épique, force nous est d'admettre qu'ils n'ont guère plus la tête musicale, ou qu'ils n'accordent à la musique ni toute l'attention, ni tout le goût, ni tout le prix qu'on pourrait attendre du pays qui vit naître Pérotin, Berlioz ou Gabriel Fauré.

« Art aristocratique », comme l'affirmait Ravel, la grande musique française a, depuis toujours, refusé le contact avec l'élément populaire, non seulement pour élever l'âme de son peuple aux dimensions universelles, mais dans la seule nuance qui lui permît l'adhésion spontanée d'une couche de public qu'un Falla, un Villa-Lobos ou un Bartok n'ont pas méprisée.

Et, réciproquement, cette couche de public n'a jamais considéré que l'ensemble du progrès humain comporte un progrès musical, et borne sa « culture » à quelques refrains endormis au fond de la mémoire pour illustrer, un beau jour, l'art d'être grand-père...

Un panorama de l'histoire musicale de la France risquerait, cependant, de provoquer quelques surprises. On y parlait encore le latin quand naquit, en effet, la musique française, première manifestation de son génie.

« SOLUS GALLUS CANTAT... »

Les bouleversements qui surgissent au cours des premiers siècles de l'ère chrétienne n'empêchent pas la musique de s'organiser en France, où elle reprend, plus tôt qu'ailleurs, force et vie.

Dès le X⁰ siècle, les jeux pastoraux, les chantefables et les drames liturgiques en constituent les manifestations les plus importantes, et c'est, en marge de la société féodale, les différents registres qui se trouvent bientôt définis : pour la noblesse, l'art des troubadours et des trouvères, poètes et compositeurs, mais également instrumentistes et représentants, à ce titre, de la musique savante; pour les clercs, l'épanouissement du chant grégorien et l'essor de la polyphonie vocale; pour la classe servile, paysans et roturiers, le chant populaire, expression immédiate du sentiment na-

tional, né du besoin naïf de « sonoriser » la vie et de s'y réserver une mission sociale, tantôt élevée et tantôt compatissante.

La prodigieuse richesse de ces chants qu'inspirent tour à tour la légende, l'amour, la guerre, le travail, les fêtes et la simple anecdote, demeure un sujet d'admiration pour celui qui a gardé à l'étiquette de « folkloriste » une acception exempte d'intentions péjoratives. Un Henry Prunières, un Julien Tiersot ou un Joseph Canteloube ont pu consacrer le meilleur de leur activité à

Ces airs dont la lenteur
est celle des fumées
Que le hameau natal exhale
de ses toits.
Ces airs dont la musique
a l'air d'être en patois...,

mais aucun de nos grands compositeurs ne s'avisera de faire appel à la source d'inspiration qu'ils pourraient constituer. La musique de Gabriel Fauré ne révèle pas plus ses origines ariégeoises que celle de Berlioz ses attaches avec le

133

La musique

Dauphiné, et, par ailleurs, les fanatiques de *negro spirituals*, de chants russes et de flamenco s'obstinent à ignorer ce magnifique héritage et sa paradoxale abondance. C'est exceptionnellement que tous les fils du Roussillon peuvent chanter « Montanyas Regaladas » ou « Lou Pardal » et que certains villages des environs de Sartène retentissent encore des accents plaintifs ou sauvages des *voceri*. « La poésie populaire et purement nationale a des naïvetés et grâces par où elle se compare à la principale beauté de la poésie parfaite selon l'art. Comme il se voit ès villanelles de Gascogne, et aux chansons qu'on nous rapporte de nations qui n'ont connaissance d'aucune science ni même d'écriture. » (Montaigne.)

Quant aux trouvères et troubadours dont l'image a été si souvent évoquée, errant d'un château à l'autre, la vielle au col, leurs chants sont œuvre de poètes et de musiciens de cour, faisant appel à des modes distincts de ceux de la liturgie grégorienne et ne redoutant pas un certain hermétisme auquel le profane n'avait pas accès. L'atmosphère tonale et modale de Debussy et de Ravel se rencontre déjà dans les charmants rondeaux d'Adam de la Halle, de Bernard de Ventadour, Bertran de Born ou Thibaut de Champagne, dont les jongleurs et ménestriers composaient leur répertoire.

Enfin, il nous faut souligner l'importance du chant religieux au Moyen Age et le rôle de novateur de la France dans le domaine de la polyphonie. Les abbés de Saint-Martial de Limoges et ceux de Fécamp précèdent, à cet égard, la fameuse école de Paris, où Léonin et Pérotin le Grand, organistes à Notre-Dame, consacrent la liberté mélodique et rythmique du contrepoint improvisé sur un thème de plain-chant.

À gauche :
Jean-Baptiste Lully.

Ci-contre :
François Couperin.

Telles sont les origines de la musique française. Mais l'oreille des amateurs y prête peu d'attention, d'autant qu'en dehors de quelques disques il est pratiquement impossible d'en connaître les manifestations. Les chants folkloriques eux-mêmes ne sont guère appréciés qu'à partir de l'époque où s'affirme la tonalité. *La Bataille de Marignan* (Janequin, vers 1530) est encore un document ; *l'Amour de Moy* affirme une vie rayonnante. C'est probablement la première en date des œuvres vraiment populaires antérieures aux temps modernes.

MUSIQUES ET MUSICIENS DE COUR

Depuis Charles V, qui commanda pour son sacre une messe, demeurée célèbre, à Guillaume de Machault, c'est une tradition pour les rois de France que de s'attacher les plus éminents musiciens de la génération. Ainsi trouvons-nous Jean de Ockeghem auprès de Charles VII, Guillaume Dufay auprès de Louis XI, Jean Mouton auprès de Louis XII, Clément Janequin auprès de François Ier, Guillaume Costeley auprès de Charles IX, Eustache Du Caurroy auprès d'Henri IV, François Couperin et Lully auprès de Louis XIV et Jean-Philippe Rameau auprès de Louis XV.

Mais Louis XIII composait de la musique et Henri IV, François Ier et Louis XIV eux-mêmes écrivaient des chansons... L'exemple venait de haut !

L'apparition des formes musicales nouvelles, opéra, ballet de cour, pièces instrumentales, donne aux compositeurs l'occasion d'affirmer la même qualité de sensibilité, la même fine élégance, la même concision et la même absence d'emphase qui caractérisent notre race, avec tant de talent que Debussy verra en eux, plus tard, les maîtres de toute musique.

Ceux-là seuls qui composent l'école de Versailles (Lully, Cambert, Couperin et Rameau) pourraient donner une idée suffisante de ces deux siècles qui résument la période classique, synonyme de mesure, de logique et d'équilibre. Mais il faudrait citer, également, Marc-Antoine Charpentier, Jean-Marie Leclair, Michel-Richard de Lalande, célèbre pour ses *Sinfonies pour les Soupers du Roy*, et le Provençal André Campra dont *les Fêtes vénitiennes* avaient enchanté la société frivole de la Régence, toujours prête à s'embarquer pour Cythère...

Jamais sans doute l'histoire n'a enregistré une telle conjonction de talents soumis à la même généreuse discipline et qui sont tantôt la réplique à la majestueuse cadence d'un Racine et tantôt le décor sonore à ces fêtes princières et à ces déjeuners sur l'herbe signés Fragonard, Pater ou Lancret.

L'admirable est que cette période ait pu prendre fin sur l'une des œuvres les plus importantes du génie français, celle de Jean-Philippe Rameau (1683-1764). Ce Bourguignon, « aussi hâve et aussi sec que Monsieur de Voltaire » auquel on l'a souvent comparé, a été l'un des grands théoriciens de son temps avant d'en devenir le meilleur compositeur, et son *Traité de l'harmonie réduite à ses principes naturels* ne pouvait que séduire une génération avide de philosophie expérimentale. Rousseau lui-même, qui devait être son pire ennemi, n'hésitait pas à lui reconnaître « une tête bien sonnante », mais ne comprenait pas dans quelle nuance il pouvait affirmer que « la vraie musique

Scène des « Indes galantes »,
de Rameau, à l'Opéra de Paris.

est le langage du cœur » et que l' « expression est l'unique objet du musicien ».

C'est que l'écriture de Rameau était d'un modernisme capable de dérouter le philosophe, qui se piquait, cependant, de culture musicale. « Novateur sacrilège qui osa s'affranchir des routes connues et porter à nos oreilles des accords ignorés », voilà ce que sera Rameau compositeur pour ses contemporains...

Deux siècles d'évolution musicale ont-ils permis une révision de ce procès? ou l'autorité de deux personnalités aussi dissemblables que Saint-Saëns et Debussy se trouvant d'accord pour voir en lui le plus grand génie français? ou la connaissance plus approfondie de son

Hector Berlioz.

œuvre que permet, notamment, le microsillon, en marge de travaux de musicologie ou de seule vulgarisation? Il s'en faut de beaucoup que Rameau ait l'audience à laquelle il pourrait prétendre — celle de Bach —, alors qu'il n'a même pas, en France, celle de Vivaldi!

LE VOLCANIQUE HECTOR BERLIOZ

Un silence de soixante-cinq ans suivit la mort de Rameau, que devait rompre l'arrivée, en pleine bataille romantique, d'Hector Berlioz.

La *Symphonie fantastique*, créée en 1830, cristallisait à sa manière les aspirations contemporaines et éclatait comme une bombe dans le monde de la musique, alors dominé par Meyerbeer, Auber et Spontini. Jamais encore l'école française n'avait mis en œuvre une telle puissance de moyens d'expression, une si rare palette sonore; jamais

elle n'avait évoqué un univers aussi riche de résonances, et notamment dans le domaine du fantastique et de l'hallucination; jamais elle n'avait apporté le plus magnifique démenti à cette idée que la musique est le fruit tardif de toute civilisation.

Venant l'année même d'*Hernani*, cette œuvre, qui est beaucoup plus un vaste poème symphonique qu'une symphonie, échappait à toute commune mesure, peut-être parce qu'elle était déjà à l'image de son créateur, et qu'elle se faisait l'écho de son âme tumultueuse avec une prestigieuse éloquence. Elle nous étonne aujourd'hui encore pour toutes ces raisons, et aussi par la dimension nouvelle qu'elle apportait à la perspective symphonique et dont devaient bénéficier tous les orchestrateurs, de Saint-Saëns à Honegger, Messiaen et Dutilleux.

Tout comme Hugo et Delacroix, Berlioz a dominé son siècle, avec une intuition incroyable de l'avenir réservé aux différents éléments de la musique, que ce soit les formes ou la mélodie, l'harmonie ou le rythme; mais surtout par la portée d'une œuvre sans modèles et sans antécédents que son enthousiasme lui a permis de mener à bien comme s'il devait « vivre jusqu'à cent quarante ans pour que la carrière musicale finisse par s'ouvrir devant lui... ».

L'audience universelle de *la Damnation de Faust*, du *Requiem*, de *Roméo et Juliette*, des *Troyens*, du *Te Deum* et de la *Symphonie funèbre et triomphale* a-t-elle mis un point final au « cas » Berlioz? Ce « cas », diamétralement opposé à celui de Rameau, pose au moins le même problème et bute sur la même inconnue : la « tête musicale » de ses compatriotes...

UN SIÈCLE D'ART LYRIQUE

Indifférent aux manifestations les plus abstraites de la musique, et laissant aux salons romantiques le privilège d'applaudir un Frédéric Chopin qui venait vivre et mourir au pays de ses ancêtres, le Français s'intéressera beaucoup plus tôt aux prouesses de l'art lyrique et l'influence la plus périssable de l'Italie le marquera jusqu'à nos jours.

Non qu'il s'agisse, en l'occurrence, d'un genre mineur. Un malentendu subsiste, à ce sujet, dans le Landerneau de la musique, où, paradoxalement, les pires sourds semblent se rencontrer! *Carmen* paraît vulgaire pour certains auditeurs qui font leurs délices du concerto de Tchaïkovski, et d'autres, qui apprécient

Une scène de « Faust », à l'Opéra de Paris.

apparemment *Cosi fan tutte* ou *les Noces*, n'ont que mépris pour *Gianni Schicchi* ou *Madame Butterfly*. (« Puccini? connais pas... », affirmait Pierre Boulez, qui ignorait sans doute alors que Schoenberg le tenait en haute estime!)

Or, bien avant que le *Faust* de Gounod (créé en 1859 et jugé alors « musique sans mélodie ») et la *Carmen* de Bizet (créée en 1875 et considérée comme « musique cochinchinoise... ») aient renouvelé leur public et acquis droit d'audience auprès des musicologues, des snobs et des simples amateurs, l'opéra français avait ses lettres de noblesse et groupait autour d'un registre défini par ses spécialistes un style d'auditeurs qui, après avoir pleuré comme Margot, ne redoutaient pas, cinquante ans plus tard, de rire comme Paillasse... Encore faut-il admettre que Berlioz n'eut jamais, de son vivant, l'occasion d'entendre intégralement *les Troyens* et que *Benvenuto Cellini* n'a tenu l'affiche que pendant quatre soirées, du reste désastreuses!

Le Français moyen n'en prenait pas moins régulièrement la route du palais Garnier ou de la salle Favart et, bien qu'ignorant tout du reste de la musique, devenait patiemment un aficionado du contre-*ut*, pour applaudir Halévy, Ambroise Thomas et, plus tard, Massenet. La religion wagnérienne, orchestrée par les littérateurs, et surtout la création de *Pelléas* (30 avril 1902) portèrent un coup très dur à cette optique du théâtre musical, et malgré certaines réussites isolées (*Louise* en 1900, *Mârouf* en 1914, *Ginevra* en 1938, *Dialogues des*

135

La musique

Carmélites en 1957), compositeurs, critiques et grand public se renvoient périodiquement la balle depuis cinquante ans pour affirmer la mort de l'art lyrique. Gilbert Bécaud, qui y croyait encore, en a fait la dernière expérience avec l'*Opéra d'Aran*.

LE « GAY PARIS » DE LA MUSIQUE

Une constante beaucoup plus réconfortante se lit en marge de genres plus légers, tels que le ballet ou l'opérette, dont l'audience s'est toujours maintenue. Arraché à l'opéra, où « tout le bonheur et le malheur des personnages consistait à voir danser autour d'eux », le prétexte musical apporté à la chorégraphie vit de sa vie propre et donne naissance, sous la plume d'un Adolphe Adam, à un grand classique comme *Giselle* (1841) ou, sous celle d'un Léo Delibes, à des chefs-d'œuvre tels que *Coppélia* (1870) ou *Sylvia* (1876), avant d'inspirer à André Messager *les Deux Pigeons* (1886), et *le Bal de Béatrice d'Este* à Reynaldo Hahn (1909).

L'influence des Ballets russes sera considérable dans cette indépendance prise par la musique chorégraphique à l'égard de l'art lyrique. *La Tragédie de Salomé* (Florent Schmitt, 1907), *Jeux* (Debussy, 1913), *Parade* (Eric Satie, 1917), *les Biches* (Francis Poulenc, 1924), *les Fâcheux* (Georges Auric, 1924) ou *le Train bleu* (Darius Milhaud, 1924) devront la vie à l'initiative de Serge de Diaghilev, et un Henri Sauguet, qui avait écrit *la Chatte* pour l'illustre compagnie dès 1927, y trouvera son expression maîtresse (*les Mirages*, en 1933 ; *les Forains*, en 1945, etc.).

En dépit des sens interdits imposés aux compositeurs de l'après-guerre, de nouvelles partitions ont pu récemment prendre rang dans le sillage de leurs aînées : *les Noces fantastiques* de Marcel Delannoy, *Guignol et Pandore* d'André Jolivet, *la Croqueuse de diamants* de Jean-Michel Damase, etc.

Si Hervé fut le véritable créateur de l'opérette, cette « fille de l'opéra-comique qui a mal tourné », Offenbach en demeure le maître le plus représentatif pendant le second Empire, et, parmi la centaine de partitions qu'il a laissées, la « Tétralogie de l'Exposition » (*la Vie parisienne*, *la Grande Duchesse*, *la Périchole* et *les Brigands*) suffirait à la gloire du genre.

Après lui, Lecocq, Audran, Varney ou Planquette devaient faire les beaux soirs de la fin du siècle dans des spectacles parfaitement accordés aux secrets désirs de la bourgeoisie et d'une couche d'auditeurs capable de se renouveler, sans broncher, jusqu'à nos jours. *La Fille de M*^{me} *Angot*, *la Mascotte* ou *les Cloches de Corneville*, partitions presque centenaires, gardent aujourd'hui la même inusable audience et le même intarissable succès, malgré la valse des modes et des snobismes.

Un André Messager, musicien racé à qui allait échoir l'honneur de créer *Pelléas*, inaugurait, de son côté, avec *Véronique*, une série de petits chefs-d'œuvre capables d'arracher le public de la Belle Epoque au légendaire décor Toulouse-Lautrec, et d'atténuer l'image qu'on en pouvait garder des seuls fêtards cherchant fortune autour du Chat-Noir... ou du Moulin-Rouge. L'élégance, la sensibilité, le charme et l'esprit de ses partitions marquent l'âge d'or de l'opérette française, dont l'un des derniers témoignages devait être la *Ciboulette* de Reynaldo Hahn (1923).

Au reste, il n'est pas certain que le suffrage universel en décide ainsi, puisqu'il fit un triomphe à *Phi-Phi*, *Ta bouche* et *Un soir de réveillon*, avant de consacrer *Violettes impériales* et *la Belle de Cadix*...

LE RENOUVEAU DE LA MUSIQUE FRANÇAISE

Pendant de longues années, et pratiquement jusqu'à la Première Guerre mondiale, le théâtre lyrique fut donc le seul moyen, pour un compositeur, d'être pris en considération et de prétendre à une carrière.

Il a fallu *le Roi d'Ys* pour que le nom d'Edouard Lalo émerge de quarante ans de silence et d'injustices, comme il a fallu *Samson et Dalila* pour consacrer celui de Camille Saint-Saëns. Et pourtant, depuis 1871, la Société nationale, dont il avait été le fonda-

Camille Saint-Saëns.

Jacques Offenbach.

À gauche : une scène de « la Belle Hélène », d'Offenbach.

À droite : une scène de « Samson et Dalila », de Saint-Saëns.

Georges Bizet.

Édouard Lalo.

Ci-contre :
une scène
de « Carmen »,
de Bizet,
à l'Opéra-
Comique.

Scène de « Masques et Bergamasques », de Fauré, à l'Opéra-Comique.

pline découlant logiquement de ses origines wallonnes que César Franck, apôtre de la musique s'il en fut, prêchait ainsi le culte wagnérien, en tentant d'acclimater certains de ses procédés à l'esprit de la musique française. La hauteur de son enseignement et de sa conception du « métier » musical en fit un maître incontesté, et ses disciples ont pu donner, dans son sillage, quelques œuvres capitales de la fin du siècle : poème, symphonie et sextuor de Chausson, mélodies d'Henri Duparc, *Symphonie cévenole* de Vincent d'Indy, symphonies de Guy Ropartz.

Œuvres d'une solide facture et d'une ambition toujours noble, elles reflètent une sorte de second romantisme par l'inquiétude qu'elles expriment et la toute-puissance de l'effusion lyrique. L'émotion y est sans cesse présente, jusqu'à en exclure la fantaisie et l'humour, et c'est dans ses limites que joue le plaisir musical.

Cependant, quand, à la même époque, un jeune compositeur ose affirmer que la musique française veut avant tout « faire plaisir », il a, dans l'ambition de réaliser ce dessein, une autre optique et d'autres recettes. Aux tendresses

teur, s'était donné pour mission de défendre la tradition française et d'encourager les compositeurs à cultiver les formes les plus hautes de l'expression musicale. Lui-même, grand virtuose du piano, capable de jouer sur-le-champ n'importe quelle sonate de Beethoven, de Mozart ou de Haydn, n'avait jamais cessé de mettre son talent au service du plaisir raffiné que ses auditeurs pouvaient trouver dans un tel répertoire, et sa production personnelle participait d'une même préoccupation (3 symphonies, 5 concertos de piano, musique de chambre, oratorios, poèmes symphoniques, etc.).

En quelques dizaines d'années, cet effort pour la réhabilitation de la mu-

sique pure avait porté ses fruits, et si le public de la Société des Concerts boudait encore la *Symphonie* de César Franck en 1889, celui de la Société nationale amenait Gustave Doret à bisser, séance tenante, la première audition du *Prélude à l'après-midi d'un faune* (1894).

A l'influence italienne qui avait marqué l'art lyrique, l'influence allemande, et spécialement wagnérienne, ne devait pas, cependant, tarder à succéder dans le domaine symphonique et instrumental, et l'élégante clarté d'un Gounod et d'un Saint-Saëns fut abandonnée pendant quelque temps au bénéfice de la « musique de l'avenir ». Mais c'est d'un cœur ingénu et suivant une disci-

Ernest Chausson.

La musique

crépusculaires de l'automne, il préférera d'emblée le fougueux appel du printemps ; au respect des formes consacrées, le caprice d'une inspiration souriante. Son nom : Claude Debussy.

DEBUSSY OU « CLAUDE DE FRANCE »

Né au cœur de l'Ile-de-France et d'une famille très modeste de petits commerçants, Claude Debussy eut, pour sa formation, la chance de « rencontres » exceptionnelles grâce auxquelles son métier de musicien, normalement acquis pendant ses classes, put sortir de l'esprit de chapelle et opérer immédiatement

la synthèse avec les autres expressions de la pensée. Ce fut d'abord Paul Bourget, dont l'autorité était alors considérable et qui, bien avant Pierre Louÿs, ouvrit au jeune compositeur des horizons sur la littérature et l'art de son temps ; puis Jean de Tinan, Henri de Régnier, Paul Valéry et Pierre Louÿs lui-même, qui devait l'amener chez Mallarmé.

Par ailleurs, les voyages successifs qu'il fit en Italie et en Russie comme « pianiste familier » de Mme von Meck, l'amie bien-aimée de Tchaïkovski, lui avaient permis un contact vivant avec un univers musical bien différent de celui du Conservatoire et de la Villa Médicis. Si bien qu'à la trentaine, et définitivement fixé à Paris, il pouvait choisir Verlaine et Baudelaire comme paroliers de ses mélodies, réaliser, autour de l'Après-midi d'un faune, une paraphrase capable d'étonner Mallarmé (« Je croyais moi-même l'avoir mis en musique... ») et se prendre d'une passion commune à tous les musiciens de sa génération pour le théâtre de Maeterlinck.

A cette pléiade d'écrivains français ou d'expression française, les séductions diaphanes de D. G. Rossetti et les visions fantastiques d'Edgar Poe s'opposèrent passagèrement, mais sans altérer l'esprit d'une expression à laquelle le piano (Estampes, Images, Préludes), l'orchestre (Iberia, la Mer), les mélodies (Fêtes galantes, le Promenoir des deux amants, Ballades de Villon) et le théâtre (Pelléas et Mélisande, projet du Diable dans le beffroi, d'Orphée roi, de Tristan...) devaient tour à tour leur style.

Si les doutes ont pu s'emparer de lui à un certain moment de la course, et notamment dans le domaine de l'art lyrique, la partie la plus importante de l'œuvre de Debussy atteste résolument ce désir d' « ouvrir la fenêtre », parfois même sur une syntaxe (Jeux, 1913) dont

Claude Debussy.

À gauche : une scène de « Pelléas et Mélisande ».

le milieu du XXe siècle saura comprendre la leçon.

Ses dernières œuvres (trois sonates pour différents instruments) pourront trahir une élaboration plus pénible, conséquence de la maladie et des conditions défavorables dans lesquelles elles ont été réalisées, sans que l'essentiel de son message s'en trouve altéré.

Il demeure l'un des compositeurs les plus originaux de l'école française et, dans la continuité qu'il suggère avec l'expression d'un Couperin ou d'un Rameau, le plus définitif du début du XXe siècle.

AUTOUR DE MAURICE RAVEL

L'influence de Debussy fut considérable, et le demeure, mais la présence de Ravel dépasse la sienne. Il faut dire que le catalogue, peu nombreux, de ce Basque, élève de Fauré et qui ne put jamais obtenir le prix de Rome, est d'une qualité telle qu'on y chercherait en vain une œuvre mineure, un déchet. Il contient, par ailleurs, certaines

pages d'une intensité à laquelle aucune autre ne pourrait être comparée. Le « lever du jour » de Daphnis et Chloé est, sans nul doute, le chef-d'œuvre de toute la musique française et, si la popularité du Boléro et de la Pavane pour une infante défunte repose sur un malentendu, les amateurs de perfection formelle et de « proportions harmonieuses » pourront toujours justifier leur prédilection pour le quatuor ou les concertos. L'art doit-il être magie ou féerie, et son but, comme l'affirmait Braque, est-il de « troubler » ? La réponse de Ravel devient Ma Mère l'Oye, la Valse ou l'Enfant et les sortilèges. Se veut-il jeu et fantaisie de l'esprit ? Nous avons l'Heure espagnole et les Chansons madécasses. Est-il témoignage ou langage du cœur, fût-ce de celui qui se refuse à tout aveu ? D'innombrables exemples s'en trouveraient, du Tombeau de Couperin au Trio et aux Histoires naturelles.

Cet ensemble de privilèges ne peut, cependant, expliquer la faveur dont jouit, de plus en plus, l'œuvre de Ravel, alors que le « cas Fauré » est sans cesse à l'ordre du jour, se réclamant d'une égale maîtrise, d'une semblable variété et d'un même critère de beauté musicale que le maître avait su imposer à ses disciples. Le charme, le lyrisme et jusqu'à un certain hédonisme où la sensualité a ses droits seraient, cependant, a priori, conformes aux secrètes exigences d'un public qui a rarement admis le principe de l'audition la tête dans les mains... N'ayant jamais franchi les limites des salons où elles ont vu le jour, les mélodies, les pièces de piano et la musique de chambre de Fauré

Maurice Ravel.

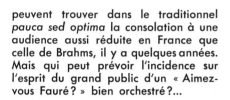
Ci-dessus : Darius Milhaud (au centre).

À droite : Pierre Boulez, lors d'une répétition.

peuvent trouver dans le traditionnel *pauca sed optima* la consolation à une audience aussi réduite en France que celle de Brahms, il y a quelques années. Mais qui peut prévoir l'incidence sur l'esprit du grand public d'un « Aimez-vous Fauré ? » bien orchestré ?...

LES RAISONS DE LA MUSIQUE D'AUJOURD'HUI

Le même public, c'est bien connu, qui lit Mauriac ou Robbe-Grillet, qui ne manquerait à aucun prix une première d'Ionesco ou de Montherlant, qui va même jusqu'à visiter le Salon des Réalités nouvelles, en reste, pour la musique, à un répertoire centenaire. Ceux-là même qui ont admis certaines « hardiesses » de l'expression contemporaine ont rarement la curiosité d'explorer ces filons inconnus que les compositeurs de notre génération pourraient leur révéler et sur lesquels le monde entier a les yeux fixés. Les sifflets qui ont jadis accueilli Florent Schmitt, Honegger et Milhaud, ou, plus près de nous, Jolivet ou Messiaen, se sont eux-mêmes effacés derrière l'indifférence blasée, la crainte de paraître rétrograde et surtout la désertion pure et simple des salles de concerts.

Il est, pourtant, peu de villes au monde où l'activité musicale soit aussi grande qu'à Paris et où la musique contemporaine ait d'aussi brillants défenseurs. Les plus grands solistes français, dont le style est universellement apprécié dans le répertoire classique ou romantique, défendent avec une égale vaillance ces partitions complexes, et l'O. R. T. F., fidèle à sa mission éducatrice, équilibre au mieux ses programmes pour leur assurer une innombrable audience.

Mais, en cinquante ans, la musique occidentale a subi plus de métamorphoses qu'elle ne l'avait fait en trois siècles, et les manifestations de l'école viennoise, qui n'avaient provoqué, entre les deux guerres, qu'un mouvement de curiosité, ont été placées, depuis 1945, au premier plan de l'actualité.

Désormais, et de moins en moins, il sera possible à l'amateur de suivre l'évolution des techniques compositionnelles, et le retard qu'il prendra peu à peu, à cet égard, sera à la base de nouveaux malentendus dont la principale victime sera la musique elle-même.

On conçoit, du reste, l'impression de vertige qui peut s'emparer du musicien comme du critique et, à plus forte raison, du simple auditeur, devant le tourbillon d'événements musicaux qu'on a enregistrés, ne fût-ce qu'au cours des vingt dernières années : musiques concrètes, électroniques, expérimentales, stochastiques (ou probabilistes), « retour aux sources » à l'aide d'incroyables recherches de percussion, ou musiques... aléatoires, dont le hasard est le grand maître ! Ajoutons qu'une publicité très habile au seul bénéfice de ces expressions a contribué à dérouter le consommateur et à détourner son attention des autres créateurs fidèles à la syntaxe qui, depuis des siècles, faisait battre le cœur de la musique.

Des *Escales* de Jacques Ibert aux symphonies de Marcel Landowsky, du *Loup* d'Henri Dutilleux au *Requiem* de Maurice Duruflé, les exemples ne manquent cependant pas d'une écriture étrangère à tout système et capable d'exprimer, d'une manière originale et neuve, des idées parfaitement valables. La grande tradition lyrique et symphonique de la fin du siècle dernier trouve encore un écho dans bon nombre de partitions qui en seront peut-être l'ultime témoignage, mais dont nul ne pourra nier la puissance et l'intérêt : *Psaume 47* de Florent Schmitt, symphonies d'Honegger et de Rivier, concertos d'André Jolivet, *Chemin de croix* d'Emile Damais, *Petites Liturgies de la présence divine* et *Turangalîla-Symphonie* d'Olivier Messiaen, etc.

Que l'auditeur cultivé fasse ensuite un effort pour avoir accès à l'écriture d'un Pierre Boulez *(le Marteau sans maître, Pli selon pli)*, d'un Gilbert Amy *(Diaphonies, Alpha-Beth)* ou d'un Jean-Louis Martinet *(Orphée)*, et il comprendra que le séisme qui bouleverse, depuis plus d'un demi-siècle, la tradition tonale arrive exactement à son heure et accomplit, en tout point, sa mission historique.

L'abandonner, pour l'heure, à cette croisée des chemins où les équations surgissent entre les portées, où les bruits font bon ménage avec les sons musicaux, c'est évoquer son désarroi et son inquiétude non seulement en fonction d'une sensibilité qui lui fait encore défaut, mais d'un esprit critique incapable de distinguer la bonne musique sérielle de la mauvaise !

Et compte tenu, bien entendu, d'une indifférence à l'idée de joie ou de simple plaisir, liée au système tonal, et reléguée, elle aussi, dans les archives de la musique !...

Les vacances

Les vacances! C'est, dit-on, la grande affaire des Français. D'aucuns les accusent même d'y penser beaucoup trop et de ne faire du reste de leur vie qu'une longue attente de ces quelques semaines magiques. Mais, pour certains, les vacances sont plus que de simples jours de repos rendus nécessaires par le rythme épuisant de la vie moderne : elles ont encore un goût de victoire populaire.

Les congés payés datent de 1936 et les départs commencèrent aussitôt. Les routes se couvrirent de bicyclettes et de tandems, les gares virent défiler de véritables cortèges avec musique en tête, mais trois ans plus tard la guerre était déclarée. Il fallut attendre les années 50 pour bouger à nouveau et reprendre le chemin des vacances. C'est donc, à y réfléchir, un phénomène relativement récent, mais qui, d'année en année, concerne un nombre sans cesse croissant de Français et de touristes étrangers.

JOURS DE FOLIE

Certains jours de l'été, la France devient folle : la crise atteint son paroxysme du 30 juillet au 2 août. Des centaines de trains supplémentaires, bondés de voyageurs, déversent le trop-plein des citadins vers la campagne, la montagne et surtout la mer. Toutes les routes sont encombrées de longues théories de voitures plus ou moins écrasées sous le poids des bagages entassés sur le toit. Chaque village, presque chaque carrefour est l'occasion d'un embouteillage. C'est l'heure de la grande migration.
Le problème de l'étalement des vacances est devenu, très vite, une affaire d'Etat. Mais les efforts entrepris jusqu'ici ont, en partie, échoué. Juillet et août restent les deux mois de « pointe », à cause des vacances scolaires et de la fermeture de nombreuses sociétés. Ce sont naturellement les deux mois à éviter, dans toute la mesure du possible, d'autant

Trégastel (Côtes-du-Nord).

que juin est souvent plus chaud et plus ensoleillé, et que septembre, au sud de la Loire surtout, a encore bien des charmes. Mais allez donc le dire à un père de famille!
En partant en juillet et en août, il faut s'attendre, bien sûr, à trouver des lieux de villégiature surpeuplés, des restaurants surchargés de travail, des prix en hausse sensible. Le 15 août, la France affiche «complet» partout. Au Touquet, il n'y a plus une chambre, à Trouville non plus, et l'on vous dit : « Voyez du côté de Lisieux. » A Deauville, on s'ar-

rache les cheveux, à Cabourg on vous conseille d'essayer Caen. Perros-Guirec ne dispose que de 3 000 chambres pour les 80 000 personnes attendues pour le grand pardon de Notre-Dame-de-la-Clarté. Aux Sables-d'Olonne, où l'on procède chaque soir à l'élection d'une miss Tahiti, parce que l'avion Paris-Papeete s'appelle *Vendée*, on réserve les quelques chambres disponibles aux familles nombreuses. A Royan, les estivants font du porte-à-porte ; à Banyuls on les fait coucher sous des tentes collectives ; sur la Côte d'Azur, dans les

Les vacances

cliniques ; à Saint-Tropez, à la belle étoile et à Vichy dans les salles de bains. Les hôteliers et les syndicats d'initiative sont désespérés : tout va bien, les vacances battent leur plein.

COMMENT PARTIR ?

Il y a tout d'abord le train. Les chemins de fer français sont réputés pour leur confort, leur rapidité, leur sécurité, et les grands trains de nuit permettent, sans perdre une seule journée de vacances, des déplacements rapides à longue distance. Et, si l'on ne veut pas faire les frais d'un wagon-lit, les couchettes — de seconde ou de première classe — offrent pour un prix modique un appréciable confort. Parce qu'on l'utilise moins souvent, le train a conservé une certaine poésie de « grand départ ». C'est vrai, il donne l'impression de partir très loin et pour très longtemps. Et le « Train bleu » n'a pas fini de faire rêver les amoureux du monde entier. Quant au voyage de jour, il permet de contempler le paysage si varié de la campagne française et de déjeuner tranquillement au wagon-restaurant. Là encore, des trains rapides sont à la disposition des voyageurs, comme le « Flambeau » sur Paris-Bordeaux, l' « Européen » sur Paris-Strasbourg, ou le célèbre « Mistral » qui met quatre heures pour faire Paris-Lyon et sept heures dix minutes pour Paris-Marseille. Mais, de plus en plus, c'est en voiture que les Français partent en vacances. Peu de pays disposent d'un réseau routier plus vaste que celui de la France — 800 000 km, soit vingt fois le tour de la Terre —, et ces routes que l'on critique tant de nos jours traversent un pays de châteaux, de cathédrales, de musées, de villes d'art. Elles sont jalonnées d'auberges presque toujours appréciées des gastronomes et où « la préparation agréable et raisonnée des aliments » s'appelle encore la cuisine et même la grande cuisine. « Maintenir son véhicule le plus près possible du bord droit de la chaussée, ne jamais franchir les lignes jaunes continues, ne jamais faire demi-tour dans une rue de Paris, ne jamais dépasser 60 km à l'heure dans les agglomérations » sont des règles élémentaires que tout le monde connaît, sauf peut-être cet automobiliste qu'on arrêta dans un sens interdit à Champigny-sur-Marne : « Le code ? connais pas », dit-il aux gendarmes. Les « départementales » sont moins larges, plus sinueuses, mais toujours moins encombrées que les « natio-

Camping dans l'Ardèche.

nales ». Qu'importe de rouler moins vite, si, en fin de compte, on gagne du temps ? Mais les automobilistes français sont parfois des gens étranges. Les voici en vacances, libres de leur temps, libres de vivre à leur guise, et ils s'imposent des horaires plus rigoureux que jamais. Ils se ruent vers l'endroit où ils vont passer trois semaines ou un mois plus vite que s'ils allaient à leur bureau. Sur les « nationales » 5, 6, 7, 10, 12 ou 13, c'est la foire d'empoigne. On conduit la pédale au plancher, les Klaxons hurlent, et parfois c'est le drame. Car rouler sur les routes de vacances, c'est vivre dangereusement : 46 p. 100 des accidents mortels ont lieu durant les grandes migrations automobiles de l'été.

Pour qui veut éviter les longs trajets sur des routes trop encombrées, la S. N. C. F. a mis au point une formule particulièrement pratique : les trains « auto-couchettes », qui permettent aux automobilistes de se reposer en couchettes ou en wagons-lits et de retrouver, à l'arrivée, leur voiture, qui a voyagé dans le même train. Il existe en France des trains auto-couchettes au départ de Paris pour Avignon, Saint-Raphaël, Biarritz, Toulouse, Narbonne ; au départ de Boulogne, d'Amiens, de Metz, de Strasbourg. Il en existe aussi qui relient l'étranger aux régions du Sud-Est, du Sud-Ouest, à la région parisienne, à Boulogne. Il existe enfin, pour ceux qui ne veulent pas s'encombrer d'une voiture, ou qui n'en ont pas — et qui ont des moyens financiers suffisants —, un service train + auto qui permet aux voyageurs de trouver en descendant du train la Peugeot, la Renault, la Citroën ou la Simca qu'ils ont commandée à l'avance, avec ou sans chauffeur.

Déjeuner familial dans une caravane.

CAMPING OU CARAVANING

Mais il ne suffit pas de partir. Encore faut-il savoir où aller et comment organiser son séjour. Pour bien des Français, les vacances sont l'occasion d'un retour au pays natal. Nombre de citadins sont des enfants de la campagne. Pour un mois, ils retrouvent la vieille maison familiale dans le village, ou bien ils s'installent chez des cousins. On revoit ses amis d'enfance, on reprend ses habitudes; on ira à la pêche ou à la chasse, ou tout simplement se promener ou même aider aux travaux des champs. C'est un phénomène particulièrement sensible dans le Centre et le Sud-Ouest, mais qui tend à disparaître avec l'augmentation du pouvoir d'achat. Mieux vivre, c'est aussi choisir librement l'endroit de ses vacances.

Le camping est une formule de vacances à bon marché, et la France — avec ses bords de mer, ses montagnes, ses forêts, ses fleuves ou ses rivières — est la terre d'élection du campeur, qui peut aller partout et trouver en toute saison un lieu d'accueil répondant à ses besoins comme à ses désirs. Il y a de plus en plus de camps autorisés, dont un nombre croissant possèdent clôture, gardiennage, eau courante et ravitaillement sur place ou à proximité, et certains terrains de camping se trouvent dans les parcs mêmes de vieux châteaux ou de grandes propriétés. Pour beaucoup de familles aux revenus modestes, le camping constitue la solution la meilleure, mais elles ne sont pas les seules à passer leurs vacances sous la tente. De moins en moins « libre », le camping a perdu son côté aventureux, poétique, mais

a gagné en confort. Le summum du confort, cependant, n'est-il pas de traîner sa propre maison derrière soi? Le caravaning, véritable camping de luxe, n'est pas aussi développé en France qu'en Angleterre ou en Allemagne, mais il est en pleine expansion et bénéficie, comme le camping, d'innombrables facilités.

Autrefois, on louait sans difficulté une villa à La Baule, un chalet à Chamonix ou une maison près de Grasse. Aujourd'hui, c'est beaucoup plus difficile. Il faut non seulement s'y prendre longtemps à l'avance, mais l'excès de la demande a entraîné la hausse des prix. Dans certaines régions relativement peu fréquentées, la location est restée une formule accessible; elle connaît néanmoins une défaveur indéniable auprès des touristes, malgré de récentes initiatives tendant à favoriser la location à la semaine et non plus au mois. Pour une mère de famille, les vacances consistent à changer de vie, à ne plus avoir à faire de ménage, à accorder moins d'importance à la cuisine, à oublier ses soucis domestiques. Or, la location la maintient dans son univers quotidien. L'hôtel est plus tentant, il est aussi plus onéreux.

LES HÔTELS

Autrefois, les *hôtelleries* étaient situées à l'entrée ou à la porte des villes. L'hôtelier lui-même, ou l'un de ses valets, assis sur le pas de la porte, invitait les passants à entrer, criait tout haut le prix du vin. Le tarif était affiché sur le mur : *dînée du voyageur à pied*, 6 sols; *couchée du voyageur à pied*, 8 sols. Dans

les grandes hôtelleries, où l'on pouvait descendre avec son équipage, les prix étaient naturellement plus élevées, mais une ordonnance royale forçait les hôteliers à les afficher pour empêcher tout abus, car, bien souvent, on s'arrangeait pour enivrer le client fortuné et le voler d'une manière ou d'une autre. Le confort manquait, les lits aussi quelquefois. La Fontaine évoque à ce sujet la dispute qui mit aux prises le sieur Potrot et la dame de Nouaillé : « Les gens de Potrot et de la dame de Nouaillé ayant mis, pendant la foire de Niort, les hardes de leur maître et de leur maîtresse en même hôtellerie et sur même lit, cela fit contestation. Potrot dit : « Je coucherai dans ce lit-là. — Je « ne dis pas que vous n'y coucherez pas, « répondit la dame de Nouaillé, mais j'y « coucherai aussi. » Par point d'honneur et pour ne point céder, ils y couchèrent tous deux. »

Deux siècles plus tard, Théophile Gautier débarquant à Bordeaux parle des « espèces d'argousins apostés en vedette par les maîtres d'hôtel pour happer le voyageur au passage... L'un vous prend par le bras, l'autre par la jambe, celui-là par la queue de votre habit, celui-ci par le bouton de votre paletot : « Monsieur, « venez à l'hôtel de Nantes, on est très « bien! — Monsieur, n'y allez pas, c'est « l'hôtel des punaises, voilà son vrai nom, « se hâte de dire le représentant d'une « auberge rivale. — Hôtel de Rouen! « hôtel de France! crie la bande qui vous « suit en vociférant. — Monsieur, ils ne « nettoient jamais leurs casseroles; ils « font la cuisine avec du saindoux; il « pleut dans les chambres; vous serez « écorché, volé, assassiné. » Chacun

Bateau-mouche sur la Seine.

Pesage aux courses de Deauville.

143

Le vieux bassin d'Honfleur (Calvados).

Calvaire de Cléden-Poher (Finistère).

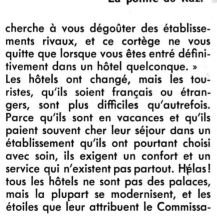

Jeux de plage
à Saint-Michel-en-Grève (C.-du-N.).

La pointe du Raz.

cherche à vous dégoûter des établissements rivaux, et ce cortège ne vous quitte que lorsque vous êtes entré définitivement dans un hôtel quelconque. »
Les hôtels ont changé, mais les touristes, qu'ils soient français ou étrangers, sont plus difficiles qu'autrefois. Parce qu'ils sont en vacances et qu'ils paient souvent cher leur séjour dans un établissement qu'ils ont pourtant choisi avec soin, ils exigent un confort et un service qui n'existent pas partout. Hélas! tous les hôtels ne sont pas des palaces, mais la plupart se modernisent, et les étoiles que leur attribuent le Commissa-

riat au tourisme ou les guides spécialisés — comme aux restaurants d'ailleurs — sont toujours méritées. Leur suppression entraîne parfois de véritables drames et le chef cuisinier d'un grand restaurant parisien s'est suicidé, il y a quelques années, « parce que, dit son frère, le Michelin nous a retiré nos étoiles ».

DE PARIS À DEAUVILLE

Un humoriste de Boston le disait au siècle dernier : « Les bons Américains, après leur mort, vont à Paris. » Beaucoup y viennent avant — chaque

année, dès le mois de mars, accompagnés des représentants de toutes les nations du monde et de toutes les provinces de France. Il y a un Paris des vacances qui n'a rien à faire avec celui des encombrements, des grands magasins et des grands monuments. Il y a le Paris des bateaux-mouches qui se faufilent sous les ponts et vous emmènent jusqu'à Saint-Cloud; il y a les bouquinistes, l'île Saint-Louis et le Jardin des Plantes. Il y a aussi « Paris by night ». « Quand on nous annonce l'arrivée de cars de Japonais, disent les portiers de Pigalle, nous nous frottons les mains.

Dans un espace donné, on fait tenir deux fois plus de Japonais que de Flamands, et ils boivent tout autant. » Montmartre, en été, avec la foule qui déambule de la place du Tertre aux marches du Sacré-Cœur, prend des allures de station à la mode ; Montparnasse s'anime après dix heures du soir ; Saint-Germain-des-Prés reste debout jusqu'à l'aube. Et quand on est fatigué d'avoir passé la nuit dehors, il fait bon s'asseoir à quelque terrasse des Champs-Elysées, déguster un café crème et regarder les gens passer. Les uns viennent, les autres partent. Ceux-ci le crient très fort : c'est avec une joie sans mélange que les Parisiens quittent la capitale pour aller respirer un peu d'air pur.

Ville de 15 000 habitants, Malo-les-Bains, tout près de Dunkerque, en compte 30 000 au mois d'août, mais c'est au sud des belles falaises du cap Gris-Nez, à Wimereux et surtout au Touquet que les Anglais viennent jouer au golf. Les Français, ceux qui ne craignent ni le vent ni l'eau froide, y vont aussi de plus en plus nombreux : avec ses deux casinos, son champ de courses, son terrain de polo, ses trois golfs et sa piscine maritime, Le Touquet offre un équipement touristique exceptionnel. Dieppe, en Normandie déjà, n'est pas seulement une station avec plage et casino. C'est un port et c'est aussi une vieille ville, puisque son château date de 1435 et qu'un marin dieppois, le capitaine Cousin, toucha, dit-on, le Brésil en 1488, découvrant l'Amérique avant Christophe Colomb ! Tous les ans, le jour de l'Ascension, le clergé bénit la mer à Etretat, où, du haut de la falaise d'Aval, la plus curieuse des côtes de France, un méchant seigneur fit précipiter dans les flots trois sœurs aussi jeunes que jolies, mais qui résistaient à ses avances. Avec ses criques tapissées de galets au nord du Havre, ses plages de sable fin de l'autre côté de la Seine, le long de la côte fleurie, ses anses rocheuses de la presqu'île du Cotentin, la Normandie attire toutes les clientèles : mondaine, familiale, populaire.

Honfleur, fondée en 1066, l'année de la bataille d'Hastings, est une ville ravissante : son bassin bordé de vieilles maisons, son église, ses rues étroites, son atmosphère ont inspiré les peintres, les écrivains, les musiciens même. Boudin y naquit en 1824. Mais Daubigny, Corot, Jongkind ou Bonnington y séjournèrent aussi et c'est là que Baudelaire composa les vers inoubliables de l'*Invitation au voyage.*

Trouville, grâce à une plage aussi belle que sûre, fut célèbre au second Empire

Équitation parmi les menhirs de Carnac (Morbihan).

Le coin des petits. La Baule (Loire-Atlantique).

bien avant Deauville, que lança le duc de Morny. « Vous savez, écrivait Auguste Villemot en 1867, ce qu'est Deauville ? Un pays un peu artificiel et menacé de langueur après une croissance subite. On a construit là des hôtels dans les proportions de ceux du boulevard des Capucines : il s'agit maintenant de trouver des habitants. » Le problème ne s'est jamais vraiment posé depuis, en juillet et en août surtout. Ses « planches », son Grand Prix

et la vente des yearlings attirent chaque année des foules de plus en plus nombreuses. « J'aime Deauville, disait Tristan Bernard, parce que c'est près de Paris et loin de la mer. »

LA BRETAGNE EN DIAGONALE

Les sables, par le jeu des marées, déplacent parfois l'embouchure des rivières. Le Mont-Saint-Michel faisait partie de la Bretagne : le Couesnon,

Plage de Calais (P.-de-C.).

Bateaux de pêche à Quiberon (Morbihan).

Plage de Biarritz (B.-P.).

passant de l'est à l'ouest du Mont, le mit en Normandie, au désespoir des Bretons. Tant pis. Terre rude et fouettée par les grands vents du large, la Bretagne a d'autres attraits : des falaises rouges, roses ou grises, déchiquetées par la mer, des îles innombrables et sauvages, couvertes d'oiseaux, des plages abritées, des ports pittoresques et, à l'intérieur, un pays de landes et de forêts, de champs cernés de haies

comme en Angleterre, et parsemé de fermes et de villages où l'on croit encore aux légendes. A l'embouchure de la Rance, au nord, il y a d'un côté Saint-Malo, symbole d'un fier passé, et de l'autre Dinard, station de grand luxe, avec sa « Grande Plage », ses villas princières, ses beaux jardins et sa vie mondaine. Plus en retrait, mais toujours sur la Rance, Dinan est, au contraire, la vieille ville ceinturée de remparts et défendue par son imposant château. C'est là qu'en 1359 le jeune Du Gues-

clin triompha, en combat singulier, de Cantorbery, le chevalier anglais qui avait pris son frère.
Paimpol n'est plus le port de pêche qu'évoquait Pierre Loti dans *Pêcheur d'Islande*, mais à Tréguier, à 15 kilomètres de là, a toujours lieu, le 19 mai, l'un des grands pardons de Bretagne : le Pardon des pauvres. Perros-Guirec est la première et la plus importante station de la Corniche bretonne, juste en face des Sept-Iles, paradis des guillemots, des pingouins et des goélands

argentés, mais tout le long de la côte, où s'entassent parfois de gros rochers comme à Ploumanac'h, se succèdent les plages de sable, paradis des familles. Au large de Brest, dans l'île d'Ouessant, royaume des vents et des tempêtes, les hommes sont tous marins, mais, à terre, ce sont les femmes qui « mènent la barque » et les filles qui choisissent leurs maris. Camaret, station simple et tranquille, près de la pointe de Pen-Hir, est le port langoustier le plus important de France, et à Morgat

Les vacances

se retrouvent tous les amateurs de pêche sportive. A l'extrême pointe de la Cornouaille, un éperon domine les flots de plus de 70 m de hauteur et se prolonge en mer par une chaîne de récifs : la pointe du Raz, si impressionnante par gros temps. La Cornouaille est un pays de légendes : ne dit-on pas que c'est à Douarnenez que se serait élevé le palais du roi Marc, qui voulait épouser Iseut et finit par tuer Tristan ?

Le climat océanique est humide, mais il est doux et il fait souvent plus beau en Bretagne qu'on ne le croit à Paris ou ailleurs. C'est ici le vrai paradis des amateurs de voile et l'école des Glénan, au sud de Concarneau, est l'une des meilleures du monde. La Bretagne a ses amoureux qui profitent de la mer, sans pour autant se mêler à cette agitation désordonnée qui règne dans le Midi, par exemple. Le repos ici est à la fois physique et moral. Ces rudes paysages ont quelque chose de sain, de fort. Il flotte dans l'air un peu de l'énergie et du courage des hommes de la mer. On serait presque tenté de parler d'austérité ; et c'est peut-être pourquoi, à une époque de vie plus facile, la Bretagne connaît une certaine défaveur. Elle reste cependant l'une des plus belles régions de France.

En 1795, 10 000 royalistes débarquaient à Carnac, tout près de Quiberon, pour rejoindre les chouans, mais Hoche les refoula dans la presqu'île et, faits prisonniers, ils furent tous fusillés. De Quiberon, on peut aller sur la « Côte sauvage », chaos de falaises, de roches et de grottes, ou à Belle-Ile, la plus importante des îles bretonnes, peuplée de cent quarante villages, maintes fois attaquée au cours de l'histoire et dont Nicolas Fouquet, qui l'avait achetée en 1650, voulait faire un abri sûr. Le surintendant des Finances de Louis XIV avait compté sans d'Artagnan, qui l'arrêta à Nantes...

Il faut enfin parler de La Baule, providence des mères de famille, des amateurs de tennis et des cavaliers qui, tôt le matin, peuvent galoper au bord de la mer sur 5 kilomètres de sable fin. C'est sans doute, en effet, la plus belle plage de France, bordée par 400 hectares de pins maritimes qui ont fixé les dunes et la protègent des vents du nord. Un rallye aérien Londres-La Baule a lieu au mois de juin, un festival d'art dramatique au mois de juillet, un concours d'élégance automobile au mois d'août, ainsi qu'un concours hippique et une semaine internationale de bridge, toutes manifestations laissant parfaitement indifférents les enfants, qui poursuivent les crabes, pêchent la crevette et courent après les marées.

LA CÔTE ATLANTIQUE À VOL D'OISEAU

Au sud de la Loire, le tracé du rivage est plus régulier. C'est le pays des huîtres, des moules et des marais salants.

On peut atteindre l'île de Noirmoutier en voiture par un pont récent, et aussi par le passage du Gois, qui la relie à la côte mais n'est praticable que deux ou trois heures par jour. Son climat est particulièrement doux et les figuiers, les myrtes, les chênes verts et les mimosas font du bois de la Chaize un séjour enchanteur lorsqu'ils sont en fleur. L'île a-t-elle été habitée par des druidesses ? On le raconte toujours et la plage des Dames tire son nom des prêtresses sacrées.

La tradition veut que des pêcheurs basques aient bâti sur le territoire d'Olonne un hameau qui fut à l'origine des Sables-d'Olonne. Ce fut, en tout cas, une place de guerre avant d'être une station de vacances que les estivants apprécient pour sa longue plage qui, au pied du « Remblai », descend en pente douce vers la mer. On rencontre des marais salants tout le long de la côte atlantique : ils sont particulièrement célèbres à l'île de Ré, devenue l'un des rendez-vous favoris des amateurs de soleil et de grand air. Depuis longtemps, le vent a fait envoler le toit des moulins, mais les femmes de l'île se couvrent encore la tête de la célèbre « quichenotte », qui autrefois les protégeait de l'envahisseur anglais. « Quichenotte », cela veut dire *kiss not*, « n'embrassez pas... » Mais l'île de Ré n'est pas aussi vaste que l'île d'Oléron, avec ses 80 kilomètres de côtes et ses 20 plages de sable fin. Elle a aussi, écrivait Pierre Loti, « des villages tout blancs de chaux... nets et propres à ravir ».

Organiser le blocus d'une ville telle que La Rochelle, non seulement de la terre, mais aussi de la mer, en jetant en travers de la baie une digue gigantesque, semblait une entreprise impossible à tous les stratèges de Louis XIII. « Vous verrez que nous serons assez fous pour prendre La Rochelle », disait même le maréchal de Bassompierre, qui aurait

Passage du Gois vers Noirmoutier (Vendée).

Le phare de la Coubre, près de Royan (Char.-Mar.).

Golf à Hossegor (Landes).

Le surf à Biarritz (B.-P.).

Les Pyrénées, vues du pic du Midi de Bigorre.

volontiers abandonné la place aux protestants. Il ne se trompait pas : le cardinal de Richelieu avait la tête dure. De son enceinte, le vieux port a conservé ses fameuses tours, mais c'est aussi la ville tout entière qui séduit les touristes. Royan, à l'entrée de la Gironde, avait un aspect plutôt victorien avant la dernière guerre : de grands hôtels aux façades surchargées, des casinos de style vraiment « baroque », des villas majestueuses, mais d'un goût discutable : tout cela fut rasé en 1945, et Royan reconstruit. C'est aujourd'hui une ville ultra-moderne, qui est toujours admirablement située. « Toutes les plages, plus ou moins en pente douce et d'un sable fin comme l'ambre,

chauffé à mer basse par le soleil, offrent aux baigneurs des bains de différente qualité. La lame expire doucement dans la conche de Royan, tandis qu'elle déferle avec brutalité dans la conche de Pontaillac. » Ainsi s'exprimait un vacancier de 1875...

SOUS LE SIGNE DE LA PIPERADE

La baie d'Arcachon appartenait autrefois à une famille de guerriers, les seigneurs de La Teste, mais, en 1841, la création d'une ligne de chemin de fer permit aux Bordelais de venir s'y baigner. Aujourd'hui, on y cultive des huîtres, bien sûr, mais dans le bassin,

qui est le plus vaste étang des Landes (15 000 ha à marée haute), les estivants y font surtout du bateau à voile et du ski nautique.

La côte est presque rectiligne d'Arcachon à Capbreton. Les sables apportés par la mer se sont accumulés là pendant des siècles, formant d'immenses dunes. Or en 1788, un ingénieur des Ponts et Chaussées entreprit de les fixer méthodiquement en semant des graines de pins maritimes mélangées à des graines d'ajonc et de genêt. Il fallut pourtant cent ans pour en faire la plus grande forêt d'Europe, que les incendies, hélas! sapent périodiquement. Hossegor, construite autour de son lac marin qui communique avec l'Océan par un canal et un fleuve côtier, est une station typique des Landes. On s'y baigne, on y fait du bateau et l'on peut même jouer au golf dans les pins. Comment quitter les Landes, sans mentionner une tradition plus en vogue que jamais, la course landaise? Des vaches sauvages, dressées au combat, sont opposées aux hommes, qui doivent les esquiver d'un écart souple ou d'un saut périlleux élégant. Ce n'est pas aussi simple qu'on le croit et les péripéties ne manquent pas...

Biarritz, à l'entrée du Pays basque, était déjà célèbre au Moyen Age : d'innombrables baleines infestaient alors le golfe de Gascogne et les hardis pêcheurs du lieu les harponnaient sans merci; la dernière baleine fut capturée au XVIIe siècle. Sans l'impératrice Eugénie, qui prit l'habitude d'y venir chaque année avec Napoléon III, Biarritz ne serait pas devenue la « reine des plages ». Elle fut, en tout cas, à la Belle Epoque, la plage des rois,

Le port de Saint-Tropez (Var).

Vieille rue d'Ajaccio (Corse).

150

Nice : un coin de la vieille ville.

Vue générale de Peillon (A.-M.).

À droite :
Collioure (P.-O.) :
u premier plan,
filet
pour la pêche
au lamparo.

gauche :
lage à Menton
A.-M.).

151

Les vacances

d'Edouard VII par exemple. L'air est pur, vif, la température assez douce, le climat souvent beau, la mer agitée et les vagues, à la Chambre d'Amour, si hautes qu'une actrice américaine y lança un nouveau sport, originaire des îles Hawaii, le surf.

Saint-Jean-de-Luz enfin offre toutes les distractions habituelles d'une élégante station estivale et même hivernale, jointes à la vie pittoresque d'un port de pêche très ancien, mais toujours très actif et où le thon a remplacé la baleine. C'est dans une maison de briques et de pierres, le long du quai, que logea l'infante Marie-Thérèse d'Espagne avant d'épouser Louis XIV, le 9 juin 1660, en l'église Saint-Jean-Baptiste, événement que Saint-Jean-de-Luz n'a jamais oublié.

SABLES ET CALANQUES
LA MÉDITERRANÉE

A l'ouest de Marseille, il y a la Camargue, ses flamants roses et ses taureaux sauvages, mais peu de stations encore le long du littoral Languedoc-Roussillon, qu'on doit transformer, débarrasser de ses moustiques, aménager pour les touristes... de l'an 2000. Au pied des Pyrénées, cependant, Collioure, « à l'éternel clocher d'or » chanté par Charles Trenet, reste un port charmant, « blotti entre la montagne et la mer ». Il a séduit tant de peintres, Derain, Picasso, Matisse, Marquet, que tout le monde croit le connaître sans y avoir été. Banyuls enfin, célèbre pour son vin capiteux, est la station la plus méridionale de France. Maillol, l'enfant du pays, y a sculpté le monument aux morts de la guerre de 1914-1918, mais un autre monument rappelle qu'en 1793 une poignée d'hommes, de femmes et de vieillards résistèrent héroïquement à l'armée espagnole : « Ici, lit-on dans la pierre, 4 000 Espagnols déposèrent les armes devant les Républicains et rendirent à la valeur ce qu'ils tenaient de la trahison. »

A l'est de Marseille, par contre, c'est l'explosion, la folie des vacances, l'obsession du soleil. De Cassis, réputé pour le pittoresque de ses « calanques », qui sont des baies étroites et profondes, jusqu'à la frontière italienne, des centaines de plages donnent à la Côte d'Azur une atmosphère de fête perpétuelle. Le soleil y luit, bon an mal an, deux fois plus qu'à Londres, mais lui seul n'explique pas la séduction qu'exercent ces rivages.

Jusqu'à Toulon, la Provence entre dans

Féria à Aigues-Mortes (Gard).

Camping à Grau-du-Roi (Gard).

Calanque à Cassis (B.-du-R.).

Les Baux-de-Provence (B.-du-R.).

la mer et les falaises rougeâtres de la côte des calanques font le bonheur des alpinistes marseillais. Entre Hyères et Saint-Raphaël s'étend la côte des Maures, vieilles terres couvertes de pins et de chênes-lièges. Hyères est surtout célèbre pour ses îles : Porquerolles, Port-Cros et l'île du Levant; Le Lavandou, pour son port et sa plage de sable fin; Saint-Tropez, pour la foule de ses visiteurs et la vie qu'on y mène. Ce port minuscule, battu par le mistral en hiver, fut successivement découvert et occupé par des Romains, des Sarrasins, des peintres — qui s'y réunirent sous l'influence de Paul Signac — et, vers 1952, par Saint-Germain-des-Prés. Le roi René d'Anjou, au XIVᵉ siècle, y avait fait venir des familles génoises pour le repeupler et le défendre contre toute invasion : il n'avait certes pas prévu celle des touristes, au XXᵉ siècle.
Entre Saint-Raphaël et Cannes, le massif de l'Esterel est à son tour baigné par la mer et le spectacle de ses porphyres rouges est d'une rare beauté. Saint-Raphaël, à deux pas de Fréjus qui a vu naître Agricola, beau-père de Tacite, ainsi que le fameux abbé Sieyès, jacobin sous la Révolution et pair de France sous l'Empire, est une élégante station aussi bien l'hiver que l'été, et tout près, se cachant aux creux des rochers, parmi les pins et les mimosas, se trouvent Boulouris, Agay, Anthéor.

Dans l'impossibilité de se rendre à Nice, qu'on protégeait d'une épidémie de choléra qui ravageait la Provence, un chancelier d'Angleterre, lord Brougham, fit halte dans le port de Cannes en 1834. L'endroit lui plut, il y revint chaque hiver pendant trente-quatre ans et avec lui beaucoup de ses amis. « La situation de Cannes, écrivait un chroniqueur à la fin du XIXᵉ siècle, est une des plus riantes et des plus poétiques qu'on puisse rêver et, si l'on ajoute à ces agréments pittoresques la douceur d'un ciel toujours bleu, on comprendra aisément la vogue dont cette petite ville jouit depuis quelques années comme station d'hiver. » La petite ville d'autrefois dispose de 120 hôtels et de 3 casinos; son port est le premier port de bateaux de plaisance du monde; son festival du cinéma attire de plus en plus de vedettes, de metteurs en scène et de producteurs, et, sur la Croisette, se croisent et se recroisent ceux qui aiment le soleil, l'eau, les fleurs et... le monde.

NICE ET LA CORSE
OU LE RÊVE ÉVEILLÉ

De Cannes à Menton, le voisinage de la mer, l'écran des hautes montagnes font régner un climat qui rappelle celui de la Californie. Les fleurs éclosent en toutes saisons. Il flotte dans le soleil

une odeur de liberté, de plaisir, de folie : on dort sur les plages, on danse la nuit, la vie paraît facile, et, pour beaucoup, le bain de soleil a détrôné le bain de mer. Antibes, Juan-les-Pins sont des noms magiques. Mais de vrais sportifs, délaissant les plaisirs de la plage, préfèrent l'envoûtement du silence à la recherche de poissons qui évoluent dans une eau transparente.
Nice, plus qu'une station balnéaire, est la capitale de la Côte d'Azur : une capitale coupée de bois de citronniers, d'orangers, de caroubiers et d'oliviers. Son nom, dérivé de Niké, la Victoire, a gardé la consonance grecque. Des rues pittoresques se serrent autour de la butte escarpée du château, mais c'est avant tout une grande ville moderne et ses jardins sont bordés de larges avenues. La promenade des Anglais — un sentier au XVIIIᵉ siècle, pris en charge par la colonie anglaise — longe la Méditerranée sur plusieurs kilomètres. De Nice à Menton, les Alpes plongent dans la mer. Les fameuses corniches prennent en écharpe la muraille. Celle du littoral, au niveau de la côte, traverse Villefranche, au fond de sa baie, Saint-Jean-Cap-Ferrat, au centre de sa presqu'île, la principauté de Monaco, bâtie sur son rocher et où 110 représentants de la dynastie des Grimaldi se sont succédé depuis 1314. Menton, vieille ville et grande station, à l'abri

Les vacances

d'un cirque imposant, est la dernière étape de ce voyage au pays du soleil, à moins, bien entendu, de franchir la mer et d'aller en Corse.

A deux heures de Paris par avion, à sept heures de Nice par bateau, la Corse est une île de rêve : 1 000 kilomètres de plage pour estivants, 50 sommets de plus de 2 000 m pour les alpinistes, et plus de bandits comme autrefois. Ceux-ci étaient sans pitié, mais ils avaient l'élégance de prévenir leurs adversaires : « Garde-toi! » disaient-ils, et, dès le lendemain, c'était une guerre sans merci, car les règles de la « vendetta » n'excluaient ni la surprise, ni l'embuscade, ni le guet-apens. On se murait chez soi; on plaçait quelquefois même un canon devant sa porte, mais il fallait bien sortir un jour. « Ces luttes ont amené le dépeuplement de l'île », écrivait un historien, il y a moins de cent ans. « Dans un village de 500 âmes, un vieillard raconte avoir vu dans l'espace d'un an tuer jusqu'à 70 personnes... » Ajaccio, Bastia, Calvi, Porto-Vecchio ou Bonifacio, sont autant de ports séduisants, et puis, que voulez-vous, la température de l'eau dépasse 23 °C au mois d'août!

À TRAVERS LE MIDI

Si la grande foule passe ses vacances sur la «Côte», nombreux sont les touristes qui lui préfèrent l'arrière-pays avec ses gorges profondes, comme celles du Verdon, ses vieux villages perchés en nids d'aigle, ses charmantes petites villes où il fait si bon vivre à l'ombre des platanes : Vence, par exemple, la cité des artistes; Grasse, la ville des parfums, qui fut une république au XIIe siècle, ou encore Sisteron, sur la Durance, qui s'étage sur les flancs d'une butte escarpée face au formidable rocher de la Baume.

Aix est une ville d'eaux, c'est aussi une ville d'art. Son accueil est « plein de douceur, écrit Joseph d'Arbaud. Un ordre sans raideur, une grâce sans mièvrerie, une majesté, mais tempérée, s'expriment par les calmes façades, la perspective noble prolongée sous les platanes. » Le site des Baux est inoubliable, il faut le voir au clair de lune : c'est un château fort détruit, de vieilles maisons mortes sur un éperon de rocher. Les seigneurs des Baux descendaient, dit-on, des rois mages, mais avant eux il y eut les Romains, qui ont laissé tant de souvenirs en Provence : les arènes d'Arles et de Nîmes, le théâtre antique d'Orange, les maisons et les rues de Vaison-la-Romaine, le grandiose pont du Gard, dont les pierres s'harmonisent avec les rochers, les eaux, les arbres d'alentour.

Le Midi de la France s'étend aussi à l'ouest du Rhône, où commence un monde étonnant d'âpres montagnes, de gouffres béants, de cañons invraisemblables, au fond desquels coulent les rivières. Les gorges du Tarn offrent aux touristes émerveillés une succession de sites admirables. Tant pis pour la voiture, il vaut mieux prendre une barque, puisqu'il n'existe pas d'autre moyen de passer les détroits, entre La Malène et le cirque des Baumes. Tantôt rapides, tantôt calmes, les eaux du Tarn sont toujours transparentes.

Rodez existait au temps des Gaulois; Conques fut célèbre plus tard, à l'époque des grands pèlerinages vers Saint-Jacques-de-Compostelle. Son église romane est admirable, son trésor unique; mais pourquoi les reliques de sainte Foy, jeune chrétienne martyrisée à Agen, se trouvent-elles à Conques? Parce qu'un moine de Conques les a subtilisées, tout simplement. Albi, la ville de Toulouse-Lautrec, dominée par les robustes murs en briques rouges de la cathédrale Sainte-Cécile, « exprime, selon le duc de Lévis-Mirepoix, le faste autoritaire de ses prélats militants ». Quant à la cité fortifiée de Cordes, elle exprime surtout la crainte de l'envahisseur : ses vieux remparts et ses ponts-levis du XIIIe siècle le prouvent.

Les Causses du Quercy n'ont pas la grandeur sauvage des Causses des Cévennes, mais le site de Rocamadour, entassement de vieilles maisons, d'oratoires, de tours et de rocs aux flancs d'une falaise surmontée d'un château, est l'un des plus extraordinaires qui soient. Au Moyen Age, les foules accouraient à Rocamadour, comme elles accourent à Lourdes de nos jours, et Henri Plantagenêt, Philippe le Bel, saint Dominique, saint Bernard, Saint Louis, se sont agenouillés devant sa vierge noire. On comprend sans peine que l'énorme cavité du gouffre de Padirac ait inspiré une certaine terreur aux paysans de la région. Aujourd'hui, toutefois, on peut descendre en ascenseur au fond du puits vertigineux où coule une mystérieuse rivière aux eaux limpides. On ne pénètre plus, par contre, dans la grotte de Lascaux, découverte en 1940 par quatre jeunes garçons partis à la recherche de leur chien disparu dans un trou. Le gaz carbonique dégagé par la respiration des visiteurs détériorait ses célèbres peintures. C'est ici le domaine de la préhistoire, où les chasseurs de rennes édifiaient leurs huttes,

Gorges du Tarn (Lozère) : les détroits.

Gorges de Rio Sec (Ardèche).

allumaient leurs feux, fabriquaient leurs outils; ce domaine a même une capitale : Les Eyzies-de-Tayac, au confluent de la Vézère et de la Beune. Mais le Périgord a bien d'autres richesses : d'innombrables châteaux détruits ou démantelés, de belles églises romanes, et surtout de beaux paysages, ceux de la vallée de la Dordogne.

Vieux pont à Espalion (Aveyron).

Bourbon-Lancy (S.-et-L.).

PAYS DE L'EAU ET DU VIN

La France est le pays du tourisme, c'est aussi le pays de la santé : 1 200 sources et 100 stations thermales vous guérissent de toutes les maladies, depuis les rhumatismes jusqu'aux troubles nerveux. Il y en a partout, dans les Pyrénées, dans les Alpes, en Provence ; il y en a surtout dans le Massif central. Le Puy-de-Dôme et le bassin de Vichy comptent à eux seuls le tiers des sources françaises ; leur débit dépasse 60 000 hectolitres par jour ; 280 millions de bouteilles sont expédiées chaque année.

Les Romains n'ignoraient pas les vertus des eaux thermales, mais les gens du Moyen Age ou de la Renaissance paraissent les avoir oubliées. C'est au XVIIIe et au XIXe siècle surtout qu'on les a redécouvertes. Les villes d'eaux, stations souvent élégantes et animées, reçoivent aussi de nombreux visiteurs qui viennent là simplement pour y passer leurs vacances. Les grands noms sont, pour les voies respiratoires, La Bourboule, paradis des enfants, et le Mont-Dore, « providence des asthmatiques » et centre de sports d'hiver ; pour les reins, Saint-Nectaire, que domine sa magnifique église ; pour les voies digestives, Châtelguyon, dont les eaux contiennent du chlorure de magnésium, et Vichy, bien sûr, que connaissait déjà Mme de Sévigné : « J'ai donc pris les eaux ce matin, ma très chère. Ah! qu'elles sont mauvaises! On va à 6 h à la fontaine ; tout le monde s'y trouve ; on boit et l'on fait une fort vilaine mine, car imaginez-vous qu'elle est bouillante et d'un goût de salpêtre

fort désagréable. On tourne, on va, on vient, on se promène. Enfin on dîne. Après dîner, on va chez quelqu'un. A 5 h, on va se promener dans des pays délicieux. A 7 h, on soupe légèrement. On se couche à 10 h. J'ai commencé aujourd'hui la douche. C'est une bonne répétition du Purgatoire... Et l'on se met ensuite dans un lit chaud, et voilà ce qui guérit. »

La Loire prend sa source dans le Massif central, puis elle se promène paresseusement dans un paysage aux lignes simples et calmes qui, à partir de Gien, est peuplé de châteaux célèbres. Elle a déjà traversé Nevers, la ville aux belles faïences, et passé sous le pont en dos d'âne de La Charité-sur-Loire. Là, presque à égale distance, il y a Bourges, à gauche, dominé par la haute silhouette de sa cathédrale, Vézelay à droite, haut-lieu de Bourgogne, où saint Bernard prêcha la deuxième croisade. Ce n'est plus le pays de l'eau bienfaisante, c'est le pays du vin : les crus se succèdent des coteaux de Sancerre aux coteaux du Layon. L'Orléanais, la Touraine, l'Anjou ne sont pas des régions de vacances à proprement parler ; on n'y séjourne pas, peut-être, mais il faut y passer, se souvenant des vers de Péguy :

> La Loire et ses vassaux
>   s'en vont par ces allées.
> Cent vingt châteaux
>   lui font une suite courtoise,
> Plus nombreux, plus nerveux,
>   plus fins que des palais.
> Ils ont noms Valençay,
>   Saint-Aignan et Langeais,
> Chenonceaux et Chambord,
>   Azay, Le Lude, Amboise...

Chasseurs en Sologne.

Concours de pêche dans les Vosges.

Les vacances

Avant d'aborder la montagne, n'oublions pas enfin de mentionner une plaine à l'est de la France célèbre par la beauté de ses villages et la richesse de ses vignobles, par ses traditions, ses légendes et ses cigognes : l'Alsace, avec sa route du vin — comme la Bourgogne —, dont les grandes étapes s'appellent Riquewihr, Kaysersberg et Colmar.

MONTAGNES DE FRANCE

« La montagne pour moi n'est pas une fuite, disait Gary Hemming après avoir sauvé, en août 1966, deux alpinistes allemands sur la face ouest du Dru, mais une expérience physique complète, l'engagement absolu. Je mets ma vie en jeu. Une erreur et je la perds. Au Dru, lorsque nous sommes montés vers les Allemands et que la tempête nous est tombée dessus, eh bien! au fond, j'étais assez content parce que,

Passage du Tour de France au col du Petit-Saint-Bernard.

Rue principale de Riquewihr (H.-Rhin).

ainsi, je m'engageais encore plus... » La montagne a ses passionnés qui, tous les étés, comme Hemming, se retrouvent à Chamonix, en Tarentaise ou dans les Pyrénées, toujours à la recherche d'ascensions plus périlleuses.
Mais les touristes qui vont à la montagne en juillet et en août ne sont pas

tous des alpinistes. Ils viennent pour respirer, marcher, jouer au tennis, au golf, au bridge; aussi les grandes stations des Alpes offrent-elles aux estivants toutes les distractions désirables. Malgré la lumière du Midi, le Dauphiné est plus sauvage que la Savoie, pays de hauts sommets, mais pays de grands lacs : le lac Léman, avec Evian, ville d'eaux universellement connue; le lac d'Annecy, entouré de charmants villages comme Duingt ou Talloires et au fond duquel l'ancienne capitale des comtes de Genève est admirablement située; le lac du Bourget, le plus vaste et le plus profond des lacs français, sur les rives duquel se trouve Aix-les-Bains, station thermale qui ne date pas d'hier, puisqu'on s'y baignait il y a deux mille ans!
Les Vosges et le Jura sont moins élevés, les Pyrénées plus éloignées, mais l'hiver, de Noël à Pâques et même plus tard, lorsque la neige recouvre les pentes, les plus petites stations comme le plus grandes sont envahies par la foule des amateurs de sports d'hiver. Et dans le domaine du ski, la France n'a rien à envier aux autres pays alpins. Des bulldozers ultra-modernes dament les nombreuses pistes de Courchevel, reliée à Genève par avion; la station elle-même dispose de 23 téléskis, 1 téléphérique, 1 télébenne, 3 télécabines, 3 télésièges et 2 tremplins de saut. Les pistes de Val-d'Isère sont aussi bien

Cordée dans le massif du Mont-Blanc.

équipées, mais plus nombreuses encore, et Chamonix se vante d'avoir la plus forte densité de remontées mécaniques! Le téléphérique de l'Aiguille du Midi monte jusqu'à 3 842 m et l'on fait du ski jusqu'au mois d'août dans la vallée Blanche.
Une autre station, cependant, reste sans

L'équipe de France chaussant ses skis.

L'entrée du tunnel du Mont-Blanc.

rivale pour son organisation hôtelière, sa vie mondaine, le nombre de ses homes d'enfants : Megève, la patrie d'Emile Allais, promoteur dès avant la guerre de la « méthode française » qui est à l'origine de l'extraordinaire développement du ski dans ce pays depuis vingt ans. Il faudrait encore citer tant de noms : Morzine, par exemple, l'Alpe d'Huez, les Deux-Alpes, Villard-de-Lans, Chamrousse, la station olympique toute proche de Grenoble, capitale du Dauphiné et organisatrice des jeux Olympiques d'hiver 1968. Des milliers d'hôtels, de pensions, de chalets suffisent à peine à absorber les amateurs toujours plus nombreux des vacances d'hiver. Il faut parfois retenir ses places un an à l'avance dans les Alpes, et des stations comme Gérardmer dans les Vosges, Les Rousses dans le Jura, Font-Romeu ou Superbagnères dans les Pyrénées connaissent une affluence analogue. Plus d'un million de Français veulent chaque année profiter, même peu de jours, des bienfaits du soleil, de la neige, de la montagne.

GASTRONOMIE

Auteur du traité de la *Physiologie du goût*, Brillat-Savarin, qui fut député à l'Assemblée nationale en 1789, discernait les vrais gastronomes au moyen d'un système infaillible : les « éprouvettes gastronomiques ».

« Nous entendons par cette expression, disait-il, des mets d'une saveur reconnue et d'une excellence tellement indiscutable que leur apparition seule doit émouvoir, chez un homme bien organisé, toutes les puissances dégusta-

trices... » Et voici la composition d'une éprouvette qu'il proposait à ses convives :
« Une forte rouelle de veau piquée de gros lard et cuite dans son jus ;
— Un dindon de ferme farci de marrons de Lyon ;
— Des pigeons de volière gras, bardés et cuits à propos ;
— Des œufs à la neige ;
— Un plat de choucroute hérissée de saucisses en couronne, de lard fumé de Strasbourg. »
Le dindon farci pouvait être remplacé par une volaille de sept livres bourrée de truffes du Périgord, les pigeons gras par des cailles truffées à la moelle, étendues sur des toasts beurrés au basilic, mais, dans tous les cas, il fallait apercevoir sur les visages des gourmands (que nous appelons aujourd'hui les gourmets) « l'éclat du désir » ou « la radiance de l'extase ».
On dit que les traditions se perdent ; ce n'est pas toujours vrai, et si les Français mangent moins qu'autrefois, ils continuent d'attacher une importance toute particulière à la cuisine, surtout lorsqu'ils sont en vacances. Les plaisirs de la neige ou les plaisirs de la plage ne vont pas sans les plaisirs de la table. Mais les Français n'ont rien à craindre : des stations normandes aux villages d'Alsace, des bords de la Loire à ceux de la Méditerranée, les hors-d'œuvre sont variés, les entrées aussi, et les morgon, corton, brouilly, moulin-à-vent, saint-émilion, saint-estèphe, mercurey, pomerol, nuits, châteauneuf-du-pape, haut-brion et autres beaujolais... incomparables.
Il y a des pays plus grands, plus impres-

Roc-Amadour : Spécialités du Périgord.

sionnants peut-être que la France, il n'y en a pas de plus divers. « Ne savez-vous pas, écrit Chamfort, qu'il faut toujours un endroit où l'on n'aille point, et où l'on croie que l'on serait heureux si on y allait ? — Cela est vrai et c'est ce qui a fait la fortune du paradis. »

157

INDEX
des principaux noms

PHOTOGRAPHIES

Les chiffres entre parenthèses correspondent à la disposition des photographies numérotées de gauche à droite et de haut en bas.

A. C. L., 25 (3). — A. F. P., 44 (1). — A. P., 44 (2). — Ambassade du Canada, 30 (2). — Archives photographiques, 133 (1), 138 (2); Nadar, 36 (1), 135 (1), 136 (3). — Atlas-Photo, 65 (2); Béranger, 96; Blaugeaud, 153 (1); J. P. Bonnotte, 51 (2), 92 (2); Chapuis, 141, 142 (1), 144 (3), 154 (2); Craven, 47 (2); Doumic, 29 (1), 142 (2); Feuillie, 12 (1), 89 (2); Guillemaut, 17 (2); Houel, 19 (2), 52 (2), 74 (3); Lénars, 53, 56 (2), 65 (3), 99 (2); Perrin, 47 (1), 85 (2), 143 (1); R. Petit, 65 (1), 76 (2), 77, Rod Rieder, 17 (3); Tomsich 80; Verroust, 12 (2), 50 (1), 50 (2), 51 (1), 52 (1), 97 (1). — Bernard, 127 (2), 132 (3), 134 (3). — B. N., 23 (2). — Braun, 121 (4). — Bulloz, 20, 27 (2), 120 (2), 121 (2). — Carjat, 129 (2). — Catala, 23 (1). — Commissariat au Tourisme, Boulas, 57; Ray-Delvert, 15; Doumic, 157 (1); Franceschi, 56 (1); Guillemaut, 149 (2); Marton, 149 (1); Alain Perceval, 63. — Ray-Delvert, 8 (2), 12 (3), 16 (3). — Franceschi, 21 (2). — Fronval, couverture 1 et 4, 54 (1-3), 71 (1-2), 82, 83 (2-3), 86, 146 (2), 150 (1-2-3), 151 (1). — Giraudon, couverture 2, 24 (1), 25 (1-4), 26 (1-2), 27 (1), 28 (3), 30 (1), 33 (1), 34 (2), 35 (1), 36 (2), 38 (2), 58 (1-2), 104 (1), 105 (1), 106 (1-2), 107 (1-2), 108 (1-2), 109 (1-2), 111 (1-2), 114 (1), 115, 116 (1-2), 118, 119 (1-2), 120 (1), 121 (1-3), 134 (2); Alinari, 137 (5); Neurdein, 21 (1), 30 (3). — Goldner, 34 (1). — Hétier, 10 (1), 64 (1), 68 (1-2), 105 (2); Mounicq, 145 (1); Nisberg, 101 (2); P. B., 74 (2); Sirman, 102 (1). — Holmes-Lebel, 99 (1); Caderas, 18 (2); Doumic, 87; Libor Sir, 98 (1); Mounicq, 145 (1); Nisberg, 101 (2); P. B., 74 (2); Sirman, 102 (1). — Illustration, 37 (1), 38 (3), 131 (2). — Keystone, 45 (2), 132 (1), 138 (3). — Lapie-Phototlèque française, 72 (2), 88 (1). — Larousse, 11 (1), 14 (1), 22, 23 (3-4), 28 (2), 29 (1), 31 (1), 32 (1), 33 (3), 35 (2), 37 (2), 122 (1-2), 123 (1-2-3), 127 (1), 128, 129 (1), 131 (1), 133 (2-3), 134 (1), 137 (3), 151 (3). — Ergy-Landau, 97 (2). — Librairie de France, 38 (1). — Lipnitzski, 125 (3), 126, 135 (2), 136 (2-4), 137 (1). — Magnum, H. Cartier-Bresson, 91. — Manuel, 131 (4). — Neurdein, 32 (2). — J. Niepce, 132 (2). — N. Y. T., 39 (2). — Perceval, 90 (1). — Poisson, 139 (1). — Rapho, 156 (1); Baudin, 64 (2); Belzeaux, 78 (1); Berger, 84 (2), 144 (1); Brihat, 153 (2); Bouwens, 9 (2); Buigné, garde, 155 (3); Ciccione, 8 (1), 49 (2), 95 (2), 144 (4), 145 (2), 155 (2); Danèse, couverture (3); Doisneau, 16 (2), 18 (1), 55, 79 (3), 139 (2), 148 (1); Feber, 67; Gamet, 11 (2), 75 (1); Garimond, 103 (1); Goursat, 73 (1), 102 (2); Jaulmes, 9 (1); Joly-Cardot, 40; Lajoux, 8 (3), 47 (3), 84 (1); Ergy-Landau, 16 (1); Lang, 14 (3); Languepin, 100 (1); Larrier, 12 (4), 14 (2), 61, 98 (1), 155 (1), 157 (2); Maltête, 7, 155 (4); Manguin, 13 (1); Mestrallet, 94 (2); J. Niepce, garde (2), 42, 48, 93 (1-2); Pougnet, 60 (2), 143 (2); Rebuffat, 156 (3); Roubier, 73 (4), 74 (1), 90 (2); S. de Sazo, 49 (1), 93 (2); Serraillier, 17 (1), 79 (1), 98 (3), 156 (1); Seruzier, 75 (2), 76 (1); Silvester, 41 (1), 92 (1), 152 (1-2); Simonet, 41 (2), 95 (1); Spirale, 42 (2); Weiss, 157 (3); Yan, 72 (1), 81, 85 (1), 88 (2), 90 (3), 94 (1), 100 (2), 101 (1), 103 (2), 148 (2), 154 (1), 156 (2). — René-Jacques, 88 (3). — Roger-Viollet, 13 (2), 137 (2), 146 (1), 149 (3); Harlingue, 131 (3). — Rol, 39 (1). — Roubier, 105 (2). — Sabourin, 137 (4). — Saloustros, 54 (2), 59, 110, 147. — Spirale, 66. — Sud-Aviation, 43 (1). — Tholy, 146 (1), 151 (2). — U. S. Army, 39 (5). — U.S.I.S., 39 (3). — Agnès Varda, 124. — Vendetti, 109 (4). — Vizzavona, 37 (3), 109 (5). — Wildenstein, 25 (2). — Yan, 42 (1), 88 (3). — Yvon, 60 (1), 69, 70, 78 (2).

La carte de la France (p. 5) a été établie sous la direction de Jean Barbier; les cartes des Grandes Etapes (p. 45) et des Vacances (p. 140) sont de Georges Pichard. La mise en pages est de Louis Gaillard.

IMPRIMERIE ILTE – Moncalieri (Turin). – Dépôt légal 1967-3e. – N° de série Éditeur 9268. – IMPRIMÉ EN ITALIE (Printed in Italy). – 53 107 J-5-79.